SARAH DIEHL

DIE UHR, DIE NICHT' TICKT

Kinderlos glücklich
Eine Streitschrift

5. Auflage 2016
ISBN 978-3-7160-2720-2

Originalausgabe
© 2014 by Arche Literatur Verlag AG, Zürich–Hamburg
Dieses Werk wurde vermittelt durch die agentur
literatur hebel & bindermann
Lektorat: Heike Gronemeier
Alle Rechte vorbehalten
Gesetzt aus der Minion Pro
Satz: Pinkuin Satz und Datentechnik, Berlin
Druck und Bindung: CPI – Clausen & Bosse, Leck
Printed in Germany

www.arche-verlag.com
www.facebook.com/ArcheVerlag

Für Emma Goldmann und Annette Diehl –
zwei Frauen, deren so unterschiedliche Leben
mich sehr inspiriert haben.

Inhalt

Neulich beim Kickern in der Kneipe oder wie Gesellschaft und
Politik ein Problem konstruieren, das gar keines ist

Ja, ich kann ohne Tränen in den Augen an einem Laden
vorbeigehen, in dem entzückende Kleidchen und Hemd-
chen und Bärchen mit Knopfaugen an mein Mutterherz
appellieren, um den tiefen Wunsch nach höchster Erfüllung
meiner Weiblichkeit postwendend in einen Kaufimpuls
umzuwandeln. Und ja, ich bin Mitte dreißig, kinderlos
und habe eine akademische Ausbildung. Ich bin also eine
jener ichbezogenen, kinderfeindlichen, egoistischen und
hedonistischen Frauen, die seit einiger Zeit gegen Mütter in
Stellung gebracht werden. Eine Latte-macchiato-Kinderlose
sozusagen.

So weit, so erwartbar. Doch ich muss Sie enttäuschen. Ich
finde Kinder nämlich wunderbar. Ich höre ihnen gerne dabei
zu, wie sie mir die Welt erklären, tolle mit ihnen durch die
Gegend oder bleibe eine gefühlte Ewigkeit fasziniert vor einer
Blume, einem Bagger, einem … Nichts stehen. Ihre Lautstär-
ke nervt mich meistens ebenso wenig wie die Rigorosität, mit
der sie Aufmerksamkeit einfordern, oder ihre trotzphasen-
gesteuerten Allmachtphantasien, die nicht nur Eltern auf eine
harte Probe stellen. Ich habe auch kein Problem mit Müttern,
die verklärt von der Einzigartigkeit ihres Nachwuchses überzeugt sind und nur noch ein Thema zu haben scheinen. Aber
was mich angeht, kann ich nur sagen: Mir liegt nichts ferner
als der Gedanke, selbst Mutter zu werden. Wie fern, das ist
mir allerdings erst kürzlich aufgefallen – beim Kickern in

der Kneipe. Freitagabend, Feierabendbier mit Freundinnen. Ein buntgemischter Haufen zwischen dreißig und vierzig, wir unterhielten uns über alles Mögliche, bis wir irgendwann bei der Politik landeten, genauer: bei der Familienpolitik und den zahllosen Medienberichten und Debatten über rückläufige Geburtenraten, besonders unter Akademikerinnen. Die Zukunftsszenarien sind düster: »Wo früher Kinder tobten, werden Alzheimer-Patienten in Rollstühlen sitzen. Nur schieben wird sie keiner mehr«, prophezeit der *Stern*. »Baby-Schock! In zwölf Generationen sind wir ausgestorben«, hat die *Bild* errechnet, die *Süddeutsche Zeitung* und der *Spiegel* sehen Deutschland »vergreisen« und zu einem »Land ohne Lachen« werden. Politik und Kirche gemahnen an staatsbürgerliche und christliche Pflichten, »Geburtsverweigerer« sollten stärker zur Kasse gebeten werden, eine Art Ablass der »Selbstverliebten«, die sich ihrer Verantwortung entziehen und »vor dem Leben versagen« würden (*Welt am Sonntag*). Die Kinderlosen sind es, die angeblich vor dem Leben versagen, nur ihrem Selbstoptimierungswahn frönen, vom Topjob zum Yoga eilen und über all dem ihre eigentliche Aufgabe aus den Augen verlieren: Kinder in die Welt zu setzen. Die grassierende Gebärunwilligkeit gilt als Grund für die demographische Schieflage im Land, und das, obwohl der Staat doch angeblich alles unternimmt, die Frauen zu locken: mit dem Ausbau von Krippenplätzen, mit finanziellen Anreizen, Modellen zur Teilzeitarbeit und besserer Vereinbarkeit von Beruf und Familie, steuerlichen Subventionen und so weiter. Wenn man Antonia Baum Glauben schenkt, ist die »tollste Sache der Welt« für viele dennoch ein »Albtraum«: »Man muss wahnsinnig sein, heute ein Kind zu kriegen«, es sei »furchteinflößend«, eine »Katastrophe«, schreibt sie in einem Artikel in der FAS. Die Antworten folgten prompt:

»Ihr wollt Kinder? Dann kriegt sie doch!« Oder: »Ruhe, ihr Jammerfrauen! Eure Ausreden sind narzisstisch und absurd«, war ebenfalls in der *Frankfurter Allgemeinen Sonntagszeitung* zu lesen.

Es ist nicht weiter überraschend, gegen wen sich die Kritik vornehmlich richtet: gegen Frauen, ganz egal, welche Entscheidung sie treffen. Sind sie »nur Mutter«, passt es nicht, klagen sie über Vereinbarkeitsprobleme, ist es auch nicht recht, und haben sie gar keine Kinder, ist sowieso alles verloren. Das Image der kinderlosen Frau ist miserabel und überfrachtet mit unzähligen Klischees – so weit, so bekannt. Aber warum ändert sich das nicht? Schließlich ist das beim kinderlosen Mann ganz anders: Er hatte nie ein Image, höchstens das des attraktiven Abenteurers, das des einsamen Wolfs, den es zu zähmen gilt. Warum ist das bis heute so? Tatsächlich liegt der Anteil der Männer ohne Nachwuchs bei den Dreißig- bis Vierunddreißigjährigen um zwanzig Prozent höher als bei den gleichaltrigen Frauen. Unter den Endvierzigern sind ein Viertel der Männer ohne Kinder, aber nur knapp sechzehn Prozent der Frauen.[1] Dennoch wird die Verantwortung für die Fortpflanzung weiterhin ganz selbstverständlich an die Frauen delegiert. Und das liegt unter anderem an der unseligen Gleichsetzung von Mutterschaft und Weiblichkeit und dem gesellschaftlich vorgegebenen Modell von Familie (Mutter-Vater-Kind) als Lebenskonzept.

Das ultimative Druckmittel, Frauen an ihre Aufgabe zu erinnern, ist dabei der Verweis auf das Ticken der biologischen Uhr. Während ich am Kicker stand, fiel mir spontan

---

1 Untersuchung des Deutschen Instituts für Wirtschaftsforschung 2003, zitiert aus *Der Spiegel* 13/2005

eine Szene aus dem Spielfilm *Harry und Sally* ein, den ich als Jugendliche einmal gesehen hatte. Sally saß mit ein paar Freundinnen um einen Kaffeetisch herum, die Frauen sprachen darüber, dass die Zeit nun wirklich dränge. Schon damals habe ich mich darüber geärgert, dass keine aus der Runde widersprach und ein anderes Lebenskonzept aufzeigte; die Angst vor der Endlichkeit der eigenen Gebärfähigkeit wurde als kollektive weibliche Erfahrung dargestellt, als wäre sie zwangsläufig an die Identität einer Frau geknüpft. Nun könnte man sagen: Das waren die Achtziger, das ist schon eine Weile her. Doch tatsächlich ist Mutterschaft vor allem in Deutschland noch immer kaum mit dem Bild einer selbstbewussten autonomen Frau zu vereinbaren. Mädchen und Frauen erkennen in unserer Gesellschaft früh, dass Kinderkriegen gegen die Gefahren von Selbstaufgabe und Mehrfachbelastung abgewogen werden muss. Nach wie vor gibt es zu wenige Strukturen, um Erziehungsarbeit zwischen den Geschlechtern und Institutionen gerecht umzuverteilen, nach wie vor müssen viele Frauen mit ihrem Partner darüber diskutieren, wer die Hausarbeit übernimmt, nach wie vor wird von Frauen erwartet, sich der Mutterrolle ganz hinzugeben, ihr zumindest eine Zeitlang oberste Priorität einzuräumen. Kinderlosigkeit mag somit für manche eine Art Selbstschutz sein, denn die herrschenden Geschlechterbilder drängen Frauen in eine Rolle, die ihre Handlungsfähigkeit massiv einschränkt.

Die »Reformen«, die am Mutterbild vorgenommen wurden, entpuppen sich als zweischneidig: Frauen wird heutzutage ein »You can have it all«-Versprechen gemacht, das die Belastung, den Druck, auch das noch hinzubekommen, nur erhöht. Doch auch angesichts der hohen Scheidungsraten und der zunehmenden Zahl Alleinerziehender erscheint das Leben als berufstätige wie auch als Vollzeitmutter eher als »Lifestyle-Angebot« denn als lebbare Realität. Immer noch stoßen Frauen an die gläserne Decke, der sogenannte *gender pay gap* ist groß, es drohen Karriereknick und/oder Doppelbelastung, (Alters-)Armut und soziale Isolation. Es gibt zu wenige Versorgungseinrichtungen für Kinder, steuerlich subventionierte Familienmodelle ignorieren oder benachteiligen andere Formen des Zusammenlebens, Erziehungsaufgaben und Pflegearbeit bleiben die kaum gewürdigten, geschweige denn bezahlten Domänen der Frauen. Wenn man sich diese Fakten vor Augen führt, ist Kinderlosigkeit auch eine Anpassung an die Verhältnisse. Das Sein bestimmt das Bewusstsein. Zumindest bei jenen Frauen, die einen Kinderwunsch verspüren und befürchten, an den gesellschaftlichen Gegebenheiten zu scheitern. Doch Kinderlosigkeit ist nicht zwangsläufig nur die Folge schwieriger Rahmenbedingungen – an diesen Stellschrauben könnte man ja durchaus drehen (was auch getan wird). Die Gründe, warum Frauen kein Kind bekommen, sind vielfältig und sehr individuell. Ein entscheidender – und in der Debatte gerne vernachlässigter – ist, dass einige den Wunsch nach einem Kind schlicht nicht verspüren. Obwohl Frauen (zumindest theoretisch) heute frei zwischen verschiedenen Lebensmodellen wählen können, dominiert noch immer die Vorstellung, dass potentiell *alle* einen Kinderwunsch hegen. Eigentlich eine zutiefst private Entscheidung, wird Mutterschaft so zum öffentlichen Gut, und »der weibliche Lebensentwurf ohne Kinder bedarf auch im 21. Jahrhundert immer wieder der Legitimierung«[2], so die

2   Zitiert aus Eva Berendsen: »Kinder? Nein, danke!«, *FAZ*, 17. August 2013

Marburger Soziologin Lena Correll. In den Medien gibt es kaum positive Vorbilder kinderloser Frauen, die über vierzig sind. Stattdessen wird das Bild der verhärmten Karrierefrau bedient, die ihre Entscheidung bitter bereut, wenn es zu spät ist. Der Blick des Bedauerns, des Zweifelns, der Kritik ist so gut wie jeder kinderlosen Frau sicher, die sich dem Ende ihrer Gebärfähigkeit nähert. Vor allem dann, wenn sie in fester Partnerschaft lebt, und das womöglich noch glücklich, und wenn »Entschuldigungen« wie: »Ich habe den Richtigen noch nicht gefunden« nicht greifen. Auch medizinische Gründe für Kinderlosigkeit sind angesichts der Fortschritte in der Reproduktionsmedizin nicht mehr ohne weiteres zu vermitteln. Die Möglichkeit, dass sich Frauen bewusst gegen Kinder entscheiden oder nie einen Kinderwunsch verspürt haben, ist nicht akzeptabel. Ein Kind gehört zum Leben einer Frau einfach dazu, es ist ein wesentlicher Faktor für ein erfülltes und glückliches Leben.

Worauf sich dieser vermeintliche Grundsatz stützt – davon handelt ein Kapitel in diesem Buch. Ich behaupte: Menschen ohne Kinder fehlt nichts, sie sind weder glücklicher noch unglücklicher, sie setzen einfach andere Prioritäten.

An jenem Abend am Kicker wunderten wir uns fast über unsere eigene Resistenz gegenüber dem Selbstverständnis in unserer Gesellschaft. Wir sind jene kinderlosen Frauen, die später kreuzunglücklich und verbittert durchs Land wandeln werden – laut der neuesten Erhebung des Statistischen Bundesamtes wird dieses »Schicksal« jede fünfte Frau ereilen. Wir sind diese angeblich so karriereversessenen Egoistinnen, die alles haben, aber nichts geben möchten. Die ihre Bringschuld gegenüber der Gesellschaft nicht einlösen wollen. Wir sind diese Frauen, die das Ticken der inneren Uhr nicht hören und verdammt sind, die Kinderlosigkeit spätestens im Alter bitter zu bereuen. Meine Freundinnen und ich, die wir ausgelassen und keineswegs verbittert am Kicker standen. Die wir nicht den Eindruck haben, dass uns etwas fehlt. Der Abend am Kicker war ein seltsamer Moment der Selbsterkenntnis: Während die Gesellschaft sich in Rage redet, die Fronten zwischen Müttern und Nichtmüttern, Familien und Kinderlosen unverrückbar stehen, ist für uns ein Leben ohne Kind so selbstverständlich, dass wir uns noch nicht einmal bewusst dagegen entscheiden müssen. Die Frage hat sich für mich und meine Freundinnen einfach nie gestellt.

Ich begann nach diesem Abend, zunächst im weiteren Freundes- und Bekanntenkreis, später auch darüber hinaus, Fragen zu stellen: Wie normal erscheint die eigene Kinderlosigkeit anderen Frauen? Wie beeinflusst sie ihr Selbstverständnis, und welche positiven Vorbilder hat eine kinderlose Frau zur Verfügung? Haben sie sich bewusst gegen ein Kind entschieden, oder war das für sie nie eine Option? Wie nutzen sie ihre Freiräume? Wie reagiert das Umfeld auf die Kinderlosigkeit? Wie wichtig sind Autonomie und Unabhängigkeit für sie und spricht ein Kinderwunsch immer dagegen? Und wenn ja, warum ist das in unserer Gesellschaft so?

Je länger ich mich mit diesem Thema beschäftigte, umso mehr Fragen kamen mir in den Sinn. Und umso verärgerter war ich darüber, wie verunsichert viele Frauen zwischen dreißig und vierzig sind, denen permanent eingetrichtert wird, dass ohne eigene Kinder etwas Wesentliches in ihrem Leben fehlt. Die erleben müssen, dass es mit der Wahlfreiheit so eine Sache ist: Kinderlosigkeit aus freien Stücken haftet nach wie vor ein Stigma an. Frauen haben heute unzählige Möglichkeiten, mehr als je zuvor, sich beruflich und individuell zu entfalten. Doch je älter sie werden, umso mehr verengt sich das Spektrum auf die nicht vorhandene Mutterschaft. Frauen erfahren eine Art Umwidmung, aus Menschen mit ungeheurem Potential werden potentielle Mütter (»Jetzt aber schnell«), verhinderte Mütter (»Oh, Sie können keine Kinder bekommen? Das tut mir aber leid …«) oder Mutterverweigerer (»Das kann ich nicht verstehen. Ist Ihnen Ihre Karriere denn so wichtig? Also, für mich gibt es nichts Wichtigeres als ein Kind. Die Geburt war ein so wertvoller Moment …«). Und das, obwohl sich in den letzten fünfzig Jahren in Deutschland vor allem zwei Dinge weiterentwickelt haben, die es Frauen ermöglichen, ein selbstbestimmtes Leben zu führen. Zum einen hat sich ihre gesellschaftliche Stellung insoweit verändert, dass Frauen auch unabhängig von Familie und Ehemann ökonomisch überleben können. Zum anderen haben sie durch sichere Verhütungsmethoden und die Möglichkeit des Schwangerschaftsabbruchs die Kontrolle über die Fortpflanzung erlangt. Beides gewährt eine größere Wahlfreiheit, beides liefert Kritikern eine vermeintliche Steilvorlage: nämlich dass die Emanzipation die Wurzel der gegenwärtigen Gebärunwilligkeit sei.

Dabei ist die Asymmetrie zwischen Geburten- und Sterberaten keineswegs ein neues Phänomen. In Deutschland gab es zuletzt 1887 einen Überschuss an Neugeborenen im Vergleich zu den Verstorbenen eines Jahres. Und Anfang des vergangenen Jahrhunderts blieb in manchen Jahren ein Drittel der Frauen kinderlos. Schon damals wurde der Versuch unternommen, gegenzusteuern: mit der Mär vom Mutterinstinkt, die mit allerlei (pseudo-) wissenschaftlichen Theorien untermauert wurde. Betrachtet man jedoch die Entwicklung der letzten hundert Jahre, scheint es mit dem

Mutterinstinkt und dem jeder Frau innewohnenden Kinderwunsch nicht so weit her zu sein. Wer aber profitiert von der Gleichsetzung Frau=Mutter? Warum hält sich dieses Bild so hartnäckig? Und wie gehen Kinderlose und Mütter damit um?

Je länger ich mich mit diesem Thema befasste, umso komplexer erschien es mir und umso mehr reifte der Gedanke, darüber ein Buch zu schreiben. Wenn ich dieses Vorhaben anderen Frauen gegenüber erwähnte – egal, ob auf einer Party, in der Kneipe oder nach einem Vortrag –, wurde ich manchmal regelrecht belagert und mit Fragen oder persönlichen Geschichten bombardiert. Die Frauen, die ihre Erfahrungen und Erkenntnisse mit mir teilen wollten, waren Kinderlose ebenso wie Mütter, die es gleichermaßen leid waren, ihren Lebensentwurf am vorherrschenden Mutterideal messen lassen und gegebenenfalls verteidigen zu müssen. Meine Interviewpartnerinnen leben auf dem Land, zum Teil immer noch in dem Ort, in dem sie aufgewachsen sind; andere verließen ihre Heimat früh, zogen in Großstädte, wo andere Lebensformen weniger kritisch beäugt werden als in dörflichen Strukturen. Die Altersspanne reichte von 23 bis 56, ich befragte Frauen mit unterschiedlichen Nationalitäten, verschiedenem Bildungsstand, getrennt Lebende, Verheiratete, Heterosexuelle ebenso wie Homosexuelle ... kurz: einen Querschnitt, der die ganze Vielfalt zeigen sollte.

Bei diesen Gesprächen wurde allerdings sehr deutlich, wie bestimmend die Frage nach Kindern für all diese Frauen war und wie sehr sie in andere Lebensbereiche hineinreicht: Frauen werden immer wieder damit konfrontiert und emotional gezwungen, sich damit auseinanderzusetzen. Wenn es um Freiräume geht und die Lust, sich weiterzuentwickeln; wenn es um ökonomische und nationale

Interessen geht oder den Sinn des Lebens. Wenn es um die Liebe zum Partner und Abhängigkeiten geht, um unentgeltliche Erziehungs- und Pflegearbeit oder die Ablehnung der traditionellen Geschlechterrollen – früher oder später kommt man immer zur Verknüpfung mit Mutterschaft oder deren Ablehnung. Interessant war, dass Kinderlose wie sogenannte späte Mütter gleichermaßen davon sprachen, wie groß der soziale Rechtfertigungsdruck ist und wie schwer es ist, Argumente zu finden. Als sei alles in gesellschaftlichen, politischen oder moralischen Klischees erstarrt, als würde diese sehr private Entscheidung in die Öffentlichkeit gezerrt, die dann den Daumen hebt oder senkt. Selbst Frauen, die für sich schon früh entschieden hatten, ein Leben ohne Kinder zu führen, fühlten sich verunsichert und genötigt, noch einmal ganz tief in sich hineinzuhören, ob da nicht doch etwas tickt. Frauen fehlen Vorbilder, positive Gegenentwürfe zu einem Leben ohne Mutterschaft. Oft bekam ich den Eindruck, dass der Kinderwunsch nur deshalb Thema war, weil ihnen von allen Seiten suggeriert wurde, dass sie zeitlich unter Druck stehen und diese essentielle Erfahrung in ihrem Leben unbedingt machen müssen – egal, ob sie tatsächlich ein Familienleben haben wollten oder nicht.

Wenn mir meine biologische Uhr etwas sagt, dann, dass ich im besten Alter bin, um dieses Buch zu schreiben. Denn dass mein biologisches Stündchen angeblich geschlagen hat, darauf weist mich weder mein Körper noch meine Psyche, sondern einzig die Gesellschaft hin. Dagegen zeigt die irritierte Nachfrage, ob ich jetzt, mit Mitte dreißig, so ein Buch schreiben sollte, da ich meine Entscheidung ja noch ändern könne, einmal mehr die Dringlichkeit dieses Buches. Es geht nicht darum, sie später, wenn sie aufgrund meines Alters irreversibel ist, bestätigen zu müssen, dann also, wenn unsere

Gesellschaft fast spöttisch auf späte Reue lauert. Fast scheint es so, als würde man auf die Angst der Frauen vor Reue bauen, um den Nachwuchs zu sichern und sie auf ihre angestammten Mutterplätze zu verweisen. Nein, es geht auch darum, die Selbstverständlichkeit in Frage zu stellen, mit der von Frauen Reproduktion erwartet wird. Es geht darum, wie das gesellschaftliche Halbwissen über Evolution und Biologie je nach Bedarf eingesetzt wird, um Frauen nicht zuhören zu müssen, welche Bedürfnisse und Erfahrungen sie tatsächlich haben. Da Gesellschaft und Politik es bislang versäumt haben, ein zeitgemäßes Konzept von Mutterschaft zu entwickeln, um Frauen heute zum Kinderkriegen zu motivieren, wird der kinderlosen Frau permanent eingeredet, dass sie ihre Entscheidung psychologisch qua ihrer Natur bereuen muss. Die Natur ist eine dankbare Projektionsfläche, ein Instrument, um Frauen in die Schranken zu weisen.

Doch was ist das für ein Bild von »der Frau«, das dadurch propagiert wird? Will unsere Gesellschaft vor allem deshalb an ihm festhalten, weil ohne die Pflege- und Fürsorgearbeit, die Frauen in der Familie bisher unentgeltlich leisten, ein Grundpfeiler der bürgerlichen Solidargemeinschaft wegbricht? Es sind Fragen wie diese, denen ich im Folgenden nachgehen werde. Vor allem aber möchte ich Frauen ein Forum geben, die ihre Kinderlosigkeit nicht als Mangel wahrnehmen, aber Schwierigkeiten haben, Argumente zu finden. Für die ein Kind eine Option unter mehreren ist und keine zwangsläufige oder gar naturgegebene. Und die dennoch Angst haben, etwas zu versäumen, etwas falsch zu machen, auch weil Kinderlosigkeit nicht positiv besetzt ist und weil andere Lebensmodelle fehlen oder nicht den gleichen Stellenwert wie Ehe und Kleinfamilie haben.

Dieses Buch soll dazu beitragen, die Hintergründe der

aktuellen Debatte zu entlarven und eine Diskussion auf Augenhöhe zu ermöglichen. Es geht nicht darum, die Grabenkämpfe auszuweiten, die Blockbildung zwischen Müttern und kinderlosen Frauen zu verschärfen. Ich lege die Betonung hier ganz bewusst auf Frauen, denn sie sind es vornehmlich, die diese Kämpfe führen.

Dieses Buch begreift sich nicht als Abgesang darauf, Kinder zu haben. Im Gegenteil: Es solidarisiert sich mit den verschiedenen Formen von Elternschaft, der leiblichen wie der angenommenen (Adoption, Patenschaft, Patchwork und weiteren Möglichkeiten des Zusammenseins mit Kindern), und mit einem Leben ganz ohne Kinder. Es geht mir nicht um Wertung, sondern um die gesellschaftliche Akzeptanz verschiedener Lebensentwürfe.

Erste Schritte in diese Richtung sind – zumindest im angloamerikanischen Raum – bereits getan. Hier hat sich mittlerweile die Bezeichnung *childfree* statt *childless* etabliert, um das Fehlen von Nachwuchs nicht länger als Mangelerscheinung zu brandmarken. In Kanada gibt es bereits seit 1984 den Verein »No Kidding« – das Wortspiel zwischen *Kid* (Kind) und *Kidding* (scherzen) stellt eine Schnittstelle dar, die viele Kinderlose im persönlichen Gespräch erwähnen: »No, I'm not kidding by saying no kids.«

Ein weiterer Schwerpunkt des Buches wird die Analyse sein, wie und warum unsere Gesellschaft aus der Kinderlosigkeit von Frauen ein solches Schreckgespenst aufbaut. Warum sie als bedrohliches Anzeichen des zunehmenden Unabhängigkeitsstrebens von Frauen und damit als Zeichen für die Entsolidarisierung der Gesellschaft gewertet wird. Zur Furcht, dieser nicht zuletzt angeblich durch den Feminismus angestachelte Egoismus wirke sich zersetzend auf die Familie als Keimzelle des Staates aus, gesellt sich die krude Angst um die Verdummung der Gesellschaft, wenn immer weniger Akademikerinnen Kinder bekommen. Es ist entlarvend und erschreckend, wie sehr die aktuelle Debatte im alten Klassendenken verhaftet ist, das den Wert eines Menschen für die Gesellschaft an seiner Schichtzugehörigkeit und damit auch an seinem Bildungsstand festmacht. Die Sorge um die Kinderlosigkeit ist nicht nur in diesem Punkt angereichert mit jeder Menge Paranoia. Da droht die »Überfremdung«, gar das »Aussterben der Deutschen«, wenn Migranten mehr Kinder bekommen. Da wird vom Zusammenbruch des Rentensystems und Fachkräftemangel geredet und Zuwanderung dennoch eher als Problem und nicht als Chance dargestellt. Da wird vor »entfesselten Kräften« gewarnt, die die Familie bedrohen und die daher der besonderen Unterstützung und des Schutzes durch Politik und Gesellschaft bedürfe.

Die Kleinfamilie gilt nach wie vor als unantastbarer Gral, ein Ideal, an dem wir uns zu orientieren haben. Dabei ist die Realität längst eine andere. Nicht wir sollten uns an diesem Ideal abarbeiten, sondern Gesellschaft und Politik sollten sich an die veränderten Gegebenheiten der Wirklichkeit anpassen. Stattdessen klammert sie sich an Konzepte und Geburtenraten aus den fünfziger Jahren und betont die Wichtigkeit biologischer Kinder, die in der vermeintlich idyllischen Kleinfamilie aufwachsen. Aber müssen es unbedingt die biologischen Kinder sein, um die man sich kümmert? Gibt es nicht alternative Formen des Zusammenlebens, die ebenfalls von Wärme und Loyalität getragen werden, einer sozialen Elternschaft? Misst sich der Wert eines Menschen an der Frage, ob er Nachkommen zeugt oder nicht?

Dieses Buch will Frauen, die unsicher sind, welchen Weg sie für sich einschlagen sollen, die Angst nehmen: davor, sich möglicherweise falsch zu entscheiden, sich einem Druck zu beugen, der oft genug nur von außen kommt, weil man sich vermeintlich abseits des gesellschaftlich legitimierten Pfades bewegt. Und auch wenn die Perspektive von Frauen im Mittelpunkt stehen wird, richtet sich dieses Buch an alle Menschen. Es will individuelle Entscheidungen nicht bewerten, sondern untersuchen, welche Vorstellungen und Realitäten unsere Lebenskonzepte bestimmen. Darüber hinaus möchte es eine neue Perspektive anbieten: Kinderlose sind kein Symptom der Individualisierung und des wachsenden Egoismus der Gesellschaft – sie stellen vielmehr eine Art »Resetknopf« dar. Durch ihre Verweigerung kreieren sie neue Wege des solidarischen Miteinanders, zeigen Alternativen auf zur heteronormativen Kleinfamilie. Die Chance, diesen Resetknopf zu drücken, haben wir alle. Aber nur, wenn wir in Dialog miteinander treten. Wenn aus dem aktuellen Gegeneinander ein Miteinander wird. Denn nur so kann unsere Gesellschaft auf Dauer funktionieren.

Kapitel 1: Ein kritischer Blick auf historische Rollen- und Familienkonzepte

»Alle Gefühle, alles Seyn des Weibes vereinigt sich in dem einen: Mutter zu seyn.«

18. Jahrhundert

»Noch nie war eine Gesellschaft derart besessen von ihren Kindern wie die der westlichen Industrienationen im zwanzigsten Jahrhundert«, stellte der *Spiegel* fest und nannte als Symptome »Kinderkrankenhäuser, Kinderhorte, Kinderliteratur, Kindermode und Kinderschokolade«.[3] Eine Reihung, die heute, fast vierzig Jahre nach dem Erscheinen dieses Beitrags, beinahe komisch anmutet. Seitdem hat sich die »Besessenheit« deutlich verstärkt – die der Gesellschaft ebenso wie die der Eltern. Wer die optimale Frühförderung versäumt (die im Bauch der Mutter beginnt) und nicht begreift, dass Erziehung ein hochkomplexer, störanfälliger Prozess ist, riskiert irreparable Schäden am Kind. Elternschaft ist zum Vollzeitjob geworden, »nebenbei erwachsen« wird heute kaum noch jemand. Dutzende Regalmeter an Ratgeberliteratur begleiten den ersten Schrei ebenso wie das Kommunikationsloch zwischen Eltern und Kind während der Pubertät, sie geben Auskunft darüber, wie man bereits

3   Ohne Autorennennung: »Fröhliche Zwerge«, *Der Spiegel*, 11/1976

beim Säugling Hochbegabungen rechtzeitig erkennt, welche Speisen ein halbes Jahrhundert später das Schlaganfallrisiko reduzieren können oder wie Yogakurse den Weg zum Abitur ebnen. Das heutige Modell von Elternschaft verlangt, den Nachwuchs vom ersten Tag an optimal zu fördern. Eine streng durchgetaktete Kindheit, die nur erfolgreich organisiert werden kann, wenn ein Elternteil – in der Regel die Frau – das »Projekt Kind« übernimmt. Die Ansprüche an das, was Eltern leisten müssen, haben in den vergangenen Jahren massiv zugenommen. Auch, weil der Wert des Kindes angesichts des Geburtenrückgangs, angesichts leerer Rentenkassen und drohenden Fachkräftemangels für die Gesellschaft gestiegen ist. Ein Kind wird zum Indikator für die Leistungsbereitschaft des Einzelnen wie des ganzen Systems, es wird von der Privatsache zum öffentlichen Gut. Gleichzeitig ist gerade das deutsche System so starr, die klassische Erfolgsbiographie noch immer linear, so dass Elternschaft immer häufiger zeitlich nach hinten geschoben wird. Kinder vertragen sich schlecht mit dem herrschenden Anspruch an Flexibilität und Mobilität in der Arbeitswelt, und mit dem Rollenverständnis, das nach wie vor Frauen benachteiligt und eine Dreifachbelastung aus Erwerbstätigkeit, Kinderbetreuung und Haushaltsführung vorsieht.

Diese Rollen- und Familienkonzepte werden gerne als naturgegeben dargestellt, doch sie sind Produkte ihrer Zeit. Die Bedeutung, die wir Familie und Kindern beimessen, hat sich im Laufe der Jahrhunderte gewandelt und war dabei immer ein Spiegel der ökonomischen, politischen und sozialen Gegebenheiten und Notwendigkeiten. Um die aktuelle Bedeutung der Debatte über kinderlose Frauen einordnen zu können, hilft daher ein Blick zurück in die Vergangenheit. Es zeigt sich: Kinderlosigkeit ist keineswegs ein neues Phänomen. Auch die Geburtenzahlen schwankten in der Vergangenheit massiv, ebenso gab es schon früher einen vermeintlichen Gebärstreik unter den »Gebildeten«. Was einst die adeligen Damen waren, sind heute die Akademikerinnen. Relativ neu ist allerdings die »Erfindung« der Kleinfamilie als essentielle Keimzelle des Staates. Aus der Haus- und Versorgungsgemeinschaft, die der lateinische Begriff *familia* ursprünglich meinte, wurde Vater-Mutter-Kind. Diese Trinitas, verbunden durch die Ehe der Eltern, wird zur Norm des Zusammenlebens erhoben. Die Frau wird zum »Fruchtschoß der Nation«, ihre ganze Sorge hat dem »Wohl des Kindes zu dienen«. Dass man sich über dieses »Wohl« überhaupt Gedanken macht, ist ebenfalls ein relativ neues Phänomen, das sich bei genauerem Hinsehen jedoch in erster Linie als ein vorgeschobenes Argument entpuppt, um Veränderungen entweder herbeizuführen oder sie zu verhindern.

Die Entdeckung der Kindheit

Von der Antike bis zum Mittelalter dominierte das Modell der großen Hausfamilie oder des sogenannten ganzen Hauses, einer wirtschaftlichen Produktions- und Lebensgemeinschaft, in der etwa siebzig bis achtzig Prozent der Bevölkerung lebte. Die *familia* war ein weitgefasster Verbund, zu dem nicht nur Blutsverwandte gehörten, sondern auch Männer und Frauen, die sich in den Dienst von Haus und Hof stellten. Kinder wurden früh zur Arbeit herangezogen und hatten ihre Funktion ebenso zu erfüllen wie Mägde, Gesellen oder Knechte. Nicht Zuneigung und Fürsorglichkeit, sondern sachliche Erwägungen – Fragen der Arbeitsorganisation und ökonomische Interessen – waren in diesen Lebensgemeinschaften von Bedeutung. Ein Kind war nicht die Krönung einer Paarbeziehung, nicht Ausdruck von besonderer Liebe zwischen zwei Menschen, sondern eine wirtschaftliche Notwendigkeit: Kinder sicherten die Weiterführung und Bewirtschaftung des Hofes, sie konnten später durch geschickte Verheiratung Ansehen und Auskommen der Gemeinschaft mehren und die Altersvorsorge sicherstellen. Auch die Feudalherren und der Klerus hatten großes Interesse an Kindern als billige und willige Arbeitskräfte, so dass sie die strikten Heiratsbeschränkungen zwischen den Ständen lockerten und vehement gegen Empfängnisverhütung vorgingen. Hebammen waren damals als Expertinnen für Geburtenkontrolle suspekt, und Frauen, von denen man annahm, sie würden ihr Wissen um Verhütung oder Schwangerschaftsabbruch weitergeben, wurden als Hexen gebrandmarkt, verfolgt und ermordet. Die Hexenverfolgung gründete sich also nicht nur auf religiösen Wahn, sondern war auch gesellschaftspolitisches Kalkül. Der starke Bevölkerungsrückgang etwa durch Kriege oder Seuchen wie die Pest sollte um jeden Preis ausgeglichen werden.

Der Umgang von Eltern und anderen Mitgliedern der Hausgemeinschaft mit den Kindern war pragmatisch. »Sentimentalitäten« konnte man sich angesichts der extrem hohen Kindersterblichkeit kaum leisten: »Noch ehe sie so weit sind, dass sie dir viel Sorgen machen können, wirst du die Hälfte oder vielleicht alle wieder verloren haben«[4], so

4   Philippe Ariès: Geschichte der Kindheit. Herausgegeben von Wolf Lepenies, aus dem Französischen von Karin Kersten und Caroline Neubauer. Deutscher Taschenbuch Verlag, München 1998, S. 98

zitiert Philippe Ariès in seiner »Geschichte der Kindheit« die Nachbarin einer Wöchnerin im 17. Jahrhundert. Rund zwanzig Prozent der Säuglinge starben allein im ersten Lebensjahr, das 15. erreichte nur etwa die Hälfte. Für die Frauen, die noch bis weit in die Neuzeit hinein unter miserablen hygienischen, medizinischen und sozialen Bedingungen im Schnitt acht bis zwölf Kinder gebaren, waren die Risiken, im Kindbett zu sterben, sehr hoch. Die Witwer bemühten sich schnell um Ersatz, die Aufgaben in der Hausgemeinschaft mussten weitergeführt werden. Der Augsburger Chronist und Kaufmann Burkard Zink etwa, der als erster Autor einer modernen Autobiographie gilt, zeichnet in seinen Texten ein Bild, das im 15. Jahrhundert Alltag war. Zink war insgesamt vier Mal verheiratet, drei seiner Frauen starben bei der Geburt eines Kindes. 18 seiner Nachkommen überlebten, aber elf weitere starben.

Angesichts dieser dramatischen Zahlen schien es in der damaligen Zeit beinahe natürlich, dass Kinder als austauschbar galten und ihr Wert als Individuum gering war. Bis sie als Arbeitskraft eingesetzt werden konnten, wurden sie eher als Belastung empfunden, als Wesen, die alles Kindliche schnellstmöglich abstreifen sollten. Dass sie ganz eigene Bedürfnisse haben könnten, unter einem besonderen Schutz stehen sollten oder eine besondere Fürsorge benötigen könnten, darüber machte man sich keine Gedanken. Und auch nicht über die später so viel beschworene Mutter-Kind-Bindung. Da die Versorgung von Säuglingen und Kleinkindern mit den anderen Arbeiten der Frauen kollidierte, wurde sie ganz selbstverständlich delegiert: je nach Status der Eltern an Lohnammen, Bedienstete oder ältere Verwandte. Wenn zu viele Kinder überlebten, die man hätte durchfüttern müssen, wurden sie an Findelhäuser gegeben. Die Zustände in den Heimen waren elendig, die Überlebensraten gering. Noch 1780, das belegt eine Polizeistatistik, wurden von 21 000 Neugeborenen eines Jahrgangs 17 000 zu Lohnammen gegeben, rund 3000 kamen in Heime, lediglich der Rest verblieb bei den eigenen Müttern.[5] Die Sorge um das »Wohl des Kindes« oder eine behütete Kindheit im heutigen Sinne gab es jahrhundertelang nicht. Leihammen gaben Nahrung, aber kaum Zuwendung, wobei auch die leiblichen Mütter von dem, was wir uns unter mütterlicher Sorge und Aufmerksamkeit vorstellen, weit entfernt waren.

Zwischen dem 16. und dem 18. Jahrhundert wandelte sich die Form des Zusammenlebens als Arbeits- und Erwerbsgemeinschaft langsam. Die hygienischen Verhältnisse besserten sich, die Bevölkerungszahl stieg, die Wirtschaft zog an und in den Städten boten sich neue Arbeitsmöglichkeiten, zunächst in mittelständischen Handwerksbetrieben, später durch die Industrialisierung in Fabriken. Lebens- und Arbeitsraum wurden mit der Zeit immer stärker voneinander getrennt. Die neuen wirtschaftlichen und kulturellen Veränderungen führten dazu, dass die Versorgungseinheit des »ganzen Hauses« kontinuierlich enger gefasst wurde. Vor allem die Jungen zog es in die Städte, die eine Chance boten, sich der Verfügungsgewalt der patriarchal organisierten *familia* zu entziehen.

An der Stellung der Kinder selbst änderte sich zunächst wenig. Vier- bis Fünfjährige schufteten auf Feldern, in Bergwerken, Webereien und Fabriken. Der englische Schriftsteller William Blake hat ihnen 1789 in seinem Gedicht

---

5   Christine Carl: Leben ohne Kinder. Wenn Frauen keine Mütter sein wollen. Rowohlt Verlag, Reinbek bei Hamburg 2002, S. 27

Chimney Sweeper ein bitteres Denkmal gesetzt. Im Königreich Preußen wurde erst 1839 ein Gesetz verabschiedet, mit dem das zulässige Alter für arbeitende Kinder auf neun Jahre heraufgesetzt wurde. Aber nicht, weil man sie bewusst schützen wollte, sondern weil das Militär über den schlimmen Zustand junger Rekruten geklagt hatte. Und für Familienbetriebe und in der Landwirtschaft galt diese Form des Kinderschutzes ohnehin nicht.

Die Sichtweise auf den Wert eines Kindes änderte sich erst Mitte des 18. Jahrhunderts, befeuert von den Ideen der Aufklärung und der Romantik. Ein Kind, das bis dahin vom Makel der Erbsünde belastet gewesen war, galt mit einem Mal als »rein und gut«; Kindheit selbst wurde nun als eigenständige und schützenswerte Phase im Leben eines Menschen anerkannt, nicht mehr nur als Durchlaufstation auf dem Weg zum Erwachsenen. Und das hatte Folgen. Die neue Idee von Kindheit erforderte auch eine neue Konzeption von Mutterschaft. In seinem Werk »Emile oder über die Erziehung« schreibt Jean-Jacques Rousseau 1762: »Man muss den Erwachsenen als Erwachsenen und das Kind als Kind betrachten«, mit eigenen Bedürfnissen, die es zu beachten und zu fördern gilt. Rousseau wusste dann auch gleich, wie das am besten geht. Seine Thesen entstanden in einer Zeit, in der Frankreich an der postrevolutionären, bürgerlichen Gesellschaft feilt. Ein Erfolg der Republik ist für Rousseau untrennbar verknüpft mit einer Reform von Familie und einem Kurswechsel in der Beziehung zwischen Eltern und Kindern. Er kritisiert vor allem die Mütter, die nicht nur Erziehungsaufgaben delegieren würden, sondern selbst das Stillen Lohnammen überließen. Was bis dahin Usus war, wird mit einem Mal stigmatisiert und pathologisiert: »Alles entspringt aus dieser ersten Entartung. Wenn sich die Mütter dazu verstünden, ihre Kinder selber zu nähren, so werden sich die Sitten von selbst erneuern und (…) der Staat wird sich wieder bevölkern.« Ammen könnten diese Rolle schlicht nicht übernehmen, weil sie den Kindern gegenüber keinen »Naturtrieb« fühlten.[6]

Damit legte Rousseau den unseligen Grundstein für eine ganze Reihe von Annahmen, die bis in unsere Zeit hineinwirken. Die Familie wird zur Keimzelle des Staates erklärt, die Frau ist verantwortlich für das »Wohl des Volkskörpers« und die Mutter die einzige Person, die dem Kind alles geben kann, was es benötigt. Waren Frauen bis dahin »nur« diejenigen, die ein Kind gebaren, also die biologische Mutterschaft übernahmen, wurden sie nun aufgefordert, auch die soziale Mutterrolle zu übernehmen. Und das konnten sie nur, wenn sie nicht länger anderen Aufgaben nachgingen, sondern beim Kind und damit in der Sphäre des Hauses blieben.

In den folgenden Jahrzehnten erschien eine regelrechte Ratgeberflut zum Thema Kind und Erziehung, meist geschrieben von männlichen Experten, die sich im Detail nicht immer einig waren, wohl aber in einem Punkt: »Was ist dem kleinen hülflosen Kinde das größte Bedürfnis? Die Liebe und Sorgfalt der Mutter. Kann diese Liebe und Sorgfalt (…) durch andere Personen ersetzt werden? Nein, nichts kommt der mütterlichen Liebe gleich«, heißt es im »Ärztlichen Rat für die körperliche und seelische Gesundheit der Kinder« aus dem Jahr 1794. Die Mutterrolle wurde ins beinahe Mythische überhöht, und weil das Kind ja inzwischen

6   Jean-Jacques Rousseau: Emile oder über die Erziehung. Aus dem Französischen von Ludwig Schmidt. UTB für Wissenschaft, 12. Auflage, Verlag Ferdinand Schöningh, Paderborn 1995, S. 17 ff.

von Geburt an rein und gut war, trug sie auch die alleinige Verantwortung dafür, wenn etwas schieflief.

Die Erfindung des Mutterinstinkts

Doch weil die Frauen sich nicht scharenweise begeistert ihren neuen Aufgaben und Pflichten in der Isolation des Haushalts zuwandten, mussten schwerere Geschütze aufgefahren werden: Der Verweis auf die unterschiedliche Natur der Geschlechter und damit auf ihre unterschiedliche Bestimmung sollte es richten. Denn wer könnte gegen diese vermeintlich biologisch determinierten Unterschiede schon Einspruch erheben?

Federführend war hier der Schweizer Pädagoge Johann Heinrich Pestalozzi, der im Muttersein die von Gott gewollte und von der Natur vorbestimmte Rolle einer jeden Frau zu erkennen geglaubt hatte. Erst mit einem Kind könne eine Frau Erfüllung finden, sei sie vollkommen. Er verkündete, Frauen hätten eine natürliche Begabung für Fürsorge, Pflege und Aufopferungsbereitschaft. Einen besonderen Instinkt, der sie von den Männern unterscheide und die unterschiedliche Aufgabenverteilung der Geschlechter in der Gesellschaft legitimiere.

Um die Natürlichkeit dieses Instinkts schien es aber nicht so gut bestellt gewesen zu sein, wie Pestalozzi hoffte. Es war vielmehr ein »merkwürdig verschütteter Instinkt (...) obwohl er so natürlichen wie göttlichen Ursprungs« gewesen sein soll, wie Barbara Vinken schreibt.[7] Um diesen Instinkt

---

7   Barbara Vinken: Die deutsche Mutter. Der lange Schatten eines Mythos. S. Fischer Verlag, Frankfurt am Main 2011, S. 154

freizulegen, musste man den Frauen auf die Sprünge helfen, sie zur Mutter erziehen, auf dass sie ihrerseits Kinder erziehen würden. Eine Erfahrung, die auch schon Rousseau gemacht hatte. Eine Disziplinierung, ein gewisser Zwang sei nötig, um Frauen die Mutterrolle nahezubringen. Aber dann würden sie sich in die Lebensweise, die Natur und Vernunft ihrem Geschlecht vorschreibt, fügen.

Männer wie er und Pestalozzi schwangen sich zu Experten auf, die den Frauen erklären wollten, wie sie ihrer Natur gemäß zu leben hatten. Und wenn sie die Natur nicht begriffen, musste man ihnen notfalls ein Buch an die Hand geben: »[Die Frau] braucht ein solches Buch und sie braucht es nicht. Ihre Natur selber ist dieses Buch, [aber mit der Hilfe dieses Buches] wird sie den Geist ihrer Weiblichkeit, ihrer Mütterlichkeit schneller und umfassender fühlen.«[8]

Mutterschaft wird zum Ausdruck und zur Voraussetzung für die psychische und physische Gesundheit der Frau. Frauen, die sich der Mutterrolle nicht mit der nötigen Hingabe widmeten oder sich dieser natürlichen Bestimmung zur Reproduktion entzogen, wurden von Pestalozzi gleich in eine Schublade gesteckt: Die »Weltweiber« wurden zum Gegenpol der Mutter, sie waren die Abweichung von der Natur. Ihnen wurden negative Charaktereigenschaften zugesprochen, sie seien eitel, lüstern, egoistisch, sittenlos und lebten – wenig überraschend – vornehmlich in Großstädten, ohnehin Horte des moralischen Verfalls. Die Mutter dagegen verkörpere Unschuld und Keuschheit und moralische Tiefe. Sie finde ihre Erfüllung an Wiege und Herd,

8 http://www.zeno.org/Kulturgeschichte/M/Pestalozzi,+
   Johann+Heinrich/Schwanengesang/Schwanengesang.
   Abrufdatum 20.08.2014

während das Weltweib nach Teilhabe am öffentlichen und damit männlichen Leben strebe. Und das müsse verhindert werden, denn eine der Welt verfallene Frau sei für das Muttersein verloren.

Eine entlarvende Feststellung. War es nicht so, dass jede Frau Mutter werden wollte oder gar musste, weil das ihre Natur ist? Warum musste man sie dann permanent daran erinnern? Oder ging es im Kern darum, das weibliche Streben nach Bildung, Autonomie und Freiräumen im Keim zu ersticken und sie damit aus dem öffentlichen Raum fernzuhalten? Und auf diese Weise das just zu jener Zeit aufkommende Modell der bürgerlichen Familie als gesellschaftliche Norm zu zementieren?

Ehe als Gottesdienst und die Überhöhung der Familie

Das Modell, das die Hausgemeinschaft ablöste und sich immer stärker auf Vater-Mutter-Kind(er) reduzierte, war auch Konsequenz einer Entwicklung, die mit Martin Luther ihren Anfang nahm. Im Zuge der Reformation wurde der Dienst an Gott aus Kirchen und Klöstern herausgeholt und sollte fortan auch in weltlichen Bereichen geleistet werden. Die heilige Verbindung von Mann und Frau wurde zum neuen Bollwerk gegen das Übel der Welt. Und Kinder, die in dieser Verbindung entstanden, trugen dem Auftrag der Schöpfung Rechnung. Andere Lebensformen als die der Ehe wurden ebenso verdammt wie Kinderlosigkeit, der nun das besondere Stigma der Gottlosigkeit anhaftete.

Frühe Dokumente aus dem Mittelalter belegen, dass Kinderlose schon damals diskriminiert wurden. Kinderlosigkeit wurde als etwas Unnatürliches wahrgenommen, es gibt kaum ein anderes »Problem«, das mit so viel Aberglauben, Magie und Flüchen in Zusammenhang gebracht wird. Vor allem aber mit Schuld und Verfehlung – Unfruchtbarkeit galt als Strafe Gottes, die fast ausschließlich Frauen traf. Dass es schon damals medizinische Kenntnisse über die Sterilität des Mannes gab, wurde geflissentlich übersehen. Das mag nicht nur daran gelegen haben, dass der Frauenkörper als »Ort der Entstehung neuen Lebens« galt, sondern auch daran, dass Kinderlosigkeit den Verdacht nahelegte, Frauen könnten ihren Handlungsspielraum über die Grenzen der Familie ausdehnen.

Die selbstbewusste, eigenständige und ökonomisch nicht vom Mann abhängige Frau, die zudem keine Kinder hat, gab es tatsächlich. Und sie wurde schon im Mittelalter als Gefahr gesehen, da sie sich ihren reproduktiven Aufgaben entzog. Aber anders als nach der Reformation hatte sie damals noch Räume, in denen sie sich außerhalb der Familie entfalten konnte. Selbstgewählte Kinderlosigkeit war meist mit religiösen Tätigkeiten in christlichen Klöstern verbunden; paradoxerweise war es ausgerechnet die Kirche, die den Frauen damals Freiräume jenseits eines Daseins als Mutter und Ehefrau eröffnete. Dort konnten sie sich in den Wissenschaften bilden und, zumindest in Einzelfällen, sogar politisch Einfluss nehmen. Allerdings musste die Vormundschaft Gottes her, wenn Frauen fernab der Vormundschaft des Vaters oder Ehemannes leben wollten. Nonnen wurden, wenn schon nicht zu weltlichen Bräuten, so doch zu Bräuten Jesu. Der geistigen Mütterlichkeit – Frömmigkeit, Jungfräulichkeit und Barmherzigkeit – und der sozialen Mütterlichkeit in Form des Dienstes in einer Gemeinschaft wurde ein höherer Wert beigemessen als der physischen Mutterschaft. Denn die war ja an die weltliche Sexualität gebunden. Die

kinderlose Heilige und die keusch lebende Nonne verkör-
perten lange das christliche Ideal von Weiblichkeit. Die heilige Elisabeth hat angeblich sogar dafür gebetet, dass Gott
ihr den Kinderwunsch nehmen möge, damit sie sich ganz
ihrer Frömmigkeit widmen könne.

All das änderte sich mit Luther, der das Gebären und die
Versorgung der Kinder zum neuen und wahren Gottesdienst
der Frau erhob. Frauen, die dem nicht nachkamen, verwei-
gerten sich Gottes Willen. Die neue Ikone war die Mutter,
Mutterschaft wurde zum Ausdruck und »zur Voraussetzung
für die psychische und physische Gesundheit«[9] einer Frau.
Die kinderlose Frau galt als abnorm und war, weil ihre bis-
herigen Betätigungsfelder im sozialen oder kirchlichen Bereich abgewertet wurden, gleich doppelt geächtet.

Der Mann als Haupt, die Frau als Leib

An der Schwelle zum zwanzigsten Jahrhundert war die Welt
im Umbruch. Unzählige Erfindungen revolutionierten den
Alltag der Menschen, Großstädte boomten, Mobilität und
Konsum waren die Zauberworte. Das bürgerliche Milieu,
in dem das Modell von umfassender Mütterlichkeit und
strikter Rollentrennung besonders verfangen hatte, geriet
unter Druck. Arbeiter- oder Bauernfamilien hatten es sich
ohnehin nicht leisten können, auf einen Beitrag von Frau-
en und Kindern zum wirtschaftlichen Überleben zu verzichten. Die Bürgerlichkeit dieses Familienkonzepts wird
auch dadurch deutlich, dass die Scharen an Arbeiterinnen,

9   Barbara Vinken: Die deutsche Mutter. Der lange Schatten eines
     Mythos, S. 130

die sich aus ökonomischer Not außerhäuslich betätigen mussten, in den damaligen Debatten ausgespart wurden. Zumal sich in den Haushalten von Fabrikarbeitern mit zwei berufstätigen Elternteilen und unzähligen arbeitenden Kindern die neuen Vorstellungen von Pädagogik ohnehin nicht umsetzen ließen. Hier offenbart sich übrigens eine interessante Parallele zur aktuellen Debatte um kinderlose Akademikerinnen: Vollzeitmutterschaft war ein Privileg der oberen Schichten, der Wert von Kindern niederer Schichten für die Gesellschaft wurde als geringer eingestuft; heutige Schlagzeilen über die drohende Verdummung, weil »nur die falschen Kinder kriegen«, stehen in einer langen Tradition. Schon Rousseau zielte auf die Damen des Adels ab, und mit Pestalozzi wurde der Grundstein dafür gelegt, dass Kindererziehung ein gewisses Niveau voraussetze. Dementsprechend bekam mit Beginn des zwanzigsten Jahrhunderts die Bevölkerungs- und Familienpolitik eine wichtige Bedeutung: Bevölkerung wurde nicht mehr nur nach Quantität, sondern auch nach Qualität beurteilt.

Michel Foucault bezeichnete dieses neue Interesse an Demographie als Biopolitik: »Bis dahin gab es nur Untertanen, nur Rechtssubjekte (...) Nun gibt es Körper und Bevölkerungen, [die] als Produktionsmaschine zur Erzeugung von Reichtum, Gütern und weiteren Individuen«[10] genutzt werden sollen. Nun war die Erhaltung und Optimierung

10 Michel Foucault: »Die Maschen der Macht.« In: Michel Foucault: Analytik der Macht. Herausgegeben von Daniel Defert, Francois Ewald, übersetzt von Reiner Ansén, Michael Bischoff, Hans-Dieter Gondek, Hermann Kocyba und Jürgen Schröder. Auswahl und Nachwort von Thomas Lembke. Suhrkamp Verlag, Frankfurt am Main 2005, S. 220 ff.

menschlichen Lebens das Ziel, nicht mehr die bloße Verschwendung. Doch die Frauen, die sich zum Zweck dieser Optimierung tatsächlich eine Zeitlang aus dem öffentlichen Leben hatten verbannen lassen, begehrten nun langsam auf. Die Frauenbewegung formulierte Forderungen nach Wahlrecht, Zugang zu Bildung und Berufen, Teilhabe am öffentlichen, am männlich besetzten Raum. Tatsächlich nahm die Erwerbstätigkeit von Frauen stark zu, und die Geburtenzahlen sanken unter das Reproduktionsniveau, also unter jenes Niveau, das benötigt wird, um die gegenwärtige Bevölkerungszahl zu halten. Da kam es nicht ungelegen, dass man den Forderungen nach Gleichberechtigung neue Theorien und Erkenntnisse entgegensetzen konnte: Der Darwinismus, die aufkommenden Naturwissenschaften und die Psychoanalyse sollten den Status der Geschlechter zementieren. Was vormals durch eine ökonomische Arbeitsteilung definiert worden war, wurde nun noch mehr als biologische Charakterdefinition dargestellt: Männliche Macht wurde ebenso wie die Unterordnung der Frau als naturgegeben festgelegt.

In einer Zeit, in der patriarchale Strukturen aufzubrechen drohten, warnte Max Planck: »Man kann nicht stark genug betonen, dass die Natur selbst der Frau ihren Beruf als Mutter und als Hausfrau vorgeschrieben hat und dass Naturgesetze unter keinen Umständen ohne schwere Schädigungen, welche sich im vorliegenden Falle besonders an dem nachwachsenden Geschlecht zeigen würden, ignoriert werden können.«[11]

11 Hans-Ulrich Wehler, Ute Frevert: Frauen-Geschichte. Zwischen Bürgerlicher Verbesserung und neuer Weiblichkeit. Suhrkamp Verlag, Frankfurt am Main 1986, S. 121

In diesem Zitat steckt eine interessante Information – keine neue, aber eine, die nun in den Status einer wissenschaftlichen Erkenntnis erhoben wurde: Der Gedanke, dass die Zukunft der Kinder maßgeblich von der Mutter-Kind-Beziehung abhängt. Sie ist für die Optimierung – oder das Scheitern – des Nachwuchses verantwortlich. Wenn mit der Psyche des Kindes eines Tages etwas nicht stimmen sollte, trägt sie die Verantwortung dafür. Dass die Rolle der Väter hier nicht erwähnt wird, passt ins Konzept; schließlich soll nicht an der Trennung von privatem und öffentlichem Raum gerüttelt werden. Die Natur scheint keine Freundin der Frau zu sein, wenn sie ihr die eindeutig unattraktiveren, machtlosen und mit Selbstaufgabe verknüpften Bereiche zuspricht: Männer sind rationale Wesen, können klar denken und stehen daher zu Recht in der Öffentlichkeit, Frauen sind emotional und können sich, wie Nietzsche befand, im »Garten der Ehe« am besten entfalten.

Mit anderen Worten: Frauen waren nicht für die Existenzsicherung, sondern für die Beziehungsarbeit und die Gefühlswelt innerhalb der Familie zuständig. Der Mann war das Haupt, die Frau der Leib des staatspolitisch gewünschten und von (pseudo-)wissenschaftlichen Theorien gestützten Modells. Unter der Berufung auf ihre Natur wurde die Frau zum ausführenden Organ männlicher Theorien.

Das negative Bild der kinderlosen Frau wurde in dieser Zeit noch einmal verschärft: neurotisch, selbstverliebt, wenig religiös, konsumorientiert, individualistisch, infantil, unweiblich. Kinderlose waren gefährlich oder minderwertig, führten ein sinnentleertes, lustorientiertes und dekadentes Leben. Sie verschlossen sich einer Erfahrung, die für Frauen als essentiell bewertet wurde, um ein ganzer Mensch zu sein. Hier entstand die vermeintlich wissenschaftlich belegte Einschätzung, dass Kinderlosen etwas fehlt, dass sie Mangelwesen seien, psychische Probleme hätten und überhaupt Ausdruck des Verfalls der Sitten (damals) oder von Hedonismus, Egoismus und Individualisierung (heute) seien.

Die erste bürgerliche Frauenbewegung reagierte gespalten, einige äußerten ähnliche Vorbehalte. Ihre Strategie, kinderlosen oder unverheirateten Frauen dennoch beizustehen, bestand darin, ihnen – wie in vorreformatorischen Zeiten – eine geistige Mutterschaft zuzusprechen und ihrer Fürsorgearbeit etwa als Gouvernanten, Lehrerinnen, Krankenschwestern oder in der Armenpflege einen Wert für die Gesellschaft zuzugestehen. Die einen sahen in der Mutterschaft die Entfaltung natürlicher weiblicher Urgewalten und Schöpfungskräfte, die anderen sahen darin eher eine Eindämmung ebendieser Kräfte, die sinnlos verpuffen würden. Um nicht zu radikal zu erscheinen und wenigstens einige Forderungen nach Gleichberechtigung durchsetzen zu können, scheuten sich viele Frauen allerdings davor, die Mutterschaft als höchste Bestimmung der Frau in Frage zu stellen. Um Frauen als wichtige Mitgestalterinnen des Staates zu etablieren, halfen sie mit, fragwürdige Konzepte zu stützen, die die Mutter von der Behüterin der Nachkommenschaft zur Hüterin der Nation machte, die sich um die Ausbildung eines »gesunden Volkskörpers« kümmerte.

Mit dem Darwinismus begann auch die Sorge um das Erbgut: die Bevölkerung eines Landes wurde nun in Gruppen mit verschiedenen Eigenschaften eingeteilt, die gefördert oder unterdrückt werden sollten. Wenngleich diese Mischung aus sozialdarwinistischem, eugenischem und rassistischem Gedankengut in der Wissenschaft und auch international keine Randerscheinung darstellt, wurde sie doch nirgends mit solch brutaler Konsequenz praktiziert wie in Deutschland während der Zeit des Nationalsozialismus.

Nach dem Ende des Ersten Weltkriegs erlebte das Land eine staatlich als notwendig betrachtete starke Aufwertung der Familie. Die Verluste durch den Krieg mussten kompensiert werden, während der Weimarer Republik wurden erstmals Artikel in die Verfassung aufgenommen, die das Familienleben regelten. In Artikel 119 heißt es: »Die Ehe steht als Grundlage des Familienlebens und der Erhaltung und Vermehrung der Nation unter dem besonderen Schutz. (…) Die Reinerhaltung, Gesundung und soziale Förderung der Familie ist Aufgabe des Staates und der Gemeinden.«[12] Wer diese Förderung im Kleinen zu übernehmen hatte, daran ließ der Staat keinen Zweifel. Frauen sollten gezielt in Haushaltsführung und Kinderpflege unterwiesen werden, man solle ihnen neue medizinische Erkenntnisse, Regeln zu Ernährung und Hygiene vermitteln, Kniffe, wie das Kinderzimmer gestaltet werden könne und welchen Wert pädagogische Spiele besäßen. Kindererziehung war zwar nach wie vor die natürliche Bestimmung der Frau, wurde aber zunehmend zu einer Arbeit, die spezifische Kenntnisse voraussetzte. Der Grundstein für die Zweiteilung von Über- und Rabenmutter, die bis heute den deutschen Diskurs bestimmt, war gelegt.

Nach der Machtergreifung der Nationalsozialisten bekam die Familienpolitik einen neuen Anstrich: Geburtenfördernde Maßnahmen konzentrierten sich auf Menschen, die als arisch klassifiziert wurden; Nichtarier oder als »un-

---

12 Zitiert nach: http://www.bpb.de/izpb/8047/familienpolitik-geschichte-und-leitbilder?p=all. Abrufdatum 20.08.2014

wert« eingestufte Erwachsene belegte man mit Ehe- oder Fortpflanzungsverboten, selbst Zwangssterilisationen waren keine Ausnahmen. Die arische Familie wurde gezielt für die bevölkerungs- und rassenpolitischen Absichten des Regimes instrumentalisiert. Frauen wurden durch verschiedene Gesetze in die Familienarbeit zurückgedrängt, etwa durch das Berufsverbot für Mütter und das Gesetz zur Verminderung der Arbeitslosigkeit, das Männern das Recht einräumte, Frauen von einer Arbeitsstelle zu verdrängen. Aufstiegsmöglichkeiten wurden gesetzlich gesperrt, die Ausübung eines Berufs oder das Streben nach Autonomie war als unweiblich gebrandmarkt. Die Nationalsozialisten schwangen sich als Befreier der Frauen auf, die durch bedauerliche Umstände von ihrer natürlichen Rolle als Mutter hätten abweichen müssen: »Die berufstätige Frau von heute ist ein gequältes und unterdrücktes Geschöpf (...) Die Frau ist zur Arbeitsmaschine geworden. Der Nationalsozialismus will jedoch die Frau ihrem wahren Beruf wieder zuführen.«[13] Und der hieß: Ehefrau und Mutter.

Der Propagandaapparat ließ kaum etwas unversucht, um das idyllische Bild der heilen, stramm nationalsozialistischen Familie unter das Volk zu bringen. Schon 1938 wurde das Mutterkreuz als besondere Belohnung erfunden – vier »deutschblütige Kinder« waren die Voraussetzung für das Ehrenkreuz dritter Klasse. Die erste war Frauen vorbehalten, die dem Staat mindestens acht Kinder schenkten.

Auch wenn alle Regierungsformen und Staaten davor und danach Kinder für das Fortbestehen der Nation einforderten, war die Vereinnahmung nie so stark wie während

13 Claudia Koonz: Mütter im Vaterland. Frauen im Dritten Reich. Rowohlt Verlag, Reinbek bei Hamburg 1994, S. 97

dieser Zeit. Kinder gehörten dezidiert nicht den Eltern, sondern dem Volk, sie waren nationales Gut. Die Familie war lediglich der Rahmen, in den sie hineingeboren wurden; danach hatten Eltern ihre Kinder in die nach Geschlechtern getrennten nationalsozialistischen Organisationen abzugeben.

Interessanterweise wird in jener Zeit auch die biologische Uhr scharf gestellt: »Die Frau, die mit dreißig Jahren noch nicht geboren hat, begeht ein Verbrechen an ihrer Natur und am Volk; sie ist – sofern nicht krank oder von Natur aus unfruchtbar – mit einem Makel, mit Sünde behaftet.«[14] Die Kinderzahl, die das Wachstum des »rassenreinen« erbgesunden Volkes gewährleisten sollte, erhöhte sich damals tatsächlich, wobei fraglich ist, ob das durch sozialen Druck oder Maßnahmen wie Kinderbeihilfe, Ehestandsdarlehen oder der Verleihung der Ehrenkreuze befördert wurde. Vielleicht hatten viele Paare ihren Kinderwunsch auch aufgrund der vorangegangenen Wirtschaftskrise schlicht aufgeschoben.

Das goldene Zeitalter der Ehe

Nach dem Zweiten Weltkrieg wurde der dezimierten und traumatisierten Bevölkerung wieder ein Rückzugsraum angeboten, fern der bösen äußeren Welt. Frauen, die in den letzten Kriegsjahren die sogenannte Heimatfront am Laufen gehalten hatten, sollten ihren Platz wieder räumen, um den heimkehrenden Männern den Wiedereinstieg ins normale

14 Ernst Bergmann: Erkenntnisgeist und Muttergeist. Eine Soziosophie der Geschlechter. Hirt Verlag, Leipzig 1932, S. 95

Leben zu erleichtern. Nicht über neue Formen des Zusammenlebens und der Arbeitsteilung wurde nachgedacht, nein, es ging um eine Rolle rückwärts. Das traute Heim und die traditionellen Familienwerte erlebten eine Renaissance, was nichts anderes hieß, als die Frauen erneut an den Herd zu bannen. Der Muttermythos wurde offiziell zum Herzstück deutscher Familienpolitik. Zwar bildete sich in den fünfziger und sechziger Jahren ein Frauenbild heraus, das Frauen eine gewisse Autonomie zubilligte – sie mussten schließlich auch einen Beitrag zum ökonomischen Aufbau leisten –, aber bitte nur bis zur Heirat. Anstatt Strukturen zu schaffen, die Frauen wenigstens die Wahlfreiheit gelassen hätten, fanden sie sich nach der Eheschließung in einem umfassenden Abhängigkeitsverhältnis wieder. Der Mann hatte per Gesetz Verfügungsgewalt über Haus und Kinder und konnte bis in die späten siebziger Jahre hinein die Autonomiebestrebungen seiner Ehefrau – etwa einer Erwerbstätigkeit nachzugehen – verhindern. Die Vollzeitmutter wurde zur Norm und die Familie als Schonraum der Behaglichkeit inszeniert. So konnte man die Trennung in Innen- und Außenraum festigen, der Status der Mutter stand in Opposition zu den Bestrebungen nach mehr Gleichberechtigung.

Die unverheiratete und kinderlose Frau wurde in den fünfziger und sechziger Jahren als bedauerliches Problem dargestellt. Tatsächlich gab es nach dem Krieg aus naheliegenden Gründen einen »Frauenüberschuss«, dennoch wurde von staatlicher Seite nichts unternommen, den Beitrag dieser Frauen für die Gesellschaft zu würdigen. Fundamental und entsprechend anerkannt war einzig die Rolle als Ehefrau und Mutter. Alleinstehende und damit in der Regel kinderlose Frauen fielen durch die sozialen Sicherungssysteme, denn Ehestand und Familie beeinflussten maßgeblich die finanzielle Existenzgrundlage und entschieden über den sozialen Status der Frau.

Ein Blick auf die Entwicklung der Familienpolitik der BRD zeigt sehr deutlich, wie sich alte Ideologien immer wieder neu in Gesetzen und Normen manifestieren, die das Handeln und Denken der Menschen beeinflussen. Traditionell ist die Familienpolitik in Westdeutschland ein Feld, auf dem sich lange Zeit vornehmlich Konservative austoben durften – vornehmlich auf Kosten der Frauen und anderer Lebensmodelle als der heteronormativen Kleinfamilie. So förderte das 1958 eingeführte Ehegattensplitting die Lohnungleichheit zwischen den Geschlechtern; die soziale Absicherung über den Mann erschwerte Frauen nicht nur, ökonomisch auf eigenen Beinen zu stehen, sondern auch, sich aus einer lieblosen oder gewalttätigen Ehe zu befreien.

Begünstigt wurde die Entwicklung auch durch die deutsche Teilung. In den politischen Debatten der fünfziger und sechziger Jahre wurde Bevölkerungswachstum als »Schutzmaßnahme« gegen den sozialistischen Osten inszeniert. Franz-Josef Wuermeling, CDU-Politiker und von 1953 bis 1962 Familienminister, formulierte dies so: »Millionen innerlich gesunder Familien mit der gesunden Schar rechtschaffen erzogener Kinder sind als Sicherung gegen die drohende kommunistische Gefahr der kinderfreudigen Völker des Ostens mindestens so wichtig wie alle militärischen Sicherungen.«[15] Das erinnert verdächtig an die Überfremdungsszenarien eines Herrn Sarrazin und das Gerede von der »deutschen Leitkultur«. Familie wird zum Bollwerk sti-

---

15 Lena Corell: Anrufungen zur Mutterschaft. Eine wissenssoziologische Untersuchung zur Mutterschaft. Verlag Westfälisches Dampfboot, Münster 2010, S. 118

lisiert und nebenbei werden Ressentiments und Feindbilder als selbstverständliche Argumentationshilfen etabliert.

Für diese innerlich gesunden Familien sind selbstredend die Eltern und damit die Frauen zuständig. Und hier passiert etwas, das Barbara Vinken als »deutschen Sonderweg« bezeichnet, wobei man es zur damaligen Zeit wohl auch als »Westdeutschen Sonderweg« hätte bezeichnen können: Die strikte Trennung von privaten und staatlichen Aufgaben beim Thema Kinder wird manifestiert. »Kinder nicht im Schoß der Familie zu erziehen, sondern sie in die Obhut öffentlicher Institutionen zu geben hieß, sie totalitärem Einfluss auszusetzen. Kommunismus und Nationalsozialismus wurden über diesen einen Kamm geschoren«[16], so Vinken. Während in der DDR die arbeitende Mutter und damit Kindertagesstätten zum Alltag gehörten, war das in der Bundesrepublik verpönt. Die Vollzeitmutter wurde zur Norm erhoben; Frauen, die diese Rolle aus wirtschaftlichen oder anderen Zwängen nicht erfüllen konnten, wurden wahlweise bedauert oder kritisiert. Ein Reflex, der bis heute bestens funktioniert.

Das Revival der Mutter-Kind-Bindung

Ende der sechziger, Anfang der siebziger Jahre stieg das Heiratsalter an, während gleichzeitig die Geburtenrate sank. Wesentliche Faktoren dafür waren die Verbesserung in der Familienplanung durch sichere Verhütungsmittel wie die Pille und die Straffreiheit des Schwangerschaftsabbruchs seit 1972.

---

16 Barbara Vinken: Die deutsche Mutter. Der lange Schatten eines Mythos, S. 51

Die »wilden Jahre« vergrößerten den individuellen Handlungsspielraum, es kam zu einer schrittweisen Entkoppelung von Ehe, Sexualität, Zusammenleben und Reproduktion. Die zweite Welle der Frauenbewegung zeigte ebenfalls Wirkung. Kinder waren nicht länger die logische Konsequenz von Ehe, die lange bestehende Zwangsläufigkeit wurde von größerer Wahlfreiheit abgelöst. Muttersein schien nicht mehr die einzige Option, es taten sich viele andere Möglichkeiten auf: Frauen konnten über den Zeitpunkt, Kinder zu bekommen, selbst bestimmen, sie konnten anderen Ambitionen den Vorrang geben und mussten nicht automatisch aus dem Berufsleben aussteigen, wenn sie Mutter wurden. Die Hoffnung, dass sich dies problemlos bewerkstelligen ließ und die Familienarbeit gerecht aufgeteilt werden könnte, entpuppte sich jedoch als falsch. Noch heute lasten drei Viertel dieser Aufgaben auf den Schultern der Frauen.

Die Politik tat lange wenig, hier gegenzusteuern. Im Gegenteil: In den siebziger und achtziger Jahren kam es, wie Elisabeth Badinter es formulierte, zu einer »heiligen Allianz der Reaktionäre«[17]. Weil es kaum Argumente gab, mit denen man den Wunsch nach Freiräumen und Autonomie ersticken konnte, wurde – wenig überraschend – wieder die Natur bemüht. Der Mutterinstinkt erlebte ein Revival, und Wissenschaftler wie Pädagogen schwangen sich zu Anwälten für das Wohl des Kindes auf. Die neuen Feindbilder waren Feministinnen, die die Geschlechterverhältnisse auf den Kopf stellen und Frauen anstacheln wollten, gegen ihren Instinkt zu handeln. Wohin das führe, sehe man an der

17 Elisabeth Badinter: Der Konflikt. Die Frau und die Mutter. Aus dem Französischen von Ursula Held und Stephanie Singh. Deutscher Taschenbuch Verlag, München 2012, S. 46

DDR. Statt innere Reife zu erlangen, hätten sich Mütter vom Staat pervertieren und von der äußeren Karriere ablenken lassen. Das sei Vermännlichung, keine wirkliche Emanzipation.[18] Um herzzerreißende Szenen in Kindergärten zu vermeiden, sei es essentiell, dass Frauen den Verlockungen der Emanzipation entsagten und ihre ganze Kraft auf ihre Rolle als Ehefrau und Mutter konzentrierten. Wenn die Frau eigene Wege gehen wolle, habe das schwere Folgen für das Kind. Untermauert wurde das mit einer Theorie, auf die ich später noch genauer eingehen werde: der besonderen Mutter-Kind-Bindung, der amerikanische Kinderärzte den Namen *Bonding* verliehen. Das Kind wird zum sensiblen Projekt, das nur durch den Einsatz der Frauen auf den richtigen Weg gebracht werden kann. Mit anderen Worten: Die Vollzeitmutter ist nach wie vor alternativlos, Frauen, die für sich ein anderes Modell bevorzugen, geraten in den Verdacht, aus egoistischen Motiven das Wohl des Kindes zu gefährden oder dieses Risiko zumindest in Kauf zu nehmen.

Zwar wurden seit den siebziger Jahren die Rechte von Frauen und Kindern gestärkt, auch neue Betreuungseinrichtungen entstanden. Dennoch wurde in den folgenden Jahren wieder vermehrt an die Debatten vergangener Jahrzehnte angeknüpft, es kam zu einer Rückbesinnung auf christliche Werte, und gebetsmühlenartig wurde die entscheidende Rolle der Mutter betont. Selbst Rita Süssmuth, Familienministerin in der Regierung Kohl, die in vielerlei Hinsicht am Konservatismus der CDU gerüttelt hatte, schien das Gefühl zu haben, den schleppenden Ausbau von Be-

18 Hans-Joachim Maaz: Der Gefühlsstau. Psychogramm einer Gesellschaft. C.H. Beck, München 2010, S. 260

treuungsstätten rechtfertigen zu müssen. Außerfamiliäre Einrichtungen wie Kindergärten oder Tagesstätten können und sollen die Familie nicht ersetzen, verkündete sie.

In den neunziger Jahren kam es mit der Wiedervereinigung zu einem Vergleich der beiden Systeme, bei dem die Werte und Konzepte, die in der DDR propagiert und gelebt wurden, gezielt abgewertet wurden: verstaatlichte Kinderbetreuung und ganztägige Erwerbsarbeit von Müttern wurde als Zwang dargestellt, denen sich Frauen und ihre Familien wider die Natur zu unterwerfen hatten. Die Chance, diese Modelle ernsthaft zu diskutieren und zu überprüfen, ob sie den Bedürfnissen von Frauen entgegenkamen, wurde vertan; erst Jahre später gelangte man zu der Einsicht, dass das so schlecht nicht gewesen war.

Die erwerbstätige Mutter war in der DDR ein vom Staat gefördertes Leitbild. Die Frau, die »nur« Mutter und Hausfrau war, galt als bürgerlich-kapitalistisch und war insofern verpönt. Entsprechend war der Anteil erwerbstätiger Frauen viel höher als in Westdeutschland, die Lohndifferenz zu den Männern geringer. Aber angesichts der staatlichen Rundumversorgung gab es auch wenig Verständnis dafür, wenn eine Frau kinderlos bleiben wollte. Auch die trotz allem bestehende Doppelbelastung der Frauen wurde nicht thematisiert. Dennoch verteidigen viele Frauen aus der ehemaligen DDR das »alte Konzept« als eines, das ihnen mehr Entfaltungsfreiheit gegeben und auch den Bedürfnissen der Kinder keineswegs geschadet habe. Für viele, vor allem konservative Politiker, war das kein Argument, um über alternative Modelle nachzudenken. Im Gegenteil, man versuchte sogar, die liberalere DDR-Regelung beim Schwangerschaftsabbruch gegen die Frauen zu instrumentalisieren. Die etwas höheren Abbruchzahlen seien ein Beleg dafür, wie degeneriert Familie sei; dabei lagen diese Unterschiede vielmehr darin begründet, dass Frauen im Osten weniger Verhütungsmittel zur Verfügung hatten und deshalb mehr auf Abtreibung als Methode der Familienplanung zurückgreifen mussten. Wie blind diese Rhetorik für die realen Verhältnisse ist, zeigt sich auch darin, dass all die »Rabenmütter« in den neuen Bundesländern damals wie heute mehr Kinder bekommen als ihre Geschlechtsgenossinnen im Westen.

Ende der neunziger Jahre wurden sozialpolitische Begründungen für die Familienpolitik durch bevölkerungspolitische abgelöst. Nicht mehr um Geschlechtergerechtigkeit ging es, sondern um Generationengerechtigkeit. Im fünften Familienbericht aus dem Jahr 1994 wird Kinderlosigkeit mit Egoismus und Verantwortungslosigkeit gegenüber der Gesellschaft in Verbindung gebracht. Kinderlosen wird Karriereorientierung, Materialismus und Individualismus unterstellt, und sie werden in Opposition zu Familien gebracht, in der es um Wärme, Gemeinschaft und Fürsorge gehe. Familie wird nun als schützender Kokon in einer leistungs- und wettbewerbsorientierten Welt inszeniert. Zur gleichen Zeit etabliert sich in den Medien das Bild der kinderlosen Karrierefrau als negativer Gegenentwurf zur Vollzeit- oder Teilzeitmutter, die trotz der Vielfachbelastung ihrer Bringschuld gegenüber der Gesellschaft nachkommt. Dass es gerade das Problem der Vereinbarkeit von Beruf und Familie sowie das überbeladene deutsche Mutterideal sein könnte, das viele Frauen davon abbringt, Kinder zu bekommen, wird geflissentlich ausgeblendet. Nach wie vor wird die Familie als privater und intimer Raum gezeichnet, was nichts anderes bedeutet, als dass die Frauen wenig Unterstützung vom Staat erwarten können. Dass Familie nicht automatisch ein Hort der Idylle ist, sondern auch einer sein kann, in dem häusliche Gewalt, Isolierung und sexueller Missbrauch stattfindet, haben Justiz und Politik lange ignoriert: Erst 1998 wurde Vergewaltigung in der Ehe als Straftatbestand anerkannt.

Eine Gesellschaft, die anders als die meisten europäischen Nachbarn an einem Mütterideal festhält, das auf Aufopferung und ständiger Verfügbarkeit beruht, schiebt den Schwarzen Peter den Frauen zu und ignoriert die eigene Verantwortung. Wirtschaft und Politik beklagen gleichermaßen den Geburtenrückgang, unternehmen aber zu wenig, um die Rahmenbedingungen anzupassen. Die hiesige Familienpolitik scheint auf Folgendes zu bauen: Wenn Frauen Mutterschaft wieder als besonderen Wert einer naturverbundenen Weiblichkeit und als essentielle Lebenserfahrung begreifen und ihre Ansprüche an ein selbstbestimmtes Leben fallen lassen würden, dann würden die Geburtenzahlen quasi wie von selbst nach oben gehen. Wie verquer und unrealistisch solche Sichtweisen sind, zeigt allein ein Blick über die Grenzen: Frankreich hat im europäischen Vergleich die höchsten Geburtenraten, und es ist gleichzeitig das Land, in dem die meisten Mütter bereits kurz nach der Geburt wieder Vollzeit arbeiten.

Wie tief in Deutschland die Gleichsetzung von Frau und Mutter verankert ist, zeigte sich auch in einer Äußerung von Doris Schröder-Köpf, die Angela Merkel allen Ernstes die Befähigung absprach, Frauen in politischen Belangen vertreten zu können, weil sie selbst keine Kinder habe. Die ehemalige Familienministerin Ursula von der Leyen wurde von der CDU als Gegenentwurf inszeniert. Eine Frau, die vorlebt, dass man auch mit sieben Kindern Karriere machen kann, was im Umkehrschluss bedeutet, dass der Spagat zwischen

Kind, Kegel und Job problemlos zu meistern ist. Deswegen auf Kinder zu verzichten sei eine vorgeschobene Ausrede – genau der Tenor, der sich auch im bereits erwähnten Artikel »Ruhe, ihr Jammerfrauen« wiederfindet.

Zentral ist in der Debatte über Kinderlosigkeit, die seit 2002 immer heftiger tobt, die Fokussierung auf die Frauen. Die Verantwortung liegt bei ihnen, weil noch immer der Glaube dominiert, es gebe einen universalen Kinderwunsch. So verwundert es auch nicht, dass es bis heute kaum Studien über Kinderlosigkeit gibt: Sie wird nicht als gleichwertiges Lebenskonzept betrachtet, sondern eher als Verirrung, als bedauernswertes Schicksal.

In der Debatte geht es nicht um gleichberechtigte Arbeitsteilung in der Elternschaft, sondern entweder um alleinige Mutterschaft oder »Mutterschaft plus« im Sinne von: Beruf plus Kind plus Haushalt. Kinderlose Männer stehen kaum im Fokus, und auch Väter, die nicht ganz nach den erwünschten Familienstandards funktionieren, begegnen Politik und Gesellschaft mit weniger Ressentiments. Der männliche Lebensentwurf ist ja auch wesentlich weniger Veränderungen unterworfen, wenn eine Vaterschaft sozusagen als Bonbon »dazukommt«. Wohingegen eine Frau eine Umwidmung erfährt: eine Reduzierung, zumindest aber eine Fokussierung auf die Rolle als Mutter.

Das Bild der Mutter hat sich also mit der Zeit gewandelt und modernisiert, aber nicht so stark, wie man das vermuten könnte. Nach einem Genderdatenreport des Familienministeriums aus dem Jahr 2005 stimmten siebzig Prozent der westdeutschen Männer und 56 Prozent der Frauen der These zu, dass ein Kleinkind unter der Berufstätigkeit der Mutter leiden würde. Im Osten war das Verhältnis 35 zu 23, was den unterschiedlichen Erfahrungen mit externer

Kinderbetreuung in DDR und BRD geschuldet sein dürfte. Die Befragten waren die »neue Elterngeneration«, Menschen zwischen 16 und 29 Jahren.[19]

Hinzu kommt noch etwas: Im frühen Referenzsystem des Mütterideals, das die Frau als bescheiden und aufopfernd zeichnete, gab es lange vor allem zwei Widersacherinnen – die weltgewandte sexuell selbstbestimmte und die erwerbstätige Frau. Mittlerweile wurden diese beiden Antipoden in das zeitgenössische Bild der Allround-Mutter integriert. Mit dieser Modernisierung, die sich an den neoliberalen Flexibilitätsanforderungen orientiert, ist der Druck, dem Bild einer *erfolgreichen* Mutter zu entsprechen, aber nur noch größer und belastender geworden. Die angebliche Befreiung der Mutter aus ihrem starren Korsett entpuppt sich als neues Gefängnis in der Leistungsgesellschaft. Nun müssen Frauen beruflich reüssieren, hübsch und verführerisch für ihren Partner sein und obendrein ihre Kinder perfekt fördern, deren Talente optimieren. Die pädagogischen Standards, nach denen das zu geschehen hat, sind in den vergangenen sechzig Jahren beständig hinaufgesetzt worden. Das Kölner Rheingold-Institut hat kürzlich in einer Studie festgestellt, dass Mütter gemeinsam mit ihren Kindern auf dem Prüfstand stünden. Das Glück des Kindes ist jenes der Mutter, sein Scheitern ist ihr Scheitern. Für die Soziologin Beatrice Hungerland bewirkt diese enge Koppelung, dass am »Produkt Kind« mehr denn je die Erziehungsleistung der Mutter bewertet wird.[20]

19 Barbara Vinken: Die deutsche Mutter. Der lange Schatten eines Mythos, S. 21
20 Christoph Kucklick: »Gesucht: Die neue Mutter«, *GEO-Wissen*, 52/2013, S. 103

Die sogenannten Helikoptermütter sind also die modernen Vertreterinnen des deutschen Muttermythos, der Erfolg des Nachwuchses wertet das eigene Ich auf, es wird zum Zeichen der Individualität. Mutterschaft wird – durch alle Schichten – zum prestigeträchtigen Ausdruck eines gewissen Lifestyles stilisiert. Hier zeigt sich noch ein interessanter Paradigmenwechsel: Kinder gelten heute nicht mehr als Garanten für die Altersversorgung der Eltern, sie stellen aufgrund der hohen Erwartungen an ihre Erziehung und Ausbildung zudem eher einen Kostenfaktor dar. Die Idee der Altersversorgung rückt auf eine ideelle Ebene – das Kind wird zur emotionalen und biographischen Bereicherung. Politiker punkten mit der Bewahrung und Förderung der kulturellen Werte durch die Familie, in den Medien werden die dazu passenden biologischen, kulturellen oder politischen Erklärungsmuster geliefert, und in der Regenbogenpresse polieren Prominente ihr gesellschaftliches Ansehen mit Hilfe ihrer Kinder auf. Früher wurden Kinder von weiblichen Film- und Rockstars eher versteckt, weil die Mutterrolle nicht zum Image des Stars passte oder weil man sich vor Anschuldigungen schützen wollte, man könne sich aufgrund seines Lebens im Rampenlicht nicht genug um die Kinder kümmern. Heute lassen sich Prominente in Celebrity-Magazinen stolz mit Babybäuchen oder inmitten einer nach den neuesten Modetrends ausstaffierten Kinderschar ablichten. Und die Werbung tut alles, um Eltern zu suggerieren, dass Kinder auch ein Wohlstandsindikator sind. Wer alle Modetrends mitmacht, sich mit Spezialernährung oder Weiterbildung der Kleinen in der ohnehin knapp bemessenen Freizeit beschäftigt, der kann es sich a) leisten und b) zeigt ein gewisses Bildungsniveau, eine bestimmte Schichtzugehörigkeit. Weil man diese Rundumbetreuung ja auch nur leisten kann, wenn man deren Notwendigkeit anerkennt, die Zeit und vor allem das Geld dafür hat. In »bildungsfernen« Familien fehlt es hier – so zumindest der allgemeine Tenor – an fast allem.

Hierzu passt die Einschätzung von Nina Pauer, die in *Die Zeit* einen Artikel über die »neue Hysterie ums Kind« verfasste. Sie ist der Meinung, dass der Hang zur Hyperprotektion viel über den mentalen Zustand der Eltern aussagt. In einer Welt, die langsam begreife, dass die Sehnsucht nach Individualität nicht mehr automatisch durch Konsum und Karriere befriedigt werden kann, sei Fortpflanzung zum letzten Refugium der Einzigartigkeit geworden: »Wenn die wahren Gefahren Leistungsdruck und NSA heißen, Klimakatastrophe und Finanzkrise, wird über das, was zu sehen, das, was zu beeinflussen ist, umso genauer gewacht. Wo Zukunft nicht denkbar ist und sich außer dem Status quo nichts überzeugend nach vorne fühlen lässt, wird die einzige spürbare Instanz von Ursprung und Anfang umso besessener behütet, angebetet, malträtiert. Das Kind wird zum Spiegel, zum Versuchsfeld, in dem sich die eigene Unsicherheit und der Wunsch nach natürlich-ursprünglichem Unversehrtsein treffen.« Der Nachwuchs werde zum »Sinncontainer der Moderne«, an ihm würden sich alle Phantasmen, die unsere Gesellschaft erdacht hat, austoben: »Ab dem Zeitpunkt der Befruchtung muss nur alles dafür getan werden, die Reinheit [des Kindes] zu erhalten. Penibel wird die Aufgabe von den Eltern in Regeln übersetzt: kein Rohmilchkäse in der Schwangerschaft, kein Tropfen Kaffee, keine Aufregung bis zur Geburt, bei Zigarettenrauch sofort den Raum verlassen. Fürs Kind später Yoga, Mozartbeschallung, veganes Keksebacken, Test auf Laktoseintoleranz. Mag die Welt untergehen, das Kind und der Cupcake, an den es sich klammert, sind jedenfalls garantiert glutenfrei.«[21]

Dies deckt sich mit den Einschätzungen einiger meiner Interviewpartnerinnen: Sie hatten beobachtet, dass Eltern aufgrund eines erhöhten Sicherheitsdenkens auch unkritisch gegenüber bestimmten Klischees und Vorurteilen wurden. Tatjana etwa erzählte, dass Eltern in ihrem Umfeld, gleich wie liberal sie sonst eingestellt waren, nach der Geburt der Kinder plötzlich eine Form von Elitedenken entwickelten: »Sie wollten verständlicherweise nur das Beste für das Kind, aber dadurch gaben sie der Paranoia Raum, das Kind vor ›falschen‹ Menschen und Einflüssen abschotten zu müssen. So reproduziert man Klassengrenzen, so spielt es mit einem Mal eine Rolle, wie viele Kinder mit Migrationshintergrund im Kindergarten oder in der Schule sind. Man schirmt sich ab, weil man überall Gefahren für die Entwicklung des Kindes sieht. Man setzt mehr Grenzen als nötig und begrenzt damit sein Denken. Wer diesem Impuls nachgibt, verstärkt bestehende Vorurteile der Gesellschaft und gibt sie an die nächste Generation weiter.«

*

Es ist verständlich, wenn manche Frauen ihre Mutterschaft als selbstbewussten Akt wahrnehmen und sich positiv darauf beziehen; nur: was bleibt ihnen auch anderes übrig? Ist diese Aufwertung nicht eine fadenscheinige Kompensation, die für die Aufgabe des selbstbestimmten, wirtschaftlich auto-

21 Nina Pauer: »Garantiert glutenfrei«, *Zeit online*, 29. Januar 2014, http://www.zeit.de/2014/06/schutz-kind-hysterie-hyperprotektion. Abrufdatum 20.08.2014

nomen Lebens entschädigt? Wer den Beruf nebenbei nicht stemmen will oder kann, erfährt seinen Wert eben über die Mutterschaft, den Rückzug ins »private Glück«. Es scheint fast so, als solle die Arbeitskraft der Frauen eher durch die Verbesserung des Nachwuchses Bestätigung erfahren als außerhalb der Familie im Verfolgen eigener Pläne. Diejenigen, die sich für diesen Weg entscheiden, tun das nicht immer freiwillig. Oder, wie eine meiner Interviewpartnerinnen meinte: »Das Patriarchat schränkt die Selbstbestimmung von Frauen auch ein, wenn es die Bedingungen zur Mutterschaft so unattraktiv macht, dass Frauen keine Mütter mehr werden wollen. Selbst wenn es sich damit ins eigene Fleisch schneidet.« Denn die Frage bleibt doch: Muttersein zu welchen Bedingungen und nach welcher Definition? Wir Frauen müssen letztlich dazu kommen, eine eigene Definition unseres Frauseins zu formulieren, die uns in unserer ganzen Komplexität wahrnimmt, die uns nicht von außen vorgegeben wird und uns auf Frausein = Mutterschaft reduziert.

Kapitel 2: Der Mutterinstinkt und seine Instrumentalisierung

>»Der Mutterinstinkt ist bei den höher entwickelten Lebensformen weder instinktiv, noch allen Müttern eigen. Er wird soziologisch und kulturell implementiert.«
> *Sara Blaffer, Anthropologin*

Ebenso wenig wie Kinderlosigkeit ein neues Phänomen ist, ist der Mutterinstinkt biologisch in den Frauen verankert. Seit seiner »Erfindung« wird er herangezogen, um die charakteristischen Merkmale und Lebensaufgaben einer Frau zu definieren, denen sie alle ihre Wünsche und Ambitionen unterzuordnen hat. Da die vermeintliche Fähigkeit (oder soll man sagen: die Verpflichtung) zu Nächstenliebe und Fürsorge und zum Kümmern um Hilfebedürftige als naturgegebener und unveränderlicher Instinkt dargestellt wird, besagt er auch, dass Frauen, die diesen nicht fühlen oder sich ihm entziehen wollen, krank oder gesellschaftlich unbrauchbar seien.

Der Mutterinstinkt nimmt hiermit eine interessante Stellung zwischen Zwang und Belohnung ein und wirkt deshalb umso effizienter: Zwang insofern, da man Frauen in Hinblick auf die Hilflosigkeit und Liebesbedürftigkeit eines Kindes grenzenlose Schuldgefühle machen kann und ihnen eine soziale Entwertung droht, sollten sie sich dieser Aufgabe entziehen wollen. Und Belohnung insofern, da die volle Konzentration auf die Mutterschaft als ehrbar und wertvoll sowohl für die Frau selbst als auch für die Gesellschaft betrachtet wird. Eine verklärte Form der Aufopferung, um der emotionalen und sozialen Verwahrlosung der nächsten Generation entgegenzuwirken (die nach dieser Logik zwangsläufig dann hervorgerufen wird, wenn Frauen sich nicht um diese kümmern).

Durch den Verweis auf einen vermeintlichen Instinkt werden gesellschaftliche Verhältnisse als natürlich und nicht veränderlich dargestellt: eine gesellschaftliche Strategie, die auch in der Vergangenheit bei der Bewertung von Frauen bzw. Weiblichkeit angewendet wurde. Man denke nur an die unseligen Versuche auch der Psychoanalyse, Frauen als weniger rational und insofern unfähig zu autonomen Entscheidungen abzustempeln, alles im Namen der Natur. Wenn sie sich ihrer Natur widersetzt, zum Beispiel keine Kinder bekommt oder nach Teilhabe an der »männlichen Welt« strebt, wird sie zwangsläufig unglücklich, depressiv oder verrückt. Diese Vorstellungen haben sich bis heute gehalten, auch wenn sie nun subtiler geäußert werden. Es ist erstaunlich, dass sich trotz aller Kenntnis, die wir durch die Wissenschaften über die Zusammenhänge der Natur im Allgemeinen und der Natur des Menschen im Speziellen erlangt haben, die Legende vom Mutterinstinkt immer noch hält, wie eine angebliche, behauptete Natur des Weiblichen wider besseres Wissen nach wie vor unser Denken und unsere gesellschaftlichen Strukturen in Bezug auf Nachkommenschaft bestimmt. Was die »Natur« der Frau angeht, hat es eine lange Tradition, ihre Gebärfähigkeit zu instrumentalisieren: Bei der Mutter wird sie zum Ausdruck ihrer psychischen und physischen Gesundheit; bei kinderlosen Frauen zum Symptom einer gewissen Krankhaftigkeit. Nicht umsonst leitet sich der Begriff Hysterie vom altgriechischen Wort für Gebärmutter ab, jenem Körperteil, das als Ursache für die potentielle Fragilität der Frau gesehen wird. Platon und Hippokrates etwa gingen davon aus, dass eine Gebärmutter bei fehlender regelmäßiger »Fütterung mit Samen« suchend im »Körper umherschweife und sich am Gehirn festbeiße«, also schwere psychische Störungen nach sich ziehe. Noch im zwanzigsten Jahrhundert empfahlen Ärzte, Hysterikerinnen zwangsweise zu verheiraten, um sie zu heilen. Und erst 1952 wurde Hysterie von der American Psychiatric Association von der Liste der psychischen Krankheiten gestrichen.

Ähnlich wie Natur und Instinkt kann man auch Geschlechterrollen instrumentalisieren. Je nachdem, ob man sie als natürlich vorgegeben und somit unumstößlich betrachten oder als veränderlich betrachten will. Ersteres ist ein machtvolles Instrument, um die bestehenden Verhältnisse zu wahren. Ein Klischee wie jenes etwa, dass Männer von Natur aus promisker seien als Frauen, kann untermauert werden durch die Erkenntnis, dass es sich positiv für den Erhalt der Sippe auswirkt, wenn man seinen Genpool möglichst weit streut. Was auf diese Weise als natürliches und damit nicht diskutierbares Privileg des Mannes dargestellt wird, kommt den patriarchal erwünschten Geschlechterstereotypen vom potenten und freien Mann einerseits und der treusorgenden und genügsamen Frau andererseits auf sehr günstige Weise entgegen. Dabei könnte man die naturwissenschaftliche Perspektive ebenso heranziehen, um zu behaupten, dass Frauen promisker seien, um verschiedene Männer für die Aufzucht ihres Nachwuchses zu instrumentalisieren: der eine ein potenter, der andere ein väterlicher Mann usw. Individuelles Sozialverhalten auf die Natur zurückzuführen ist unsinnig. Es sind die gesellschaftlichen Implikationen, die hier eine größere Rolle spielen. Tatsächlich gibt es keinerlei wissenschaftliche Hinweise dafür, dass Frauen nicht ähnlich promisk sind, wenn da nicht (vor allem in der Vergangenheit) die soziale Ächtung und die Gefahr von ungewollten Schwangerschaften gewesen wären. Sie waren mit den negativen Konsequenzen ihrer Sexualität konfrontiert und wurden zu Keuschheit und Schamhaftigkeit erzogen, während die Männer sich mehr oder minder gefahrlos ausleben konnten, dies in der Vergangenheit sogar oft als essentielle »Vorbereitung« für eine Ehe gesehen wurde.

Neben der Zementierung der Geschlechterrollen hat die Berufung auf den Mutterinstinkt eine simple ökonomische Grundlage. Die Aufteilung von Frauen und Männern in zwei Gruppen, die mit einem bestimmten Set an Charaktereigenschaften und Fähigkeiten ausgestattet sind, ist die Basis für zwei Dinge: zum einen für das asymmetrische bürgerliche Rollenverständnis. Und zum anderen für die Trennung der Gesellschaft in eine öffentliche Sphäre (Staat, Ökonomie und Zivilgesellschaft) und eine private (Familie und Haus). Die männlich codierte öffentliche Sphäre erfährt eine hohe gesellschaftliche Anerkennung, die weiblich codierte private Sphäre eine weitaus geringere. Diese Anerkennung spiegelt sich auch in der Entlohnung der Arbeit wider, die diesen Bereichen zugeteilt ist, was wiederum erklärt, warum häusliche und pflegerische Tätigkeiten als eher unattraktiv gelten. Dank des Mutterinstinkts scheint es nur natürlich und folgerichtig, dass Frauen diese Arbeiten bereitwillig und klaglos übernehmen sollen. Die weibliche Natur wird in unseren hochtechnisierten und von sozialer Kälte geprägten Zeiten so zum letzten Ressort des Friedens, der Liebe und der Harmonie idealisiert.

Fest mit der Vorstellung des Mutterinstinktes verknüpft ist die Vorstellung einer besonderen Bindung zwischen Mutter und Kind. Diese »Bindungstheorien« – tonangebend waren hier zunächst vor allem der englische Kinderarzt und Psychoanalytiker Donald Winnicott und sein Kollege John Bowlby – besagen, dass das Kind in den ersten Jahren unbedingt den engen Bezug zur Mutter brauche. Winnicott prägte in diesem Zusammenhang den Begriff der »ausreichend guten Mutter«, die ihrem Kind jede Art der benötigten Nähe gewährt. Eine Mutter, die dem nicht bedingungslos nachkommt, setzt ihr Kind der Gefahr von psychischen Problemen aus. Für Winnicott waren spätere Depressionen, Alkoholismus, Beziehungsunfähigkeit und dergleichen (vergebliche) Versuche, einen in der Kindheit erlittenen Mangel auszugleichen. Die Verantwortung dafür trägt die biologische Mutter, die nicht ausreichend rockzipfelbereit zur Verfügung gestanden hat. Ins gleiche Horn stieß Bowlby, der sich von den vierziger Jahren an mit Bindungstheorien befasste. Er stellte ähnlich wie Winnicott die These auf, dass eine Beeinträchtigung der frühen Mutter-Kind-Beziehung – etwa durch eine längere Trennung – der ausschlaggebende Faktor für spätere psychische Störungen sei. Für ihn war die kindliche Bindung an die Mutter naturgegeben und biologisch determiniert. Dem Verhalten des Vaters hingegen maßen beide Wissenschaftler kaum eine relevante Bedeutung zu, wenn es um Bedürfnisse und Bindungswünsche des Kindes ging. Aus ihrer Sicht logisch, hat sich doch das Kind schon während der Schwangerschaft an die Herzschlagfrequenz der Mutter gewöhnt und benötigt diese während der Stillphase für sein Sicherheitsempfinden. Wenn man solche

Theorien noch mit romantischen Bildern auflädt, passt natürlich kein Blatt dazwischen, diese Rolle kann niemand außer der leiblichen Mutter übernehmen.

Der alleinige Fokus darauf sowie der Vorwurf, bei den Untersuchungen methodische Fehler begangen zu haben, ließ in den folgenden Jahren nicht nur Kritik an Bowlbys Bindungstheorie aufkommen. In der DDR zum Beispiel stellte man in den sechziger Jahren eigene weitreichende Erhebungen an, bei denen man der Frage nachging, inwieweit Tageskrippen tatsächlich die kindliche Entwicklung schädigen könnten. Das Ergebnis: Bindung ist entscheidend, nicht aber die zur biologischen Mutter. Gene und Hormone allein machen nicht automatisch eine »ausreichend gute Mutter«.

Wie bereits erwähnt, erlebte die Mär vom Bonding in den siebziger Jahren überraschend ein Revival. Es ist wohl kein Zufall, dass die Theorien just in dem Moment wieder in aller Munde waren, als eine neue Frauenbewegung den Muttermythos in Frage stellte und mehr Autonomie und gesellschaftliche Teilhabe für Frauen jenseits der Familie forderte. Die Bindungstheorien eigneten sich bestens, um Mütter unter Druck zu setzen. Noch 1988 forderte der amerikanische Kinderarzt Berry Brazelton, jede Mutter müsse während der ersten Lebensjahre des Kindes unbedingt zu Hause bleiben. Tue sie das nicht, »werden [die Kinder] unerträglich in der Schule und scheitern; sie bringen alle gegen sich auf und entwickeln sich später zu Straftätern oder gar Terroristen«[22]. Damit war praktischerweise auch schon eine Schuldige gefunden, wenn es mit dem Nachwuchs Probleme gab und man sich um den geistigen und moralischen Zu-

22 Diane E. Eyer: Mother-Infant Bonding. A Scientific Fiction. Yale University Press, New Haven (Connecticut) 1992, S. 4.

stand der Nation sorgen musste. Die Frau hatte für das Wohl des »Volkskörpers« zu sorgen. Ein geschickter Schachzug, denn damit war sie – aufgrund ihrer Natur – auch verantwortlich für den Dienst nicht nur am eigenen Kind, sondern an der Allgemeinheit. Weil Frauen sich angeblich stärker um das Leben und die konkreten Beziehungen sorgen, würden sie der Menschheit »eine Sanftheit und ein Mitgefühl« schenken, »die die gesellschaftliche Moral erneuere. Folglich müsse Mutterschaft – die man bis dahin für eine private Angelegenheit gehalten hatte – als eines von zwei Leitbildern des öffentlichen Lebens begriffen werden. Sie allein könne einen Gegenpol zur liberalen männlichen Welt mit ihrem Individualismus, ihrem Egoismus und ihrer Grausamkeit bilden«[23], analysiert Elisabeth Badinter diesen naturalistischen Ansatz. Indem die Biologie zur Grundlage gemacht wird, werden Frauen, die sich der Mutterschaft bzw. der allgemeinen weiblichen Pflicht zur Fürsorge entziehen, abgewertet. Hier werden angebliche biologische Gesetzmäßigkeiten gegen die Emanzipationsbewegung von Frauen in Stellung gebracht.

Es scheint eine Art Reflex zu sein, an ihre Natur zu appellieren, wenn ökonomische und soziale Zwänge nicht ausreichen, um die Frau daran zu erinnern, selbstlos Familien- und Fürsorgearbeit zu leisten. Verstehen Sie mich nicht falsch: Fürsorglichkeit ist eine wichtige Eigenschaft, die wir in einer Solidargemeinschaft brauchen. Aber diese Qualität ist geschlechtsunabhängig, wir alle sollten sie uns zu eigen machen. Vor allem sollte sie nicht auf Selbstaufgabe beruhen müssen. Doch wenn Fürsorglichkeit von Frauen mehr erwartet wird als von Männern, werden Frauen in ei-

---

23 Elisabeth Badinter: Der Konflikt. Die Frau und die Mutter, S. 73

ner Weise emotional erpressbar, die ihre Selbstbestimmung untergräbt. Zu ebendiesem Zweck wurde der Mutterinstinkt erfunden. Weil unsere Gesellschaft außer der Idealisierung der Mutterschaft kaum oder nur ungenügende Anreize für den »Mutterjob« bietet, liegt es nahe, psychologischen Druck auszuüben und Frauen Schuldgefühle einzureden. Der Phantasie sind hier kaum Grenzen gesetzt, doch zwei sehr effektive Methoden sind: erstens, die Frauen selbst gegeneinander in Stellung zu bringen – Rabenmütter gegen Helikoptermütter, Glucken gegen die Kita-Abschieber, oder alle gegen die kinderlosen Geschlechtsgenossinnen. Warum nimmt eigentlich niemand die Männer in die Pflicht? Und zweitens, die Frauen permanent daran zu erinnern, dass sie es qua ihrer Natur eines Tages bereuen werden, sollten sie kinderlos bleiben.

Zeugungs- oder Gebärstreik?

Noch vor 15 Jahren waren nur etwa zehn Prozent der Frauen bei der Geburt ihres ersten Kindes über 35. Heute sind es 23 Prozent, Tendenz steigend. In einer großen Untersuchung des Allensbach-Instituts gaben 28 Prozent der über 35-Jährigen an, noch einen Kinderwunsch zu haben, bei den über Vierzigjährigen waren es immerhin noch sieben Prozent. Die Gründe scheinen auf der Hand zu liegen. Längere Ausbildungszeiten, im Beruf auf dem Sprung zum nächsten Karriereschritt, das Streben nach finanziellen und persönlichen Freiräumen usw. Die Frauen warten also auf den richtigen Zeitpunkt, der vielleicht nie kommt – bis es im Zweifelsfall zu spät ist. Frustriert, emotional verkümmert und vor allem einsam werden sie durch die Welt wandeln, damit hadernd, dass sie ihrer inneren Stimme nicht beizeiten gelauscht haben. Unterstellt wird hier einmal mehr ein kollektiver Kinderwunsch, der bei Nichterfüllung dazu führt, dass Frauen automatisch ein Defizit verspüren.

Während man sie spätestens mit Mitte dreißig an das Ende ihrer Gebärfähigkeit erinnert, verharren Männer in dem Glauben, dass ihnen keine zeitlichen Grenzen gesetzt sind (obwohl auch sie körperlichen Beschränkungen unterworfen sind). Das mag auch daran liegen, dass unsere Gesellschaft unterschwellig akzeptiert, dass es zur Vaterschaft ausreicht, ein paar Spermien abzuliefern. Dabei wirkt der Fokus auf die Bringschuld der Frauen umso lächerlicher, wenn man bedenkt, dass die Zahl der Männer ohne Kinder weit höher ist als die kinderloser Frauen. Die Journalistin Meike Dinklage hat mit ihrem Buch »Der Zeugungsstreik«[24] darauf hingewiesen, dass es in Partnerschaften oft die Männer sind, die eine Entscheidung gegen Kinder treffen oder sie aufschieben. Weil sie ihr Leben nicht ändern wollen, finanzielle Einbußen scheuen, später ja immer noch eines zeugen können und so weiter. Herumgehackt wird aber auf der Gebärunwilligkeit der Frauen, nicht auf dem Zeugungsstreik der Männer.

Wie sehr viele Männer verinnerlicht haben, dass sie sich gar keine Gedanken über ihren Beitrag zu Reproduktion machen müssen, habe ich bei der Recherche zu diesem Buch selbst erfahren. Ursprünglich hatte ich vor, auch Männer zu interviewen, weil ich einen Kontrapunkt dazu setzen wollte, dass Kinder immer unter der Rubrik »Frauenthema« behandelt werden. Nach einigen Gesprächen mit kinderlosen

24 Meike Dinklage: Der Zeugungsstreik. Warum die Kinderfrage Männersache ist. Diana Verlag, München 2005

Männern musste ich allerdings feststellen, dass ich von ihnen kaum etwas über ihre persönlichen Beweggründe er-
fuhr, stattdessen wenig aussagekräftige Phrasen zu hören
bekam. Ich hatte den Eindruck, dass die meisten noch nie
tiefergehend über das Thema nachgedacht hatten. Mir wurde noch einmal bewusst, dass Kinderlosigkeit für Männer
nicht mit derselben Bedeutung aufgeladen ist wie für Frau-
en; sie definieren sich weniger bis gar nicht darüber, müssen
ihre Entscheidung weder rechtfertigen noch sich selbst in
ihrer Rolle als Nichtvater neu erfinden. Die Männer, mit
denen ich sprach, hatten kein Legitimationsproblem. Kinderlose Männer stehen kaum in der öffentlichen Kritik, es
gibt für sie wenig Anlass, ihre Haltung zu formulieren. Sie
werden mit ihrer Entscheidung schlicht in Frieden gelassen.

Es war für mich eine ernüchternde Erfahrung, die einmal mehr belegte, wie unterschiedlich die Sphären sind,
in denen Männer und Frauen sich bewegen, und wie sich
dies auf ihre Selbstwahrnehmung niederschlägt. Die unterschiedliche Wahrnehmung des eigenen Selbst führt auch
dazu, Geschlechterhierarchien aufrechtzuerhalten. Und
während sich selbst kinderlose Frauen am Muttermythos
und den Normen von Familie abarbeiten müssen, richten
Männer ihren Blick nach außen: Für sie wiegt die Abwesenheit einer beruflichen Karriere oder der finanziellen Eigenständigkeit schwerer als das Fehlen von Nachwuchs.

Von Frühentscheidern und Aufschiebern

In der Soziologie wird zwischen sogenannten Früh- und
Spätentscheidern bzw. Aufschiebern unterschieden. Solche
Kategorisierungen mögen nicht immer hilfreich sein, da sie

zwangsläufig verallgemeinern und eine Gleichförmigkeit herstellen, die es in der Realität so nicht gibt. Es sind sehr komplexe und individuelle Prozesse, die bei der Entscheidungsfindung für oder gegen ein Kind eine Rolle spielen und die sich bei der starren Zuordnung in die eine oder andere Kategorie nicht niederschlagen. Dennoch möchte ich sie hier kurz anreißen, da vor allem der Typ der Aufschieberin erhellende Einblicke in die Dynamik einer Gesellschaft gibt, die Familiengründung als Norm setzt.

Die Frühentscheider wissen meist in ihren Zwanzigern oder noch früher, dass sie keine eigenen Kinder wollen. Die Gründe dafür sind vielfältig, sie basieren oft auf negativen Erfahrungswerten im eigenen Elternhaus, auf Zweifeln, was die eigene Erziehungskompetenz angeht, auf dem Drang nach Freiheit, dem Eindruck, es sei egoistisch und verantwortungslos, Kinder in diese Welt zu setzen, oder auf dem Druck, dem Frauen in dem Spagat, Mutterschaft und Erwerbstätigkeit zu vereinbaren, ausgesetzt sind. Denn konfliktfrei und ohne Gewissensbisse sind Kinder und Karriere hierzulande kaum zu haben. Wer sich diese Mehrfachbelastung nicht antun will, muss sich entscheiden. Für die Rolle rückwärts, für ein Zurück zu einem eigentlich längst überholten Modell der »Nur-Hausfrau-und-Mutter« – zumindest für einige Jahre –, oder eben für ein Leben ohne Kinder.

Viele Spätentscheider oder Aufschieber hingegen nehmen Kinder zunächst als Option, als möglichen Bestandteil ihrer Biographie wahr. Eines Tages vielleicht, aber nicht jetzt. Im Laufe der Zeit stellen sie jedoch fest, dass der Kinderwunsch tatsächlich nie eine solche Priorität und Dringlichkeit bekommen hat, dass er umgesetzt wurde. So sagen manche Kinderlose, dass sie sich nie dezidiert *gegen* Kinder entschieden hätten, es hätte sich eben so ergeben. Als sie mit Mitte, Ende dreißig oder auch Anfang vierzig an dem Punkt gestanden hätten, ihre Familienpläne doch noch zu realisieren, hätten sie feststellen müssen, dass der Kinderwunsch nicht ausreichend stark gewesen sei, um das bisher gewohnte Leben umzukrempeln und darauf auszurichten, selbst wenn die äußeren Rahmenbedingungen – etwa eine gute, gefestigte Partnerschaft oder ein sicheres Auskommen – gepasst hätten.

Das Nichtvorhandensein solcher stabilen Faktoren wird oft als Grund genannt, warum die Familienplanung aufgeschoben wird: noch fehlt ein Partner, der für die Gründung einer Familie geeignet erscheint; noch sind Ausbildung oder Studium nicht abgeschlossen; und sind sie abgeschlossen, möchte man sich ja auch auf diesem neuen Feld etablieren, das Gelernte anwenden, finanziell auf eigenen Beinen stehen und beruflich Anerkennung finden. Auch die Befürchtung, durch Kinder in ein ökonomisches Abhängigkeitsverhältnis zum Vater zu rutschen, ist bei vielen Frauen groß – die vielbeschworene Vereinbarkeit von Familie und Beruf wird nicht als realistisch empfunden. Die Soziologin Leslie Cannold unterscheidet daher auch zwischen Frauen, die aufgrund der Umstände kinderlos bleiben *(childless by circumstances)*, und Frauen, die ganz bewusst und selbstgewählt kinderlos sind *(childless by choice)*.

Das Warten auf das perfekte äußere Setting, das es so natürlich nie gibt, eignet sich aber auch bestens, um die Entscheidung gegen Kinder nicht aktiv treffen und damit die Abweichung von der Normbiographie nicht rechtfertigen zu müssen. Vielleicht auch nicht vor sich selbst. Barbara, eine vierzigjährige Berlinerin, die früher Automechanikerin war und nun im Buchhandel arbeitet, meinte hierzu: »Ich habe mit Ende dreißig noch mal intensiv darüber nachgedacht, ob ich Kinder will oder nicht, weil ich sichergehen wollte, dass ich es nicht aus ideologischen Gründen ablehne. Ich wollte keinen Fehler machen. Und gleichzeitig habe ich mir die Frage gestellt, warum Frauen überhaupt diese Zweifel überkommen, selbst wenn sie bis dahin sicher waren in ihrer Entscheidung. Warum wird uns diese Angst, etwas Wesentliches zu verpassen, so eingetrichtert, bis wir uns selbst anzweifeln?«

Sätze wie diese habe ich in vielen Gesprächen mit kinderlosen Frauen gehört. Einige sagten mir, dass ihre Verunsicherung so weit gehe, dass sie sich fast wünschten, sie würden ihre Meinung noch ändern. Bei genauerer Nachfrage stellte sich aber heraus, dass es dabei weniger um den tatsächlich empfundenen Wunsch nach Kindern ging, sondern vielmehr um den Wunsch nach Zusammengehörigkeit, die mit Familie vermeintlich hergestellt werden kann. Es gibt kaum andere Vorbilder und Angebote für alternative Formen des Zusammenlebens, die Sehnsucht nach Zugehörigkeit und Gemeinschaft ist in unserer Gesellschaft mit dem Versprechen von Familie verbunden. Familie als sicherer Rückzugsort vor der unsicheren feindseligen Welt.

Ein weiterer Grund für die Verunsicherung ist die Tatsache, dass Mutterschaft noch immer ein elementarer Bestandteil dessen ist, was Weiblichkeit angeblich ausmacht. Deshalb orientiert sich Kinderlosigkeit auch an Mutterschaft – nur eben als Negativvorlage. Die fortdauernde Gleichsetzung von Weiblichkeit und Mutterschaft und die Definition des Status der Frau darüber macht es so schwer, neue Identifikationsmodelle zu schaffen. Manche Interviewpartnerinnen erzählten daher auch von ihrer Erleichterung, wenn ihnen die Entscheidung »auf natürlichem Wege« abgenommen wurde. Etwa, weil sie unfruchtbar sind oder weil sich das

Thema durch die Menopause von selbst erledigte. Wenn die eigene Kinderlosigkeit dadurch besiegelt wird, wird dies gesellschaftlich als gegeben hingenommen, bei manchen Frauen aber auch mit Freude begrüßt. Kinderlosigkeit wird nun endlich zum Normalzustand, der nicht mehr gerechtfertigt werden muss. Oder wie Nina, eine 38-jährige Schauspielerin, es formulierte: »Manchmal wünschte ich, ich wäre schon in der Menopause, dann wäre endlich Ruhe.« Älter werden kann in dieser Hinsicht auch ein Weg zur Freiheit sein.

Allerdings müssen Frauen erst einmal zu dem Punkt kommen, an dem sie die von ihnen erwartete Normbiographie überhaupt hinterfragen können. Solange man sie als alternativlos gesetzt betrachtet, kann man letztlich nicht frei entscheiden, wie man leben will. Kathrin, 29 und Sozialpädagogin, meinte dazu: »Als ich jünger war, 17 oder 18, habe ich noch gedacht, ich würde ein ganz ›normales‹ Leben führen, mit Kindern und allem Drum und Dran. Ich hatte keine Vorstellung von alternativen Konzepten, also habe ich das klassische Modell unhinterfragt auf meine Lebensplanung übertragen. Erst als ich anfing zu arbeiten und Frauen kennenlernte, die anders lebten, habe ich auch für mich neue Ideen bekommen.«

Es fehlen also zum einen positive Identifikationsmodelle für Kinderlosigkeit, zum anderen hat sich vor allem bei Akademikerinnen wegen der längeren Ausbildung die Frage nach dem Zeitpunkt für Kinder nach hinten verschoben. In dieser Lebensphase haben sie aber eventuell schon so viel Lebenserfahrung gesammelt, dass sie die Geschlechterrolle flexibler auffassen und den Sinn ihres Lebens in Bereichen jenseits der Mutterschaft suchen. Sie wollen die Autonomie und die Freiräume, die sie sich erschaffen haben, behalten.

Das Phantom der späten Reue ist dabei das letzte Instrument, Frauen in ihrem Drang nach Freiheit einzuschränken. Indem ihnen unterstellt wird, sie würden dafür einen Preis zahlen, nämlich gegen ihre Natur handeln, klammert die Gesellschaft sich an ein starres dualistisches Geschlechterbild aus dem 17. Jahrhundert, das Männer und Frauen mit unterschiedlichen Identitäten ausgestattet hat: Männer seien wissenschaftlicher und rationaler, Frauen naturverbundener und emotionaler. Frauen, die den »männlichen Bereich« für sich erobern wollen, müssten einen Preis bezahlen. Aus einer selbstbewussten Frau macht man ein Opfer, das verblendet ist und so seine natürlichen Bedürfnisse (Kind, nicht Karriere!) nicht mehr erkennen kann.

Was unsere Gesellschaft über Geschlecht und Identität wissen will, reflektieren die Strukturen, die von den gesellschaftlichen Institutionen erwünscht werden. Und was wir als Individuen davon wissen, wird von diesen Vorgaben sowohl geprägt als auch beschränkt. Vieles davon beruht auf Mythen, glauben und Meinungen, nicht auf Beweisen. Wenn es dann doch Beweise gibt, tun wir uns manchmal schwer, uns von der Verankerung einer Überzeugung in unserem Alltagswissen zu lösen. Ein kleines Beispiel: Über Jahrzehnte hielt sich die Vorstellung, dass unsere linke Gehirnhälfte für Logik und Analyse zuständig sei und die rechte für Gefühle und Kreativität. Dieses vermeintliche Wissen war das Fundament von Persönlichkeitstests, Selbsthilfebüchern und Teamübungen. Die Populärwissenschaften definierten die linke Gehirnhälfte denn auch gleich als männlich und die rechte als weiblich, weil dies so gut zu den Vorstellungen über männliche und weibliche Eigenschaften passte. Wissenschaftler haben nun aber festgestellt, dass Kreativität, Gefühle, Analysefähigkeit und Logik in sehr verschiedenen Teilen des Gehirns verortet sind (also nicht nur rechts und links) und dass es gerade das Zusammenspiel der einzelnen Teile ist, das unser Denken ausmacht. Trotz dieser neuen Erkenntnisse wird sich diese Zweiteilung und die entsprechende Zuordnung männlich/weiblich wohl noch lange halten – eben weil sie so fest in unserem Alltagswissen verankert sind.

Gleichwohl können sich solche Dogmen auch wandeln, sofern es Institutionen oder Gesellschaften nützlich erscheint. Wie das funktioniert, zeigt sich wieder bei der »Natur der Frau«. Die scheint Frauen ebenso zu schwächen, wie ihnen Superkräfte zu verleihen, die sie für Erziehungs- und Familienarbeit prädestinieren: Derzeit ist immer wieder die Rede von der weiblichen Fähigkeit zum Multitasking, weil man das als Mutter einfach können muss. Das Elend der Überforderung wird Frauen als Talent verkauft, das Männer leider nicht in dem Maße hätten, weshalb sie für Pflegearbeit bedauerlicherweise nicht so gut geeignet seien. Früher war ein Argument gegen die Zulassung von Frauen zum Universitätsstudium, dass diese nicht in der Lage seien, mehrere Aufgaben gleichzeitig zu erledigen, und wenn sie es dennoch versuchten, wären Hysterie, Unfruchtbarkeit und Neuralgie die Folge, wie der Frauenheilkundler der Harvard-Universität Edward H. Clarke in seiner 1873 erschienenen Schrift »Sex in Education«[25] warnte. Es hat eine lange Tradition, Frauen, die nach Teilhabe streben, zu pathologisieren und zu stigmatisieren – durch die Gleichsetzung von Weiblichkeit und Gebärenmüssen. Was mit Frauen geschieht, die sich dem verweigern, formulierte Simone de Beauvoir so: »Der vielfältigen Existenz der Frauen [wird] das einmalige,

25 Edward H. Clarke: »Sex in education, or, A fair chance for the girls.« J. Osgood and Company, Boston 1873

erstarrte Ewigweibliche entgegen[gestellt]; wenn die Definition, die man von diesem Begriff gibt, durch das Verhalten der Frauen aus Fleisch und Blut widerlegt wird, so sind sie es, die unrecht haben: man erklärt nicht, dass das Weibliche eine bloße Abstraktion ist, sondern dass die Frauen nicht weiblich seien.«[26] Und wenn dieses Argument nicht sticht, bedient man sich der Moral: die (unweibliche) kinderlose Frau vertritt dann eben keine gesellschaftlichen Werte mehr, die als allgemeingültig und erstrebenswert gesetzt sind. Marion, Mitte dreißig und in Berlin lebende Dokumentarfilmerin, fand hierfür sehr klare Worte: »Diese Persönlichkeitsstörung genannt Mutterschaft wird angetrieben von Kultur, Religion, Familienpolitik, einem persönlichen Liebesbedürfnis und einem ganzen Industriezweig, der sich Familienwerten widmet. Ich will nicht so eine Frau werden, die sich selbst aufgeben muss und durch die Außenwelt plötzlich nur noch hinsichtlich ihrer Reproduktionsfähigkeit wahrgenommen wird. Ich lass mir doch nicht einreden, dass ich wegen meiner Biologie beschränkt sein soll.«

Dem »natürlichen« Schicksal entgehen

In den letzten Jahren wurde eine Methode etabliert, die dem Missverhältnis zwischen schwindender weiblicher Gebärfähigkeit und vermeintlich ewiger männlicher Zeugungsfähigkeit ein Schnippchen schlagen kann. Das Einfrieren

---

26 Simone de Beauvoir: Das andere Geschlecht. Sitte und Sexus der Frau. Aus dem Französischen von Fritz Montfort und Eva Rechel-Mertens. Rowohlt Taschenbuch Verlag, Reinbek bei Hamburg 2000, S. 253

von Eizellen ist eine Methode, die bereits vor dreißig Jahren entwickelt wurde, um Krebspatientinnen, denen durch eine Chemotherapie Unfruchtbarkeit drohte, dennoch eine Chance auf Mutterschaft zu erhalten. Dabei werden der Frau Eizellen entnommen, die anschließend in flüssigem Stickstoff eingefroren und somit Jahrzehnte erhalten werden können. Über Jahre war dieses Verfahren kaum optimiert worden und nur einem kleinen Kreis an Frauen zugänglich. Erst in jüngerer Zeit haben Reproduktionsmediziner diese Methode neben der künstlichen Befruchtung als Alternative für Frauen weiterentwickelt, die ihren Kinderwunsch noch etwas hinausschieben wollen. Und das tun, wie bereits erwähnt, immer mehr. Mit dieser Methode können sie auch in späteren Lebensjahren noch eine Schwangerschaft mit ihren Eizellen austragen, die zeitliche Spanne des Möglichen passt sich derjenigen der Männer an. Tatsächlich berichten viele Frauen, sie würden es als große Erleichterung empfinden, ihre Lebenszeit zwischen dreißig und vierzig zu genießen und nicht gestresst nach Partnern suchen und Lebensumstände herstellen zu müssen, die eine Familienplanung ermöglichen. Sarah Elizabeth Richards nutzte diese Methode selbst und schrieb ihre Erfahrung in dem Buch »Motherhood, Rescheduled: The New Frontier of Egg Freezing and the Women Who Tried It«[27] nieder. Darin sagt sie, dass es ihr mehr Selbstbewusstsein gegeben habe, nicht unter diesem Zeitdruck zu stehen, was sich auf ihr Leben insgesamt positiv ausgewirkt habe. Wenn sie einen Mann traf, der ihr gefiel, strahle sie nun nicht mehr die Verzweiflung einer

---

27 Sarah Elizabeth Richards: Motherhood, Rescheduled: The New Frontier of Egg Freezing and the Women Who Tried It. Simon & Schuster, New York 2013

Frau aus, die noch schnell einen Partner für gemeinsame Kinder suchen müsse; außerdem habe sie nicht mehr so ein schlechtes Gewissen, ihre Zeit vor allem für sich zu nutzen.

Die Vorbehalte gegen diese Methode sind ebenso klar: Sie würde Frauen falsche Hoffnungen machen und sie dazu ermuntern, das Kinderkriegen auf einen Zeitpunkt zu verschieben, an dem erhöhte Risiken für eine Schwangerschaft bestehen. Auch Anhänger der romantischen Illusion, dass der natürliche Weg immer besser sei, haben sich bereits zu Wort gemeldet. Die »Herren und Damen Frankenstein«, wie Sibylle Lewitscharoff vor nicht allzu langer Zeit polemisierte, ließen keine Möglichkeit ungenutzt, selbst »Halbwesen aus dem Reagenzglas« zu züchten. Die Entgleisungen der hochdekorierten Autorin sorgten für einige Aufregung in der Öffentlichkeit. Das Schicksal liege, so Lewitscharoff, nun einmal in Gottes Händen, nicht in denen der Fortpflanzungsmediziner. Ob Lewitscharoff und Kollegen wohl so weit gehen würden, auch jene medizinischen Errungenschaften zu verteufeln, die die Zahl der Frauen reduzieren halfen, die im Kindbett starben? Frauen gebären unter großen Schmerzen und Risiken, die Natur ist da keineswegs perfekt, sonst hätte sie das anders eingerichtet.

Diesen Stimmen zum Trotz ist es richtig, ein Backup in der Reproduktionsmedizin zu etablieren, das Frauen faktisch mehr Möglichkeiten gibt. Sofern sie denn einen Kinderwunsch haben. Genau an diesem Punkt möchte ich einen weiteren »Vorbehalt« ergänzen: Es ist sicher ein psychologischer Vorteil, wenn Frauen das Gefühl bekommen, im Zweifelsfall nicht nur aus Zeitdruck heraus eine Entscheidung treffen zu müssen. Denn was bedeutet es, wenn man unter Druck handelt, unter dem Eindruck von Panik? Verdrängt die Angst des Verpassens somit nicht die ehrliche und nüchterne Reflexion? Wie gut werden Familien funktionieren, die man »noch schnell« gründet, um sein Soll zu erfüllen? Die immer wieder aufgeführte Zeitgrenze, die man mit oben genannter Methode noch ein wenig hinauszögern kann, suggeriert die Dringlichkeit eines Kinderwunsches, die viele Frauen schlicht nicht empfinden. Für sie wird es noch schwerer, das Fehlen dieser essentiellen Erfahrung zu rechtfertigen, und sie werden dazu gedrängt, diese sehr kostspielige Technik zu nutzen.

Das Verhältnis zum eigenen Körper

Für Frauen ist es ein komplett abstrakter Gedanke, gebären zu können, bis zu dem Zeitpunkt, an dem sie schwanger werden. Frauen definieren ihre Weiblichkeit individuell und haben ein experimentelles, lustvolles Verhältnis zu ihrem Körper, auch jenseits gängiger Moralvorstellungen. Dennoch hat die Gesellschaft ein Interesse daran, über den weiblichen Körper zu verfügen. Die Reproduktionsfähigkeit an sich ist es, die Frauen aus staatlicher Sicht so besonders interessant macht – nicht unbedingt ihre sonstigen Fähigkeiten.

Wie sehr es darum geht, die Natur der Frau für die Ökonomie der Gesellschaft zu instrumentalisieren, zeigt sich besonders deutlich beim Thema Schwangerschaftsabbruch. Hier geht es um die vielleicht weitreichendste Form der Autonomie, die eine Frau erlangen kann: um die Verfügungsgewalt über ihren eigenen Körper, die ihr lange genug verwehrt wurde. Man kann nicht davon ausgehen, dass alle Frauen früher gewollt Mütter waren, schließlich hatten sie nicht die Möglichkeiten zu verhüten, die heute bestehen.

Wenn Frauen sich ein weiteres Kind aus sozialen oder ökonomischen Gründen nicht mehr leisten konnten, blieb ihnen nicht viel mehr als ein Besuch bei einer »Engelmacherin«, die mit zweifelhaften Methoden einen Schwangerschaftsabbruch vornahm und dabei nicht selten das Leben der Frau gefährdete. Erst mit der Entwicklung und Bereitstellung sicherer Methoden zur Familienplanung seit den sechziger Jahren konnten Frauen die Kinderzahl um einiges besser kontrollieren. In diesem Zusammenhang wird immer wieder darauf verwiesen, wie sehr die Pille dazu beigetragen habe, die sexuelle Selbstbestimmung der Frauen zu erhöhen. Die Möglichkeit eines Schwangerschaftsabbruchs wird dabei kaum erwähnt, im Gegenteil, sie wird systematisch tabuisiert, als dürfe sie kein normaler Bestandteil im Erfahrungsschatz von Frauen sein. Dies lässt das Thema Abtreibung randständiger erscheinen, als es ist. Tatsächlich hat laut WHO jede dritte Frau in ihrem Leben einmal einen Schwangerschaftsabbruch. Einer Studie aus den USA zufolge ist dabei vor allem bemerkenswert, dass es sich dabei nicht vornehmlich um Teenager handelt, sondern vermehrt um Frauen in ihren Vierzigern. Also genau jene, bei denen die Uhr angeblich am lautesten tickt. Wie passt das zum Konzept vom Mutterinstinkt bzw. dem natürlichen Bedürfnis von Frauen, Mütter zu werden?

Kürzlich traf ich eine alte Klassenkameradin wieder, die ich seit gut zehn Jahren nicht mehr gesehen hatte. Als ich ihr erzählte, dass ich gerade zum Thema Schwangerschaftsabbruch arbeitete, entgegnete sie, dass sie inzwischen Mutter sei. Dann hob sie an mit dem Satz »Weißt du, gerade *weil* ich Mutter bin ...«, und ich machte mich schon auf eine Moralpredigt gefasst. Aber zu meiner Überraschung führte sie den Satz folgendermaßen weiter: »... kann ich mir vorstellen, wie schlimm das sein muss, wenn man gegen seinen Willen ein Kind austragen muss.« Ich schämte mich etwas, dass ich ihr spontan unterstellt hatte, sie wolle die Karte der moralisch Überlegenen ausspielen – eine mit den Insignien der erlebten Mutterschaft gesegnete Frau, die Abtreibung allein schon aufgrund ihrer Rolle als Mutter verabscheuungswürdig finden muss. Tatsächlich sind in Deutschland über die Hälfte aller Frauen, die eine Abtreibung vornehmen lassen, bereits Mütter. Auf den ersten Blick und gemäß der Logik der »Mutterinstinktler« eigentlich unvorstellbar. Aber nur, wenn man den Mythos mit der Realität verwechselt. Die Vorstellung, dass eine Mutter aufgrund ihrer (wunderbaren und erfüllenden) Erfahrung der Schwanger- und Mutterschaft automatisch gegen einen Abbruch eingestellt wäre, ignoriert, dass gerade Mütter wissen, was sie erwartet. Weder Schwangerschaft noch Geburt wird von allen Frauen ausnahmslos als wundervoll und lebensbejahend erlebt. Sie verändern den ganzen Körper und die Wahrnehmung des Selbst, sie sind unglaublich anstrengend und können einen an die eigenen Grenzen bringen. Gar nicht zu reden davon, dass eine Geburt neben den körperlichen Schmerzen auch Traumata auslösen oder wieder hervorholen kann, etwa bei Frauen, die eine Missbrauchserfahrung haben. Hinter dem Stigma der Abtreibung und der vehementen Empörung selbsternannter »Lebensschützer« steht nicht die tatsächliche Sorge um Embryonen oder Kinder, sondern das Unbehagen der Gesellschaft, wenn Frauen tatsächlich autonom über sich verfügen und bestimmen können. Es scheint leichter, ihre Souveränität zu beschneiden, als sich ernsthaft mit der Komplexität des Themas auseinanderzusetzen und die Bedürfnisse von Frauen anzuerkennen. Doch die tun sich schwer, in einer Kultur des Schweigens das Wort zu erheben. Ihre Erfahrungen werden nicht gehört, und wenn, dann werden sie im Zerrspiegel der politischen, moralischen und religiösen Kämpfe betrachtet.

Ebenso wenig wie Kinderlosigkeit hat Abtreibung mit Verantwortungslosigkeit zu tun; es kann im Gegenteil eine sehr verantwortungsbewusste Entscheidung sein. Etwa, weil man weiß, dass man die finanziellen Belastungen durch ein weiteres Kind nicht stemmen und ihm somit keine guten Startchancen geben kann. Weil die Partnerschaft am Kippen oder nicht von Fürsorglichkeit und Liebe getragen ist. Zudem ist es immer noch ein Mythos, dass moderne Verhütungspraktiken zu hundert Prozent vor einer Schwangerschaft schützen. Die hormonelle Verhütung, die nicht alle Frauen vertragen, birgt viele Gesundheitsrisiken, die Anwendung anderer Methoden ist teils kompliziert, die Fehlerquote ist hoch und manche Partner sperren sich noch immer, dabei zu kooperieren. Das amerikanische Guttmacher Institute hat festgestellt, dass zwei von drei ungewollten Schwangerschaften trotz Verhütung zustande kommen. Dennoch werden Frauen immer wieder mit massiven Vorwürfen konfrontiert, wenn sie ungewollt schwanger werden – und zwar auf eine Art, die vermuten lässt, dass Teile unserer Gesellschaft eine gewisse Lust daran verspüren, Frauen dafür abzustrafen, dass sie ihre Sexualität genussvoll leben.

Einige meiner Interviewpartnerinnen erzählten mir, dass ihnen erst das Erleben einer ungewollten Schwangerschaft Klarheit darüber verschafft habe, keine Kinder zu wollen. Maria war Mitte zwanzig, als sie schwanger wurde. Gemeinsam mit ihrem Partner malte sie sich den Alltag mit Kind aus: »Man hat wegen der kurzen Frist, in der der Schwangerschaftsabbruch nicht strafbar ist, nicht unbedingt viel Zeit zum Reflektieren. Die Rahmenbedingungen waren eigentlich ganz gut. Ich war 25, wir hatten eine gute Partnerschaft, wir lebten in Frankreich, wo es eine gute Kinderbetreuung gibt, und wir verdienten beide gut. Aber die Schwangerschaft hat mich total aus der Bahn geworfen. Mir ging es miserabel, mein ganzer Körper wurde mir fremd, ich war unerträglich. Mein Partner hat mir bei der Entscheidung alle Freiheit gelassen, aber am Ende war er froh, als es vorbei war. Für mich waren diese zwei Monate der Schwangerschaft ausschlaggebend für die Erkenntnis, dass ich grundsätzlich keine Kinder will. Man muss ja nicht jeden Quatsch mitmachen, nur weil es biologisch möglich ist.«

Barbara wiederum schilderte ihr lebenslanges Befremden gegenüber ihrer Gebärfähigkeit: »Schon als Kind war mir klar, dass ich keine Kinder will. Ich wollte meine Tage nicht haben und sogar meine Gebärmutter entfernen lassen. Meine Mutter erklärte mir, dass das kein Arzt machen würde. Ich fand die Vorstellung, ›fruchtbar‹ zu sein, schrecklich und verstörend. Es ging noch nicht einmal um die Vorstellung, Kinder zu haben, allein der Gedanke, schwanger zu sein oder zu stillen, war für mich schon absurd. Ich habe mich immer wieder gefragt, ob mit mir etwas nicht stimmt, ob ich da vielleicht etwas unterdrücke. Aber letztlich kam ich zu dem Schluss, dass sich nicht automatisch alle Frauen ein Kind wünschen, nur weil es theoretisch möglich ist. Als ich meine Menstruation mit vierzig unregelmäßiger bekam, dachte ich, endlich fängt die Menopause an. Ich war richtig gut gelaunt, es war, als fiele eine große Last von mir ab.«

Ein ähnliches Befremden äußerte Marianne, eine 38-jährige Übersetzerin aus Bonn. Sie sagte, sie sei wütend darüber, dass die Fähigkeit zu gebären in unserer Gesellschaft nicht als Privileg gesehen werde, sondern als etwas, das die Frau verletzlich und angreifbar mache: »In unserer Kultur ist das eher mit Entbehrung, Selbstaufgabe und in gewisser Weise auch mit Verachtung und Lächerlichkeit verbunden. Auch die Vagina wird mit Verachtung behandelt. Sie wird nicht als etwas Schönes und Wunderbares geachtet, sondern als ein Körperteil gesehen, durch das die Frau benutzt werden kann.«

Es gab aber auch Interviewpartnerinnen, die meinten, sie würden die Erfahrung einer Schwangerschaft gerne einmal machen, weil sie es körperlich interessant fänden. Sie bedauerten, eine so machtvolle Funktion ihres Körpers nicht austesten zu können, eine »ungenutzte Maschine« im Körper zu haben, die so kraftvoll ist, dass sich darin ein Fötus entwickeln kann. Aber sie wollten nun mal kein Kind.

*

Ich treffe Agnes, als sie für einen Schwangerschaftsabbruch nach Berlin kommt, da dieser in Polen seit Mitte der neunziger Jahre wieder illegal ist. Nach dem Zusammenbruch des Kommunismus rang das Land mit einer Neuausrichtung seiner nationalen Identität und benutzte hierfür die Folie des Katholizismus und Wertkonservatismus; Abtreibung zu kriminalisieren schien ein willkommenes Mittel, um diesen Paradigmenwechsel zu demonstrieren. Da ich seit Jahren über die Zugänglichkeit des Schwangerschaftsabbruchs sowie seine politische Instrumentalisierung arbeite, kommt es manchmal vor, dass mich Frauen – zum Beispiel aus Polen – um Hilfe bitten. Eines der ersten Dinge, die man lernt, wenn man sich mit dem Thema beschäftigt, ist, dass das Verbot keine ungewollt schwangere Frau davon abhält, alle Hebel in Bewegung zu setzen, um irgendwie und irgendwo eine Abtreibung vornehmen zu lassen. Die Gesundheitsrisiken und der psychologische und organisatorische Stress, dem sie ausgesetzt sind, sind enorm, vor allem für mittellose Frauen. Ich habe deshalb mit einigen Mitstreiterinnen eine Gruppe aufgebaut, um Frauen wie Agnes zu helfen. Wir vermitteln sie an die entsprechenden Institutionen, gehen mit ihnen zu Ärztinnen und sorgen für eine Unterkunft während der vier Tage, die sie aufgrund der vorgeschriebenen Wartefrist zwischen der Zwangsberatung und dem Eingriff in Berlin verbringen müssen. Agnes und ich hatten also viel Zeit zum Reden.

Sie ist dreißig und arbeitet als Fitnesstrainerin und Tänzerin in Warschau. Agnes will keine Kinder, sie meint, sie habe sich nie als potentielle Mutter empfunden. In unserem Gespräch stellt sie einen interessanten Bezug zwischen ihrem Körper und ihrer Vorstellung von Schwangerschaft und Mutterschaft her. Sie nutze ihren Körper, um sich künstlerisch auszudrücken, sagte sie, das sei nicht nur ihre Passion, sondern bestimme einen großen Teil ihrer Existenz: »Meine Leidenschaft ist das Tanzen, dafür bin ich gemacht, dafür ist mein Körper gemacht – nicht für die Mutterschaft. Ich möchte Raum haben, um mich hier weiterzuentwickeln. Dafür bringe ich auch Opfer; aber nicht, weil die Gesellschaft von mir erwartet, dass ich als Frau Mutter werde und alle damit verbundenen ›Opfer‹ hinnehme. Wenn man sich schon aufopfert, will man schließlich selbst entscheiden können, wofür. Das Leben ist so schnell vorbei. Ich will frei sein von ökonomischen Zwängen und frei von der Verantwortung, mein Leben um einen anderen Menschen kreisen zu lassen.«

Agnes kennt die Vorbehalte, die solche Äußerungen beinahe reflexartig hervorrufen: »Kinderlose Frauen werden als materialistisch gesehen, ohne Seele und Gefühle, als zu lustbetont und somit nicht reif genug, um die richtige, natürliche Entscheidung zur Mutterschaft zu treffen. Wenn ich von Eltern oder Müttern höre, dass sich ihr ganzes Leben auf die Kinder ausgerichtet hat, bestätigt mich das in meiner Entscheidung. Ich will nicht, dass sich meine Einstellung zum Leben, meine Lebensinhalte so fundamental verändern. Ich will mein Leben nicht aufgrund eines Kindes verändern, nicht auf Knopfdruck und aus Zwang, sondern dann, wenn ich es selbst will. Weil ich mich künstlerisch, intellektuell, erotisch und so weiter entwickeln möchte. Ich will in meinem Leben bereit sein für Neues und nicht über Jahre oder Jahrzehnte gefangen sein in der einen Rolle als Mutter.«

Agnes meint, dass Mädchen mit zwei Modellen von Weiblichkeit aufwachsen: dem der überidealisierten Mutterfigur auf der einen Seite und dem der erotischen Frau, die als Objekt für sexuelle Projektionen gilt, auf der anderen. Dazwischen gäbe es kaum etwas als Identifikationsmodell. Beide seien mit viel Fremdbestimmung und Zwängen verbunden:»Eine Mutter wird gesellschaftlich mehr respektiert, hat eine andere soziale Stellung als die sexuell aktive eigenständige Frau. Als Frau ohne Kind wirst du verstärkt zum Sexualobjekt gemacht; Mütter sind irgendwie eher desexualisiert. Später, wenn die Schönheit nicht mehr mitmacht und du nicht in die Rolle der Mutter geschlüpft bist, dann bist du keine richtige Frau mehr. Das heißt letzten Endes auch, dass du als freie Persönlichkeit jenseits dieser beiden Zuschreibungen nie richtig anerkannt wirst. Gerade weil ich mit meinem Körper arbeite, wäre eine Schwangerschaft für mich eine große Belastung und würde anschließend viel Extraarbeit bedeuten. Das ist kein Narzissmus. Mein Körper ist einfach mein Handwerkszeug, und ich weiß, wie ich ihn einsetzen will. Es war meine eigene Entscheidung und ich bin glücklich, dass ich mein Leben so gestalten kann.«

Sie ist überzeugt davon, dass ihr Lebensstil als Tänzerin auch deshalb nicht mit Mutterschaft zusammenpasst, weil die Gesellschaft von Müttern ein »bürgerliches Leben« erwarte. Agnes möchte ihr Leben nicht um einen Teilzeitjob, einen Ehemann und ein Kind herumorganisieren, ein Haus kaufen und ein Auto, um den Nachwuchs herumkutschieren zu können. »In meinem Bekanntenkreis gibt es Leute, die sich überhaupt nicht vorstellen können, dass man *kein* geregeltes Leben mit Familie, Haus und Hund führen will. Ich möchte mich aber nicht mit all den erwarteten symbolischen Zeichen einer bürgerlich-respektablen Existenz umgeben müssen. Ich würde mich ›verkleidet‹ fühlen. Nein, ich könnte keine gute Mutter sein und mir gleichzeitig selbst treu bleiben. Ich habe keine Lust, mich mit dem Mutterinstinkt herumzuschlagen, den ich angeblich haben sollte, während mein Mann weiterhin ein freies Subjekt ist. Der Mutterinstinkt ist ein politisches Instrument, mit dem ich mich nicht abkämpfen möchte.«

*

Warum erscheint es überhaupt akzeptabel, dass Staat und Gesellschaft Zugriff auf eine Frau bekommen, sobald sie schwanger wird? Um es noch einmal zu betonen: Es ist eine sehr private Entscheidung, die dennoch öffentlich verhandelt wird. Frauen müssen ihre Gebärfähigkeit wohl oder übel managen, sie haben sie sich nicht aussuchen können. Und deshalb müssen sie auch das Recht haben, diese ihren Bedürfnissen entsprechend kontrollieren zu können. Sonst werden ihnen im Gegensatz zu Männern immer Nachteile in der Gestaltung ihres Lebens entstehen. Marion verortet ihre Weiblichkeit ganz direkt im jeweiligen Verhältnis zur

Gesellschaft: »In einer Gesellschaft, in der Frauen frei entscheiden können, ob und wie viele Kinder sie haben, und einigermaßen selbstbestimmt leben können, bin ich lieber eine Frau. In einer Gesellschaft, in der ich das nicht könnte, weil sie noch patriarchal und autoritär organisiert ist und ich meine Gebärfähigkeit nicht regeln könnte, wäre ich lieber ein Mann. Ganz einfach.« Für Marion ist Geschlecht an sich nicht mit einer Bedeutung aufgeladen, wohl aber sind es die damit verbundenen Rollen. Wie viel Freiheit einem zugestanden wird, ist für sie eng mit Reproduktion verknüpft.

Dass Abtreibung immer noch im Strafgesetzbuch geregelt ist, wirkt sich negativ auf die gesellschaftliche Wahrnehmung aus, was wiederum negative Auswirkungen auf die Frauen hat, die einen Abbruch vornehmen lassen wollen. Denn mit den gesellschaftlich vermittelten Schuld- und Schamgefühlen werden sie alleine gelassen. Außerdem gibt die potentielle Strafbarkeit konservativen Kräften die Möglichkeit, die Arbeit von Ärzten mit Falschinformation und Klagen zu sabotieren; Ärzte machen sich beispielsweise strafbar, nur wenn sie auf ihrer Webseite erwähnen, dass sie Abtreibungen anbieten, da dies als Werbung für eine illegale Tat ausgelegt wird. Abtreibung wird nicht als normaler Bestandteil der Gynäkologie angesehen, zudem gibt es ganze Landstriche, vor allem im Süden Deutschlands, wo Frauen keinen Arzt finden, der einen Abbruch vornimmt: Zu groß ist die Angst vor Rufschädigung, wenn ein Gynäkologe als »Abtreibungsarzt« gebrandmarkt würde. Das Stigma der Abtreibung geht so weit, dass Frauenärzten diese während ihrer Ausbildung nicht als normaler Bestandteil der Frauengesundheit vermittelt wird. Gynäkologen lernen zwar die Technik, einen Embryo aus der Gebärmutter zu holen, aber das wird als Maßnahme im Rahmen einer Fehlgeburt ge lehrt und nicht als »aktive Maßnahme« im Sinne einer Abtreibung. Aufgrund der mangelnden Auseinandersetzung halten sich die negativen Einstellungen auch in der Ärzteschaft (ein Problem, das sich ebenfalls in der widersinnigen Rezeptpflicht für die »Pille danach« widerspiegelt, die einen deutschen Sonderfall in der EU darstellt).

Hinzu kommt, dass es in unserer Gesellschaft eine selbstverständliche Vorstellung ist, dass Frauen nach einer Abtreibung psychische Probleme bekommen können, was als Post-Abtreibungs-Syndrom benannt wurde. Einmal mehr wird hier das Bild beschworen, Kinderlosigkeit sei ein Einfallstor für die Verrücktheit der Frau, zumindest aber eine Bedrohung für ihre psychische Stabilität. Als Krankheitsbild ist das PAS von keiner seriösen Institution weltweit anerkannt, was aber weder christliche Abtreibungsgegner noch die Populärwissenschaften davon abhält, die Existenz des Syndroms zu behaupten. Natürlich sollte man Frauen den Raum geben, auch Traurigkeit über ihren Schwangerschaftsabbruch zu zeigen und sich darüber auszutauschen, aber dahinter gleich schwere Depressionen zu vermuten, ist eine Behauptung, die von den betroffenen Frauen nicht bestätigt wird. Tatsächlich ergab eine Langzeitstudie der American Psychological Association, dass die Zeit des größten Stresses, der Angstgefühle und der Unsicherheit, vor der Abtreibung liegt und nicht danach.[28] Laut APA haben Abtreibungen keinen negativen Einfluss auf die psychische und physische Gesundheit von Frauen; hingegen könne eine ungewollte Schwangerschaft und der Umstand, keinen sicheren Zugang zu Abtreibungen zu haben, sehr wohl Traumata

---

28 American Psychological Association (Hrsg.): Mental health and abortion. Washington, D.C., 2008

auslösen. Aber es darf nicht sein, dass es ein Gefühl der Erleichterung ist und nicht der Schuld, das Frauen nach einer Abtreibung empfinden. Tun sie es doch, wird ihnen Verantwortungslosigkeit und Gefühlskälte attestiert. Was das Aufbauen dieses Drucks angeht, agieren auch konservative Abtreibungsgegner inzwischen sehr professionell. Im Internet gibt es zahllose Webseiten, die auf den ersten Blick wie Hilfsangebote für ungewollt schwangere Frauen wirken, ihnen tatsächlich aber mit falschen und angstmachenden Informationen Furcht und Schuldgefühle vermitteln wollen. Beraterinnen in Frauengesundheitszentren berichteten mir davon, dass Frauen in den letzten Jahren vermehrt mit großen Schuldgefühlen in die Schwangerschaftskonfliktberatung kämen, da sie verinnerlicht hätten, dass Abtreibung Mord sei. Ein Sieg konservativer und christlich-fundamentalistischer Abtreibungsgegner, die dem Leben des Embryos mehr Rechte einräumen als denen der Frau. Den Frauen wird dadurch vermittelt, dass das Pochen auf ihre eigenen Bedürfnisse nur egoistisch und selbstsüchtig sein kann: die perfekte Strategie, das Selbstbestimmungsrecht der Frau aufgrund ihrer Gebärfähigkeit einmal mehr fundamental in Frage zu stellen und sie dahingehend zu konditionieren, sich schuldig und unfrei zu fühlen. Im Namen der Religion, der Moral, der Politik und der Gesellschaft.

Kapitel 3: Die Perspektive von Gesellschaft und Politik

>»Der Ruf nach Restauration der Familie ist vor allen Dingen ein Ruf nach einer Restauration der Geschlechterverhältnisse. (…) Erst, wenn sich die Mütter dem Sog der Erwerbsfaszination wieder entziehen, ist die aus den Fugen geratene Welt wieder heil (…), wird das Land wieder Leute haben. Bestrickend einfach!«
>
> *Barbara Vinken, Die deutsche Mutter*

»Das einzelne Individuum ist ökonomisch nicht auf seine Fortpflanzung angewiesen, wohl aber der Staat bzw. die Gesellschaft«, heißt es in einer Broschüre des Bundesministeriums für Familie, Senioren, Frauen und Jugend.[29] Mit anderen Worten: Die kinderlose Frau ist aus staatlicher Sicht unerwünscht. Sie widersetzt sich den Vorgaben der weiblichen Normalbiographie mit ihrem Auftrag zur Reproduktion. Dabei wird völlig übersehen, dass es unzählige andere »produktive« Möglichkeiten gibt, etwas zum Wohl oder zur Stabilität einer Gesellschaft beizutragen. Gerade Kinderlose haben hierfür mehr Zeit und Raum als Eltern,

---

29 Zitiert nach: http://www.rhein-neckar.ihk24.de/linkableblob/maihk24/standortpolitik/downloads/463960/.3./data/broschuere_nachhaltige_familienpolitik-data.pdf. Abrufdatum 20.08.2014

sie können sich auf anderen Ebenen einbringen. Unterstellt wird ihnen aber, sie würden sich außerhalb der Gesellschaft positionieren – als hätten sie nur einen legitimen Platz, wenn sie sich in die starren Kategorien von »Normalität« fügten. Die gewollt kinderlose Frau darf nach diesen Denkmustern eigentlich gar nicht existieren.

Wie eine Gesellschaft mit dieser »Provokation« umgeht, ist von äußeren Parametern abhängig. Schenkt man heutigen Demographen und ihren Statistiken Glauben, schlittern wir geradewegs in eine Katastrophe hinein. Die Renten sind nicht mehr sicher, die sozialen Systeme stehen vor dem Zusammenbruch – und das alles, weil zunehmend mehr Frauen mit dem Kinderkriegen zu lange warten oder diese Option gleich ganz aus ihrer persönlichen Lebensplanung streichen.

Gerade die aktuelle Debatte zeigt, dass hier zwei Blöcke gezielt gegeneinander in Stellung gebracht werden: die Kinderlosen auf der einen Seite und die Verfechter der Kleinfamilie auf der anderen. Kaum etwas wird ideologisch aufgeladener diskutiert als die Kinderfrage, von Toleranz oder gar Akzeptanz für die jeweils andere Position keine Spur. Diese Blockbildung ist fatal, nicht nur, weil sie in Deutschland zementiert wird durch die Überzeugung – und gelebte Erfahrung vieler Mütter –, dass Kinder und Karriere zusammen nicht zu haben sind. Schon gar nicht mit gutem Gewissen.

Die Demographisierung gesellschaftlicher Probleme

Zahllose Schwierigkeiten in unterschiedlichen gesellschaftlichen, sozialen und ökonomischen Bereichen werden auf die demographische Entwicklung zurückgeführt: Das Rentensystem ist davon betroffen, die Situation in der Pflege- und Gesundheitsversorgung, der Fachkräftemangel auf dem Arbeitsmarkt und so weiter. Der »Humankapitalbestand« sinkt, die Angst vor einem »Land ohne Leute«, wie Barbara Vinken es formulierte, geht um. Politiker und Wissenschaft- ler rätseln über die Gründe, warum Deutschland beim Kin- derkriegen im internationalen Vergleich nur auf Platz zwei- hundert rangiert – von 222. Dabei sind die Deutschen keineswegs statistische Ausreißer, es ist ein genereller Trend, zumindest in den Industrienationen, dass weniger Kinder geboren werden. Und es ist keine neue Entwicklung: Demo- graphischer Wandel hat zu allen Zeiten stattgefunden, Kin- derlosigkeit ist kein Phänomen der Neuzeit. Das fällt aller- dings gerne unter den Tisch, denn der Maßstab, an dem die aktuellen Zahlen gemessen werden, beruht nicht auf den Schwankungsphasen der Vergangenheit, sondern auf dem *golden age of marriage*. Niemals zuvor oder danach wurden so viele Kinder geboren wie in den fünfziger und sechziger Jahren. Das statistische Bundesamt erfasste damals weit mehr als eine Million Neugeborene pro Jahr. Diese Ausnah- me wird bis heute als Referenzrahmen herangezogen.

Das »Gespenst des Gebärstreiks«, die Sorge um den »Fortbestand des Volkes« tauchte erstmals 1911 in einem Artikel des Berliner Gynäkologen Max Hirsch auf. Am Vor- abend des Ersten Weltkriegs wurde an Konzepten für eine systematische Bevölkerungsentwicklung gearbeitet, um der unseligen Entwicklung »mehr Särge als Wiegen« Rechnung zu tragen. Die Gründe für den Rückgang wurden in zu- nehmendem Wohlstand und den Emanzipationsbestrebun- gen der Frauen gesehen.[30] Dieses Zusammenspiel habe ein

---

30 Friedrich Burgdörfer: »Geburtenrückgang bei Arm und Reich.

gesellschaftliches Krisenszenario ausgelöst, eine Spaltung zwischen jenen, die ihre Verantwortung gegenüber dem Staat wahrnähmen, und jenen, die sich dieser entzögen. Eine Form der Stimmungsmache, die die Zeiten überdauert hat. Und die viel über das Unbehagen der Gesellschaft erzählt, mit Veränderungen umzugehen. Anstatt dem Wandel Raum zu geben, flexibel auf neue Lebensverhältnisse zu reagieren, bilden die Normen der Kleinfamilie einen starren Rahmen. Normen existieren allerdings nicht einfach so, sie werden immer gesetzt. Sie sind Konstrukte, die sich nicht zwingend an der Realität orientieren. Würden sie das tun, müssten wir in unserer heutigen Gesellschaft nicht über das Austrocknen der Sozialsysteme oder die Schieflage der Renten diskutieren, weil Frauen zu wenige Kinder bekommen. Sondern darüber, wie man diese Sicherungssysteme den neuen Realitäten anpasst.

Das Statistische Bundesamt geht in einer Langzeitprognose davon aus, dass die Bevölkerung in Deutschland bis zum Jahr 2050 etwa um zehn Millionen abnehmen wird; der Anteil der über Sechzigjährigen wird sich im Vergleich zu den anderen Altersgruppen deutlich erhöhen. In vielen Publikationen werden diese Prognosen unhinterfragt als Fakten, als unumstößliches Naturgesetz übernommen, obwohl sich verschiedene Parameter jederzeit ändern können. Für den Statistikprofessor Gerd Bosbach grenzen solche Langzeitprognosen an »moderne Kaffeesatzleserei«, da sie auf Modellannahmen beruhten und niemand in die Zukunft sehen könne: »Oft stehe ich fassungslos vor dieser Debatte:

Die Umkehrung der Wohlstandstheorie«. In: Festschrift für Julius Wolf: Der internationale Kapitalismus und die Krise. Enke Verlag, Stuttgart 1932 S. 122

Systematisch werden positive Faktoren – obwohl augenscheinlich – ausgeblendet, werden simple logische Zusammenhänge übersehen, werden Zukunftsberechnungen mit der kommenden Wirklichkeit verwechselt, werden Fakten falsch oder verwirrend dargestellt. Hauptsache dramatisch.«[31]

Bestimmt die Demographie wirklich über das Wohlergehen von Gesellschaften, oder übernimmt sie nur die Rolle des Sündenbocks, um von den eigentlichen Herausforderungen abzulenken? Für Bosbach liegt der Schlüssel in der Politik. Sie kann wichtige Parameter steuern, wie etwa die Zuwanderung, oder bessere Rahmenbedingungen für Mütter schaffen. Auch der drohende Pflegenotstand ist hausgemacht, weil nicht früh und energisch genug gegengesteuert wurde. Ähnlich sieht das die Gesellschaftswissenschaftlerin Diana Hummel, die von einer »Demografisierung gesellschaftlicher Probleme« spricht. Denn auch hier gilt: Die Politik müsste sich an die Lebensrealität der Menschen im Land anpassen; mit der Umkehrung des Blickwinkels wird von eigenen Versäumnissen abgelenkt.

Nur: Wer profitiert von dieser Panikmache? Konzerne und private Rentenversicherer, die auf den Ausstieg der paritätisch finanzierten Rentenversicherung hoffen und somit auf die Etablierung eines riesigen Wirtschaftszweigs bauen können? Die Unternehmen, die eine Senkung der Lohnnebenkosten erreichen wollen? Die Politik, für die es von Vorteil ist, wenn es Nullrunden bei den Renten gibt? Bosbach meint: »Heutige Finanzierungsprobleme haben mit der demografischen Entwicklung bis 2050 nichts zu tun,

31 Gerd Bosbach: »Die demografische Entwicklung – Mythos und Wirklichkeit.« Vortrag beim VdK-Forum Tutzing, April 2008

aber die Löcher im Sozialsystem werden mit der Angst vor dieser Entwicklung schon heute gerechtfertigt.«[32]

Das Statistische Bundesamt selbst räumte ein, dass es zum Ausmaß der Kinderlosigkeit keine klaren Daten gebe. Die Zahlen, dass etwa sechs Millionen Menschen in Deutschland zwischen 25 und 45 keine Kinder haben, beruhen auf Schätzungen, nicht auf fundierten Erhebungen. Hinsichtlich ihrer Einordnung als »Katastrophe« scheinen sich Politik und Medien dennoch einig zu sein.

Warum eigentlich? Vielleicht sind wir in fünfzig Jahren ja froh darüber, dass unsere Bevölkerungszahl rückläufig ist? Denn ebenso unzuverlässig wie Langzeitprognosen in diesem Bereich sind Voraussagen über Veränderungen in der Arbeitswelt und der sozialen Gesamtstruktur unserer Gesellschaft. Einer der wenigen, für den die Katastrophe keine ist, ist der Volkswirtschaftler und Soziologe Karl Otto Hondrich. In seinem Buch »Weniger sind mehr. Warum der Geburtenrückgang ein Glücksfall für unsere Gesellschaft ist« weist er nach, dass das sozioökonomische Wachstum eines Landes sogar zurückgeht, wenn die Geburtenraten steigen. Der Zusammenhang, dass Bevölkerungswachstum die Wirtschaft automatisch antreibe und unsere Sicherungssysteme stabilisiere, sei »für uns eine Art *common sense* geworden. Deshalb richtet sich alles Denken auf die Erhöhung der Geburtenrate«[33] – obwohl eine weltweite Untersuchung

32 Gerd Bosbach: »Demografische Entwicklung in Deutschland. Realität und mediale Dramatisierung«. In: Kai Biehl, Norbert Templ (Hrsg.): Europa altert – na und?, Kammer für Arbeiter und Angestellte für Wien, 1. Auflage 2007, S. 32
33 Karl Otto Hondrich: Weniger sind mehr. Warum der Geburtenrückgang ein Glücksfall für unsere Gesellschaft ist, S. 42

in 134 Ländern ergeben habe, dass das sozioökonomische Wachstum zurückgeht, wenn die Geburtenzahlen steigen.

Woher kommt also diese fixe Idee, dass es schlecht sei, wenn die Geburtenzahl eines Landes unter das für den Status quo nötige Reproduktionsniveau sinkt? Warum wird bei uns etwas zum Problem hochstilisiert, das in anderen Regionen der Welt Teil von Entwicklungsprogrammen ist? Westliche Hilfsorganisationen etwa haben in vielen Ländern des afrikanischen Kontinents gerade den Kinderreichtum als Problem ausgemacht; gezielte Aufklärung und Zugang zu Bildung sollen Frauen dort – bei weniger Kindern – mehr Handlungsoptionen geben. Warum soll diese Dynamik in westlichen Ländern schädlich und unerwünscht sein?

Global gesehen wäre eine Reduzierung der Bevölkerung in den Industrienationen ebenso wichtig wie anderswo. Wenn man unseren Energieverbrauch, unser Konsumverhalten und das Ausmaß unseres Beitrags zur Umweltzerstörung miteinbezieht vielleicht noch wichtiger: »Eine Geburt in Europa verursacht 160 Mal mehr Umweltschäden als eine in Äthiopien. Eine Verringerung der Bevölkerungsdichte gerade in hoch entwickelten Staaten kann einen höheren Gesamtentlastungseffekt erzielen«, so Ernst Böckler, Landesbeirat des Bundes für Umwelt und Naturschutz. Wenn eine arme Frau in einem Slum in Nairobi ein weiteres Kind bekommt, schmälert sich dadurch zwar für sie und ihre Familie die Perspektive, einen Weg aus der Armut zu finden – aber es hat kaum globale Auswirkungen. Wenn hingegen eine Europäerin ein Kind bekommt, geht das aufgrund unserer Ansprüche mit einer immensen Erhöhung des Ressourcenverbrauchs einher. Die durchschnittliche CO_2-Bilanz eines Europäers oder eines Nordamerikaners ist zweihundert Mal größer als die eines Äthiopiers und zwölf Mal größer als die eines Inders. Der Teil der Weltbevölkerung, der auch ich angehöre, scheint den Jackpot gewonnen zu haben. Wir leben hier gerade in der besten aller Welten, wie Voltaire sagte. Doch wie lange noch und auf wessen Kosten? Ein Forscherteam der Universität von Oregon[34] hat errechnet, dass die Entscheidung, kein Kind zu bekommen, einen zwanzig Mal höheren Effekt für eine positive Umweltbilanz mit sich bringt, als konsequent zu recyceln, ein Hybridauto zu fahren, Strom und Wasser zu sparen und so weiter.

Es war interessant für mich, dass einige meiner Gesprächspartnerinnen ganz klar sagten: In diese Welt möchte ich keine Kinder setzen. Bea, eine 41-jährige Graphikerin, etwa erinnerte sich daran, dass diese Haltung in den achtziger Jahren – nach Tschernobyl – verbreiteter war als heute: »Es herrschte eine regelrechte Endzeitstimmung auf verschiedenen Ebenen. Da war die politisch geteilte Welt in Ost und West, die Bedrohung durch einen Atomschlag, Umweltkatastrophen und vor allem der Super-GAU von Tschernobyl. Wer damals gesagt hat, bloß keine Kinder, der musste das nicht groß rechtfertigen, sondern erntete eher verständnisvolles Kopfnicken. Wer heute die Frage stellt, wie man sehenden Auges Kinder diesen ganzen Bedrohungen aussetzen kann, wird als Spinner abgetan.« Diese »Spinner« heißen seit neuestem GINKs (angelehnt an die DINKs, *double income, no kids*): GINK steht für *green inclinations, no kids* – Affinität zu »grünen« Themen, keine Kinder. Es mögen zwar in der Gesamtheit wenige Menschen sein, Männer wie Frauen, die sich aus diesem Grund gegen Kinder entscheiden.

34 http://oregonstate.edu/ua/ncs/archives/2009/jul/family-planning-major-environmental-emphasis. Abrufdatum 20.08.2014

Es ist dennoch einer, den man ernst nehmen sollte. Weil er auch zu der Frage führt, wie sich das Leben in den westlichen Industrienationen ebenso wie in den »Ländern des Südens« gestalten sollte.

Es geht nicht um ein Mehr an Kindern, sondern um die Qualität ihres Lebens, um die Chancen, die sie in Zukunft haben werden. Doch unverdrossen wird hierzulande daran festgehalten, gebärunwillige Frauen zu einem Umdenken zu bewegen, Kinderlosigkeit staatlich zu sanktionieren und gesellschaftlich zu stigmatisieren.

Rente, Steuern und Finanzen

Es gibt Forderungen wie jene des Direktors des Instituts für Wirtschaftsforschung an der Universität Köln, Johann Eekhoff, die Renten von Kinderlosen um die Hälfte zu senken. Andere, wie der äußerst konservative Bevölkerungsforscher Herwig Birg, der gern auch die Mär von der »Überfremdung« mit ins Spiel bringt, fordern, die Rentenbeiträge nach Kinderzahl und Erziehungsjahren zu staffeln. Diese Experten gehen davon aus, dass die gezeugten Kinder später einmal das Rentensystem mit den Abgaben aus ihrer Erwerbsarbeit stützen. Aber woher kommt die Gewissheit, dass sie dies überhaupt tun können, wenn die Arbeit im Niedriglohnsektor weiter zunimmt oder es generell zu einem massiven Anstieg der Arbeitslosigkeit kommt? Schließlich beruhen auch die Studien über drohenden Fachkräftemangel auf Annahmen und Hochrechnungen mit vielen Unsicherheitsfaktoren. In Stein gemeißelt ist nichts davon. Dennoch wurde der Beitrag, den Kinderlose zur Pflegeversicherung leisten müssen, vom Jahr 2005 an um 0,25 Beitragspunkte erhöht.

Erwerbstätige Kinderlose zahlen im Durchschnitt ohnehin bereits mehr Steuern als Eltern, was auch damit zusammenhängt, dass häufig ein Elternteil (meist die Frau) nur in Teilzeit oder phasenweise gar nicht berufstätig ist. In ihrem Buch »Generation Kinderlos« rechnen Gisela Bruschek und Günter Keil vor, was passieren würde, wenn jedes Jahr tatsächlich 300 000 Kinder mehr geboren würden. Finanziell wäre das mit den von der Bundesregierung bereitgestellten Hilfen kaum zu leisten: 554 Millionen Euro mehr Kindergeld im ersten, 1,1 Milliarden im zweiten Jahr und im dritten 1,662 Milliarden. Hinzu kommt das neue Elterngeld, dessen Ausschüttung sich in fünf Jahren auf etwa 16,7 Milliarden belaufen würde. Im gleichen Zeitraum müsste der Staat finanzielle Einbußen von rund 54 Milliarden verkraften, da die neuen Eltern weniger Steuern und Sozialabgaben zahlen müssten. Hinzu käme eine Ausgabenerhöhung in den Bereichen Schulen, Kitas, Kindergärten und Gesundheitsfürsorge. So erweist sich die Rechnung »weniger Kinder = niedrigere Renten« als falsch, da bei weniger Kindern ja auch die entsprechenden Sozialausgaben entfallen und das »frei werdende Geld« auf die Renten umverteilt werden kann. Ein Schuljahr kostet Bund und Länder pro Kind immerhin 4700 Euro. Kinderlose finanzieren schon jetzt durch hohe Steuern Familien mit. Der Volkswirt Georg Meck hat errechnet, dass einem Durchschnittsverdiener ohne Kinder nach Abzügen netto 59 Prozent seines Bruttogehalts bleiben, einem Verheirateten mit gleichem Einkommen und zwei Kindern aber 78 Prozent. Um es ganz deutlich hervorzuheben: Weniger Beitragszahler bedeuten auch weniger Menschen mit Anspruch auf soziale Leistungen. Für eine gerechte Familienpolitik müsse es daher eine »Umverteilung von oben nach unten« geben und nicht eine »Umverteilung von den Kinderlosen zu den Eltern«, meint der Sozialwissenschaftler Christoph Butterwegge: »Statt alle Eltern materiell besserzustellen, wie es die Familienpolitik getan hat und immer noch tut, müssten sozial benachteiligte Kinder besonders gefördert werden. Dabei sollte die Hilfestellung unabhängig von der jeweiligen Familienform und der Erwerbsbiographie der Eltern erfolgen. Denn die Rechte eines Kindes leiten sich aus seiner Identität als Kind, nicht aus seinem Verhältnis zu einem anspruchsberechtigten Elternteil ab. Politik für Kinder muss auch Politik von und mit Kindern sein. Das deutsche System der sozialen Sicherung ist erwerbsarbeits-, ehe- und erwachsenenzentriert. Eine kinderorientierte Sozialpolitik würde ausschließen, dass kommunale Betreuungsangebote wegen leerer Kassen verringert werden.«[35] Er kritisiert, dass systematisch Eltern gegen Kinderlose ausgespielt würden und dass viele staatliche Leistungen an die Ehe als Lebensform gekoppelt seien. Es ist unsinnig, dass Alleinerziehende, die oftmals hart an der Armutsgrenze entlangschrammen, steuerrechtlich nicht in den Genuss von Vergünstigungen kommen, die einer Familie zustehen sollten, während ein verheiratetes Paar auch ohne Kinder automatisch davon profitiert. Hier wird die »Leistung der Eheschließung« belohnt! Dabei sollten die Kinder der ausschlaggebende Faktor sein.

Dass dieses Aufrechnen überhaupt Konjunktur hat, könnte vielleicht daran liegen, dass es im Kern darum geht, jene zu bestrafen, die andere Lebenskonzepte für sich einfordern. Und die damit die alten Konzepte mit ihrem

35 Christoph Butterwege: »Kinder bilden die am stärksten von Armut bedrohte Altersgruppe«, *Frankfurter Rundschau*, 30. Juli 2003

normativen Anspruch in Frage stellen. Dabei wäre es in einer Gesellschaft doch prinzipiell zu begrüßen, wenn die Gemeinschaft verschiedene Lebensentwürfe nicht nur akzeptieren, sondern auch mittragen würde. Stattdessen wird unter der Berufung auf die Solidargemeinschaft an einer Spaltung in Gruppen gearbeitet und damit letztlich Unwillen erzeugt, der am Ende zu einer wirklichen Entsolidarisierung führen könnte.

Menschen in ihrer Individualität anzuerkennen bedeutet nicht, in den Abgesang auf Kollektivität und Solidarität einzustimmen. Kollektivität muss nicht unter Zwang und Konformität hergestellt werden. Schon gar nicht benötigen Kollektivität und Solidarität die Herkunft als gemeinsamen Nenner. Die Zuwanderung, die eigentlich eine willkommene Möglichkeit sein könnte, die Bevölkerung zu vergrößern, wird von Stimmen beherrscht, die postulieren, »Deutschland schaffe sich ab«. Der Soziologe Ulrich Beck kritisiert es als Nabelschau-Demographie, wenn Deutsche kleinkariert im Zusammenhang mit der Bevölkerungsentwicklung in den engen Grenzen des deutschen Passes denken. Auch hier geht es im Kern um die Angst vor »dem anderen«.

Nation, Rassismus und Diskriminierung

»Bevölkerung« ist ein politischer Begriff, der jeweils anders verstanden wird, je nachdem, ob man ihn national oder global begreift. 80,5 Millionen Deutsche sind im Vergleich zu 7,2 Milliarden weltweit eine kleine Größe. Der Begriff bekommt darüber hinaus auch eine andere Bedeutung, je nachdem, ob man in Migration und Integration ein Potential sieht, ob man sie dynamisch und flexibel handhabt oder als Gefahr betrachtet. Für Thilo Sarrazin und den bereits erwähnten Herwig Birg ist Demographie »eine Waffe«, die Fremde (namentlich Muslime) gezielt »gegen uns« einsetzen würden. Birg erklärte in einem Interview mit der *Welt*, er fürchte eine Schwächung des Wirtschaftsstandorts Deutschland, da die Migranten eine andere »Wertschätzung von Bildung« hätten. Die drohende Etablierung von Gegenwelten und der Abwärtstrend des Landes seien nur zu stoppen, »wenn die Eltern wesentlich mehr Kinder zur Welt brächten«.[36] Man sollte vielleicht ergänzen: Die *deutschen* Eltern. Aber die entschieden sich leider für mehr Karriere, mehr Luxus und weniger Kinder. Auf die Frage, ob wir dann nicht eine »Fortpflanzungsdiktatur« hätten, antwortete Birg ausweichend. »Denken Sie an die römische oder griechische Hochkultur. Die gingen auch einmal zu Ende. Da werden wir keine Ausnahme sein.« Der Verweis auf den Untergang Roms im Zusammenhang mit der schwindenden »deutschen Bevölkerung« im Lande ist entlarvend genug, mehr musste Birg gar nicht sagen.

Die europäische Abschottungspolitik nebst der deutschen Angst vor »Überfremdung« (die gleichbedeutend ist mit der Furcht vor einer Überbelastung der Sozialsysteme) kann man nur rechtfertigen, wenn man an der Superiorität einiger bzw. der Unterlegenheit anderer Bevölkerungsgruppen oder Nationalitäten festhält. Woraus speist sich die Annahme, dass in einer globalisierten Welt Einwanderung und offene Grenzen überhaupt ein Problem darstellen? Wodurch wird die Idee befeuert, dass sich die »Anderen« parasitär an unseren Erfolgen laben würden? Wir sollten nicht

---

36 Andrea Seibel: »Wir haben Gegen-Gesellschaften«. Interview mit Herwig Birg, *Die Welt*, 28. Februar 2006

aus den Augen verlieren, dass »unser« Erfolg maßgeblich auf globaler Expansion des (Neo-)Kolonialismus und auf der Abschöpfung billiger Ressourcen und Arbeitskräfte in anderen Ländern beruht. Globale Ungleichheit wird auch dadurch gefestigt, dass man auf die Existenz von Nationalstaaten und die spezifischen Charakteristika einer Volksgemeinschaft pocht.

Wie sehr diese Haltung zu Entmenschlichung führt, zeigt sich auch daran, dass wir in Kauf nehmen, dass in den vergangenen Jahren etwa 20 000 Menschen bei dem Versuch, nach Europa zu gelangen, ihr Leben ließen. Während wir die Kinderlosigkeit der Deutschen beweinen. Wir geben weitaus mehr Geld für die EU-Grenzsicherung aus als für Integrationsprogramme und andere gezielte Förderungsmaßnahmen für Migranten. Das Problem des Facharbeitermangels und des instabilen Rentensystems wird penetrant auf die geringere Geburtenrate bei den Deutschen geschoben, anstatt es auch mit dem Abbau von Ausbildungsplätzen und der Behinderung von Zuwanderung zu verknüpfen. Wir halten weiter an dem Wahn fest, dass sich »unser Volk« in sich geschlossen reproduzieren muss. Angesichts einer Weltbevölkerung, die inzwischen auf über sieben Milliarden angewachsen ist, muss man sich wundern, mit welchen unzeitgemäßen und vor allem unseligen Begriffen hier argumentiert wird. Der Slogan »Kein Mensch ist illegal« will zeigen, dass wir uns ein System geschaffen haben, in dem Menschen in Wertkategorien eingeteilt werden, und wir sie damit in eine kafkaeske Unsichtbarkeit und Sprachlosigkeit zwingen. Jenen, die zu uns kommen wollen, wird unterstellt, sie könnten zum Funktionieren dieses Systems nichts beitragen. Dabei bezeugt das Unterfangen, ohne EU-Pass nach Europa zu gelangen, einen Unternehmergeist und

Managementqualitäten, von denen die Verantwortlichen für den neuen Berliner Flughafen sich eine Scheibe abschneiden könnten. Ähnlich wie sich Frauen »Familienmanagement« als Qualifikation in ihren Lebenslauf schreiben sollten, sollten Zuwanderer und Flüchtlinge als besonders lobenswertes Merkmal darin erwähnen können, dass sie es geschafft haben, unter teils lebensgefährlichen Bedingungen das europäische Grenzbollwerk zu überwinden, Visums- und Arbeitsanträge durchgebracht zu haben usw.

Sogar der Präsident der Weltbank ist der Meinung: »Ohne Gerechtigkeit gibt es keine globale Stabilität.« Aber Gerechtigkeit kann es mit unserer Abschottungspolitik auf vielen Ebenen nicht geben.

Nein, es geht also nicht um ein generelles Mehr an Kindern, es geht um ein Mehr von den »richtigen«. Die der Migranten sind es nicht. Die aus »bildungsfernen Schichten«, die früher noch »sozial benachteiligte Schichten« hießen, sind es auch nicht. Der neue Begriff »bildungsfern« deutet übrigens auf einen Paradigmenwechsel hin: weg von der Solidargemeinschaft hin zur Eigenverantwortlichkeit. Während die Solidargemeinschaft eine Mitverantwortung für das Wohlergehen des Einzelnen trägt, indem sie gleiche Möglichkeiten für alle schafft, delegiert man nun wichtige Aufgaben an den Einzelnen (Stichwort: Die sind selbst dran schuld, wenn sie nicht...). Das Delegieren lenkt von der Verantwortung des Staates ab, Ungleichheiten beim Zugang zu Bildung und sozialem Aufstieg zu mindern und abzubauen. Zudem impliziert der Begriff »bildungsfern«, dass diese Gruppe kein kompetenter Gesprächspartner ist, ihnen wird die Befähigung, etwa die sie benachteiligende Familienpolitik beurteilen zu können, indirekt abgesprochen.

Dass hier noch viel zu tun ist, kann man auch im 14. Kinder- und Jugendbericht der Bundesregierung aus dem Jahr 2012 nachlesen, der übrigens einmal mehr betont, dass aushäusige Betreuungsangebote nicht gleichbedeutend seien mit einer Schwächung der Familie.[37]

Was also ist die Lösung? Mehr intelligente Kinder aus gehobenen Schichten – die deutschen Akademikerinnen sollen es richten, sonst droht die Verdummung! Die Furcht vor der »Verdummung der Gesellschaft« ist in vielerlei Hinsicht eine Steilvorlage für die Vermischung verschiedener Ressentiments: Hier gehen Wertekonservatismus, Populärwissenschaften und Klassendünkel eine unheilige Allianz ein.

Angst vor den »Bildungsfernen«

Der Evolutionspsychologe Satoshi Kanazawa, der an der London School of Economics forscht, veröffentlichte 2012 das Buch »The Intelligence Paradox«[38], in dem er unter anderem postuliert, der Kinderwunsch von Frauen nehme ab, je höher ihr Intelligenzquotient sei. Das sei bedauerlich, da der Erfolg aller Spezies von ihrer Reproduktionsfähigkeit abhänge. Alle lebenden Organismen in der Natur seien von der Evolution dazu ausersehen, sich zu vermehren. Reproduktion ist das ultimative Ziel ihrer biologischen Existenz.

Die Annahme, dass Evolution ein Ziel oder eine Aufgabe verfolgt, wie etwa die Reproduktion einer Spezies zu

---

37 http://www.paritaet-lsa.de/cms/332-0-14-Kinder-und-Jugendbericht-der-Bundesregierung-erschienen.html. Abrufdatum 20.08.2014

38 Satoshi Kanazawa: The Intelligence Paradox. Why the Intelligent Choice Isn't Always the Smart One. Wiley, New York 2012

gewährleisten oder mehr Komplexität in ihrem Aufbau zu fördern, ist in meinen Augen ein Missverständnis. Evolution ist die Bezeichnung für einen Prozess von Zufällen, sie verfolgt keinen Plan. Der Evolution ist es egal, ob eine Spezies größeren reproduktiven Erfolg hat als eine andere. Sie hat noch nicht einmal Interesse an der Kontinuität von Leben. Dennoch wird Frauen, die keine Reproduktionsarbeit leisten, immer wieder vorgeworfen, sie vergingen sich an den Zielvorgaben der Evolution.

Ein solches Verständnis von Evolution eignet sich perfekt, um Menschen, die sich nicht den sozialen erwünschten Standards entsprechend verhalten, abzustrafen; im schlimmsten Fall gibt es menschenverachtendem und eugenischem Gedankengut Raum. Wenn man die Evolution unbedingt herbeizitieren möchte und falls sie doch ein denkendes Geisterwesen mit einem Gewissen sein sollte, könnte man ja auch zu folgendem Schluss kommen: dass sie vielleicht erkannt hat, dass Überbevölkerung zur Zerstörung der Welt führen wird und es insofern besser sein könnte, ein paar mehr Frauen einzubauen, die nicht mehr brüten wollen. Dass es vielleicht eine evolutionäre Weiterentwicklung gegeben hat, die Frauen mit einem Instinkt ausstattete, der ihnen sagte: Achtung, die Lebensbedingungen als Alleinerziehende oder der Spagat zwischen Arbeit, Mann und Kind sind einfach zu hart, um Nachkommen auszutragen. Und überhaupt sehen deren Zukunftschancen alles andere als rosig aus. Kann man das verantworten? Nein, dann doch lieber ...

Im Ernst: Die Evolution hat diese Weitsicht nicht, und das ist auch gut so. Das Leben ist auch deswegen so interessant, weil es keiner Determinierung folgt, die alles schon haarklein festgelegt hat, sondern uns noch genügend Entscheidungsfreiheit lässt. Es sind eher die Umstände, die Auswirkungen auf unser Leben haben, die kulturellen und gesellschaftlichen Implikationen, nicht in erster Linie unsere Gene.

Aber zurück zu Kanazawa. Für ihn liegt das Paradox darin, dass ausgerechnet intelligente Frauen offenbar nicht den Wunsch hegen, ihre biologische Bestimmung auszuleben. Da er weder sozialpolitische noch kulturelle Faktoren berücksichtigt und sich ausschließlich auf die altbekannte Determinierung der Frau zum Gebären stützt, kommt er gar nicht auf die Idee, dass Kinderlosigkeit in Anbetracht der vielen damit verbundenen Belastungen eine weise Entscheidung sein könnte. Er entkoppelt seine Feststellung einfach von den gesellschaftlichen Verhältnissen und fokussiert lieber auf die vermeintlich drastischen Folgen: Weniger intelligente Mütter bedeuten seiner Meinung nach automatisch weniger intelligenten Nachwuchs, was eine Katastrophe für das Gedeihen der Nation darstelle und das Wohl der Frauen, die ja nicht nur egoistisch, sondern gegen ihre Bestimmung agierten. Und was bitte schön ist mit Bildungspolitik? Chancengleichheit? Kaum irgendwo ist es damit so schlecht bestellt wie in Deutschland, wo der Bildungsstand der Herkunftsfamilie fast gleichbedeutend ist mit dem des Nachwuchses. Was aber wenig mit Intelligenz zu tun hat, sondern viel mit gezielter Förderung bzw. deren Ausbleiben.

Kanazawa jedenfalls geht davon aus, dass der Intelligenzquotient ein Maßstab dafür ist, wie viel ein Mensch zum Wohl und zum Funktionieren einer Gesellschaft beitragen kann. Was passieren kann, wenn sich nur noch »die Dummen« fortpflanzen, hat John Patterson schon 2006 in seiner Science-Fiction-Komödie *Idiocracy* gezeigt. Im Film werden ein Akademikerpaar und eine Unterschichtsfamilie

einander gegenübergestellt. Während die einen 15 Jahre lang
immer wieder Gründe dafür finden, die Familienplanung
aufzuschieben, bis es schließlich zu spät ist, vermehren sich
die anderen scheinbar unkontrolliert. Das apokalyptische
Ergebnis ist eine Gesellschaft, in der Bildung und Denken
ausgestorben sind, mit der Folge, dass jede gesellschaftliche Infrastruktur zusammenbricht. Nicht einmal soziale
Beziehungen funktionieren noch, es geht einzig um sub-
stanzlose Oberflächlichkeiten und unmittelbare Bedürfnis-
befriedigung. Als Komödie funktioniert das allemal, wenn
»Idioten« alle Bereiche des Lebens neu strukturieren, so
dass die Landwirtschaft zusammenbricht, da sie ihre Felder
statt mit Wasser mit Energydrinks bewässern. Aber letztlich fußt jeder Lacher auf einem doch recht widerlichen
Kulturkonservatismus. Und Wissenschaftler wie Kanazawa
unterfüttern diesen mit vermeintlichen Forschungsergeb-
nissen. Frauen und auch Männer werden auf ihren Genpool
reduziert, den es auszuschöpfen oder trockenzulegen gilt.
Ich halte dagegen, indem ich sage: Ein Mensch sollte Kinder
haben, wenn er dafür bereit ist, sich mit ihnen beschäftigen
will und die entsprechenden Kompromisse in seinem Leben
machen kann und möchte. Was Elternschaft angeht, ist nicht
der Intelligenzquotient der Maßstab, sondern die Fähigkeit
zu Empathie, Geduld, Fürsorglichkeit und Liebe. Die wichtigste Zutat für das vielbeschworene Wohl des Kindes ist,
dass es gewollt ist und nicht Produkt einer Fortpflanzungsdiktatur im Namen der Intelligenz ist. (Abgesehen davon
bedeutet ein hoher IQ nicht automatisch soziale Kompetenz
oder gar Weitsicht, was die Folgen des eigenen Handelns
angeht.) Jedem Kind, das geboren wird, sollte der gleiche
»Wert« beigemessen werden, zumal auch der von Kanazawa
konstruierte Zusammenhang, dass höhere Bildung weniger

Kinder bedeutet, nicht stimmt. In Ostdeutschland zum Beispiel liegt die Kinderlosigkeit von Frauen mit Hochschulabschluss nur bei 16 Prozent, was wenig mit ihrer Intelligenz als vielmehr mit den besseren außerfamiliären Betreuungsangeboten zu tun hat. Bei den westdeutschen Akademikerinnen leben 32 Prozent in einem Haushalt ohne Kinder, bei Frauen mit Hauptschulabschluss sind es 23 Prozent[39]. Mit anderen Worten: Es leben mehr westdeutsche Frauen mit niedrigerem Bildungsgrad kinderlos als ostdeutsche Frauen mit höherem. Bei Männern in Ost und West ist die Kinderlosigkeit am größten, wenn sie niedrige Schulabschlüsse haben, während Männer mit Hochschulabschluss die meisten Kinder haben. Was zum einen auf das traditionell geförderte Modell des Mannes als Familienernährer zurückgeführt werden kann, das mit einem gutbezahlten Job nun einmal besser funktioniert. Und zum anderen darauf, dass sie seltener ein Vereinbarkeitsproblem haben wie ähnlich gut ausgebildete Frauen.

Kanazawas Ruf und die Glaubwürdigkeit seiner Studien sind in Wissenschaftskreisen umstritten, aber er bekommt eine enorme mediale Aufmerksamkeit. Weil er – vermeintlich durch die Biologie untermauert – neoliberalen Ängsten eine Stimme verleiht: dass sich die Entwicklungen der Bevölkerung in Zahlen und Qualität negativ auf die wirtschaftliche Effizienz der Märkte auswirken könnte. Doch die Rechnung, dass gut ausgebildete und vermeintlich intelligentere Menschen gleichbedeutend sind mit Erziehungskompetenz, Wachstum und Wohlstand, geht so einfach nicht auf.

Zudem stellt sich die Frage, ob wir uns dieser Öko-

---

39 Lena Correll: Anrufungen zur Mutterschaft. Eine wissenssoziologische Untersuchung zur Mutterschaft, S. 46 f.

nomisierung von Leben einfach so unterwerfen wollen. Die Märkte interessieren sich nicht für die Frage nach einem erfüllten Leben des Einzelnen, sie wollen ihn in ihre Schemata von Effizienz und Profit hineinpressen. Die Wirtschaft interessiert sich nicht für die Fähigkeit von Individuen, ein Kind zu erziehen, oder für die Frage, was es tatsächlich bedeutet, eine Familie durchfüttern zu können. Dass man sich Familie leisten kann, ist in Deutschland keine Selbstverständlichkeit mehr. Ganz im Gegenteil. Und das hat nichts mit Bildung zu tun, sondern mit Rahmenbedingungen und Handlungsspielräumen. Man sollte also weniger die Akademikerinnen an ihre Gebärpflicht erinnern als Frauen grundsätzlich darin unterstützen, für sich passende Modelle leben zu können, ohne eine Wertung vorzunehmen. Stattdessen stoßen Mütter wie Kinderlose nach wie vor auf Widerstände, ideologisch motivierte wie auch ganz alltägliche. Frauen kann ein Strick daraus gedreht werden, egal welche reproduktive Entscheidung sie treffen. Ob sie überhaupt Kinder haben und wenn ja, wie viele. Ob sie das mit dem richtigen finanziellen bzw. sozialen Background tun oder ihren Kindern gleich die Startchancen verbauen, weil sie der Aufgabe intellektuell oder ökonomisch angeblich nicht gewachsen sind. Ob sie zu viel arbeiten und so zu wenig Zeit für Kinder und Familie haben, oder zu wenig arbeiten oder gar nicht. Ob sie ihr Kind zum Beruf machen und so nach Status und Anerkennung streben, die ihnen im Erwerbsleben vielleicht versagt bleiben, oder der Karriere vermeintlich den Vorzug geben. Nach der Art, wie unser gesellschaftliches System aufgebaut ist, gibt es für eine Frau zumindest keine ideale Konstellation, die ihr nicht auf die eine oder andere Weise negativ ausgelegt werden kann. Denn wenn sie schon für den Fortbestand der Nation zuständig sein soll, kann sie ihren Job natürlich nie gut genug machen. So gesehen hat unsere Gesellschaft vielleicht genau die Geburtenrate, die sie verdient?

Exkurs: Erwünschte Kinderlosigkeit bei Menschen, die nicht ins System passen?

Wie subjektiv und situationsabhängig die Vorstellung von Weiblichkeit in Bezug auf Fruchtbarkeit wahrgenommen und instrumentalisiert wird, verdeutlicht Rita, eine Frau, die Glasknochen hat und im Rollstuhl sitzt. »Man nennt es eigentlich Glasknochenkrankheit, aber ich lass die -krankheit immer weg. Für mich ist es ja mein normaler körperlicher Zustand«, meinte Rita. Sie berichtete davon, dass die Menschen in ihrem Fall ganz selbstverständlich davon ausgingen, dass sie nie Kinder haben würde. »Ich musste als Kind oft geröntgt werden, und meine Mutter sagte einmal im Krankenhaus: ›Lassen Sie doch die Schutzschürze auf ihrem Unterbauch weg, sie bekommt sowieso keine Kinder.‹ Der Arzt entgegnete, dass das prinzipiell möglich wäre, wenn auch nur mit Kaiserschnitt und nach langen Liegephasen während der Schwangerschaft.« Rita freute sich damals sehr über diese Aussage: »Nicht unbedingt, weil ich gerne Kinder haben wollte, sondern weil ich trotz der Glasknochen etwas mit meinem Körper erleben könnte, was auch anderen Frauen offensteht. Ich stelle es mir irgendwie abgefahren vor, dass etwas in mir wächst; aber dann wird meine Vorstellung schnell überlagert von Ängsten. Mein Oberkörper ist ohnehin sehr zusammengedrückt, und ich bin kurzatmig; mit einem zusätzlichen Babybauch wäre das wohl ein Albtraum. Wenn ich heute schwanger würde, hätte ich wahrscheinlich eher eine Abtreibung. Für behinderte Frauen ist es kein Problem, eine Abtreibung zu bekommen oder auch, sich sterilisieren zu lassen. Das wird eher noch begrüßt, weil es ja fahrlässig sei, wenn Behinderte Kinder kriegen. Eine Sterilisation würde ich als Manipulation an meinem Körper empfinden; denn das Potential, Kinder bekommen zu *können*, ist für mich und mein Selbstverständnis als Frau schon wichtig. Außerdem hatte ich schon so viele Eingriffe, einen weiteren möchte ich vermeiden.«

Rita erzählte auch, wie sich ihre Behinderung auf die Wahrnehmung ihrer sozialen Stellung auswirkt. Ihre Mutter bestand darauf, dass sie eine gute Ausbildung bekam und auf die Universität ging: »Sie war noch auf das männliche Versorgermodell eingestellt und nahm wie selbstverständlich an, dass ich dafür nicht in Frage komme, da ich die Pflichten als Ehefrau und Mutter nicht erfüllen könne. Sie sagte ganz klar: ›Weil du nicht heiraten wirst und für deinen Lebensunterhalt selbst sorgen musst, ist es wichtig, dass du eine gute Ausbildung hast.‹ Sie machte hier einen großen Unterschied zwischen mir und meiner nichtbehinderten Schwester. Ihr Ehemann fragte mich einmal, ob ich Kinder haben kann, worauf meine Schwester sofort antwortete: ›Nein, das kannst du nun wirklich nicht! Jetzt greif mal nicht nach den Sternen.‹ Tja. Die Kinder hat sie dann bekommen, ich habe studiert.«

Zu der Verbindung von Fruchtbarkeit und Weiblichkeit hat Rita ein sehr ambivalentes Verhältnis: »Bei Menschen mit Behinderung ist nicht das Geschlecht das erste Merkmal, das Leuten auffällt und dem sie Bedeutung beimessen, sondern die Behinderung. Als ich mit 19 endlich meine Menstruation bekam, war ich froh, weil ich mich als eine ›richtige‹ Frau empfand. Das ist immer noch in unseren

Köpfen drin. Vielleicht ist es aber für mich auch besonders wichtig, meine Weiblichkeit zu betonen, weil in meinem Fall automatisch nicht danach gefragt wird, ob ich Kinder *will*, sondern ob ich welche kriegen *kann*. Als Kind stand ich total auf Röcke und Schminke, ich wollte allen extra aufs Brot schmieren, dass ich ein Mädchen bin. Heute sehe ich das ambivalenter. Ich muss mich wenigstens nicht mit Sexismus und sexuellen Übergriffen herumschlagen, aber es ist auch hart, wenn einem das Geschlecht abgesprochen, man zu einem Neutrum wird.«

Neben den gesundheitlichen Risiken oder Belastungen während einer Schwangerschaft nennt Rita noch weitere Gründe gegen Kinder: »Ich hätte Angst vor der Verantwortung. Es ist in dieser Gesellschaft schon schwierig genug, in meiner Situation Verantwortung für sich selbst zu übernehmen. Ich bin im Alltag sehr abhängig von Institutionen, mit einem Kind wäre ich das noch mehr; ich bräuchte eine Assistenz, um den Alltag zu managen. In Deutschland kannst du dir eine Assistenz nur leisten, wenn du extrem arm oder extrem reich bist. Ich bin klassischer Mittelstand, also bekomme ich keine finanzielle Hilfe. Von meinem Gehalt allein kann ich eine Assistenz nicht bezahlen. Und abgesehen davon ist es in unserer Gesellschaft schlicht nicht erwünscht, dass Behinderte Kinder bekommen. Da kann ich keine Unterstützung erwarten.«

*

Die Kinderlosigkeit bzw. Mutterschaft von Frauen verschiedener sozialer Gruppen (z. B. in Bezug auf ihren Bildungsgrad oder ihre Migrationsgeschichte) wird also sehr unterschiedlich bewertet. Gewollte Kinderlosigkeit kann als

Form des Widerstands gegen gesellschaftliche Verhältnisse und gegen die Anforderungen an ihre Weiblichkeit gelesen werden. Umgekehrt kann auch Mutterschaft zum Akt des Widerstands werden: In den sechziger Jahren gab es im Zuge der schwarzen Bürgerrechtsbewegung beispielsweise afroamerikanische Frauen, die ihre Mutterschaft politisierten und positiv aufwerteten, da sie von der weißen Mehrheitsgesellschaft als minderwertig betrachtet und durch bevölkerungs- und gesundheitspolitische Programme und Kampagnen der Regierung unterdrückt wurden. Heute läuft eine solche Diskriminierung subtiler ab – überwunden ist sie, das zeigt auch die Sarrazin-Debatte, längst noch nicht.

Dass positive Identifikation sowohl mit Kinderlosigkeit als auch mit Mutterschaft ein Akt der Selbstermächtigung sein kann, wenn einen die Gesellschaft nicht für voll nimmt, habe ich mit Namina und Polly erlebt, die ich bei einer Diskussionsveranstaltung über Rassismus in Kinderbüchern kennengelernt habe. Namina ist 41, ihre Eltern kommen aus Ghana, sie ist in Großbritannien aufgewachsen, lebt aber seit zwanzig Jahren in Deutschland und ist alleinerziehende Mutter von vier Kindern. Polly ist 23, sie ist in Deutschland geboren und aufgewachsen und will kinderlos bleiben. Pollys Großvater war ein Austauschstudent aus dem Senegal. »Als Kind dachte ich, es ist normal, dass in einer Familie zwischendurch auch mal ein schwarzes Kind geboren wird. Inzwischen habe ich das Gefühl, der deutschen Gesellschaft etwas beweisen zu müssen. Man muss immer besser sein als der Rest, um nicht das vermeintliche Klischee zu bestätigen, dass man von mir aufgrund meiner Hautfarbe ohnehin weniger erwarten kann. Zu mir sagen die Leute übrigens immer, ich solle Kinder kriegen, weil ich so hübsch bin, nicht weil ich klug bin.«

Die beiden afrodeutschen Frauen kennen sich über ihre Arbeit in der Initiative Schwarzer Menschen in Deutschland (ISD). Für Namina ist Muttersein nicht nur ein essentieller Teil ihres Lebenslaufs, es hat auch eine politische Bedeutung. Sie sagt, sie fände es wichtig zu zeigen, dass sie trotz ihrer Mutterschaft noch politisch aktiv ist und sich ehrenamtlich betätigt, dass sie also auch als Mutter in der Öffentlichkeit sichtbar bleibt. »Bei einer Diskussionsveranstaltung saß ich einmal auf dem Podium, und mein Kind kam zu mir und kletterte auf meinen Schoß, um gestillt zu werden. Hinterher meinte eine Frau aus dem Publikum zu mir, das wäre bei einer weißen Frau undenkbar gewesen, mit ihrem Kind an der Brust auf dem Podium zu sitzen. Weiße Frauen bleiben in der Regel zu Hause, wenn sie Mütter werden, auch weil es kaum Betreuungshilfe gibt. Aber wie kann ich politisch aktiv sein, wenn ich meine Kinder nicht mit zu Veranstaltungen nehmen kann? Ich will zeigen, wie wichtig mir beides ist und wie sehr meine Kinder in mein übriges Leben integriert sind.« Doch selbst unter politisch Aktiven werde Kinderbetreuung oft als Privatproblem betrachtet, es fehle die Solidarisierung und auch die Anerkennung, dass sie als Mutter einen Beitrag leistet. Hinzu kommt, dass sie als Autorin kein regelmäßiges Einkommen hat und außerdem nicht ins Bild der »guten Familie« hineinpasse, wie sie das formulierte. Ihre Kinder stammen von drei verschiedenen Vätern. »Das klingt sehr schräg, und trotzdem versuche ich ein heiles Selbstwertgefühl zu haben. Weil die Parameter so anders sind, muss ich immer extra beweisen, dass ich eine gute Mutter bin. Das ist anstrengend. Warum wird das Bild von Mutter-Vater-Kind so hartnäckig beschworen, obwohl so viele Leute anders leben? Ich habe wirklich unterschätzt, wie ich auf andere wirke, auch wegen meiner Hautfarbe und wie man deswegen glaubt, mit mir umgehen zu können. Das hat auch Auswirkungen auf meine Beziehung zu den Kindern, wenn ich zum Beispiel bei einer Behörde nicht ganz für voll genommen werde und sie das mitbekommen. Im Freundeskreis bin ich von Menschen umgeben, die mich akzeptieren. Aber wenn andere mich als abweichend von der Norm sehen wollen, dann sehen sie eben auch nur das und sonst nichts.«

Während Namina versucht, Mutterschaft und politisches Engagement unter einen Hut zu bringen, kommen in Pollys Lebensplanung Kinder nicht vor. »Es ist ein Abwägen von Möglichkeiten. Im Moment mache ich gerade eine Regieassistenz in einem Theater. Wenn ich die beendet habe, kommt das nächste Ziel. Eigene Kinder kommen da einfach nicht vor. Wenn wir auf dem Schulhof Mutter-Vater-Kind gespielt haben, wollte ich nie die Mutter spielen.«

Pollys Mutter war 22, als ihre Tochter auf die Welt kam. Sie hatte kaum Unterstützung durch den Vater und musste auch nachts arbeiten, um über die Runden zu kommen. Auch das hat Polly abgeschreckt: »Als Frau kommst du da nicht raus. Wenn Leute mir weismachen, dass ich es bereuen werde, keine Kinder zu haben, denke ich immer: Es ist genau umgekehrt. Ich würde es bereuen, Kinder zu haben. Ein süßes Kinderlächeln hilft mir nicht weiter, wenn ich schlaflose Nächte habe, weil ich die Miete nicht bezahlen kann. Mutterschaft ist ein Überding, das viele machen und die wenigsten schaffen. Nein, ich möchte nicht ein Kind dafür missbrauchen, etwas von mir zu hinterlassen. Mein Fußabdruck in der Welt soll ein geistiger sein, kein genetischer. Ein Kind führt nicht weiter, was ich angefangen habe. Das will und muss ich schon selber machen.«

Kapitel 4: Von Sinn, Glück, Selbstverwirklichung und Verantwortung

>»Ein Kind ist oft die letzte Möglichkeit, der Verdinglichung des Lebens zu entgehen – der Selbstdefinition allein über Leistung und Besitz.«
>
> *Prof. Johannes Huinink, Soziologe*

»Aus der Perspektive der Gattung ist es vollkommen klar, warum Menschen Kinder bekommen. Aus der Perspektive des Individuums ist es allerdings rätselhafter, als man meinen könnte«, stellte die Anthropologin und Journalistin Jennifer Senior vor einigen Jahren in einem Artikel im *New York Magazine* fest. Es gebe eine große Diskrepanz zwischen den oft idealisierten Erwartungen, dem vermeintlichen Glücks- und Sinnversprechen, das mit Kindern einhergeht, und den tatsächlichen Anforderungen und Belastungen, mit denen man in der Elternrolle konfrontiert ist.

Ein Kind zu bekommen ist eine der weitreichendsten Entscheidungen, die man in seinem Leben treffen kann. De facto wird diese Weichenstellung aber in vielen Fällen geleitet von Emotionen und gesellschaftlichen oder persönlichen Erwartungen – und nicht immer von sorgfältigem Abwägen dessen, was damit eigentlich alles verbunden ist. Der Glaube, dass ein Kind das eigene Leben bereichert, die Partnerschaft krönt und einen selbst erst vollkommen macht, wiegt oft stärker als die zunächst eher diffusen Fragen, ob

Beruf, Beziehung und Familie tatsächlich unter einen Hut zu bringen sind. Es geht um einen vermeintlichen Mehrwert, nicht um Einschränkung oder Abstriche, die zweifelsohne notwendig sind.

Während niemand ernsthaft auf die Idee käme, von Frauen oder Paaren eine Begründung zu verlangen, warum sie ein Kind bekommen, werden Kinderlose permanent aufgefordert, sich für ihren Lebensentwurf zu rechtfertigen. Unterschwellig, manchmal auch ganz unverhohlen, wird unterstellt, ein Dasein ohne Kind sei Ausdruck der Unfähigkeit, Verantwortung zu leben, und mithin Sinnbild der wachsenden Entsolidarisierung der Gesellschaft. Die Lücke, die durch das Fehlen von Kindern entstehe, müsse von Kinderlosen durch allerlei hedonistische Eskapaden kompensiert werden. So entsteht der Eindruck, als gebe es nur zwei Lebensalternativen: das »Reproduktionsmodell«, das gleichbedeutend ist mit Engagement, Loyalität, Verantwortung, Erfüllung und Glück – und das »Verweigerungsmodell«, synonym einerseits mit Egoismus, Selbstzentriertheit und Karrierefixiertheit und andererseits mit Sinnentleertheit, Scheitern, Unerfülltheit und Einsamkeit. Natürlich bestätigt sich das nicht.

Die aktuelle Debatte wird immer wieder unterfüttert mit verschiedenen nationalen und internationalen Studien, in deren Rahmen Eltern und Kinderlose zu ihrem jeweiligen Lebensmodell befragt wurden. Interessanterweise fiel es der zweiten Gruppe deutlich leichter, ihre Entscheidung zu begründen. Vielleicht, weil sie es gewohnt ist, sich zu rechtfertigen. Die Eltern selbst waren deutlich diffuser. Unter den Top 5 fanden sich Argumente wie: »Ein Kind macht das tägliche Leben schöner und glücklicher.« »Ein Kind ermöglicht einem, die Familie zu erhalten, und stellt sicher, dass man seine Werte und seine Geschichte weitergeben kann.« »Ein Kind gibt Liebe und lässt einen im Alter weniger einsam sein.« »Es festigt und intensiviert die Partnerschaft.« »Man kann in einem Kind das verwirklichen, was einem selbst verwehrt geblieben ist.«[40] Es ist von Liebe, Emotion und Bereicherung die Rede, wobei die eigenen Empfindungen, der Mehrwert für das eigene Leben im Mittelpunkt stehen. Wäre man nun polemisch, könnte man schlussfolgern: Eltern sind die wahren Egoisten, nicht die Kinderlosen, denen man allzu gerne ebendiese Selbstzentriertheit vorwirft. Aber Kinder sind weder Sinn- noch Identifikationsstifter, sie sind nicht Krönung noch Kitt für eine Beziehung, sie sind menschliche Wesen mit ganz eigenen Bedürfnissen und Ansprüchen, die Eltern – zumal in der heutigen Zeit – sehr viel abverlangen. Sie sind weder Garant für Glück noch Quell ständiger Sorge. Es gibt hier kein Schwarz und Weiß, sondern sehr viel Grau. Und das hat nichts damit zu tun, ob man sein Kind liebt, sondern viel mit den Erwartungen, mit denen Kinder überfrachtet werden.

Die Suche nach dem Glück

Eine Langzeitstudie der Universität Princeton, an der zwischen 2006 und 2012 fast drei Millionen Menschen aus 161 Ländern teilnahmen, kam zu dem Schluss, dass Kinderlose in Sachen Zufriedenheit und Glück die Nase leicht vorn haben. Der Nachwuchs wirkt sich nicht positiv auf die Paarbeziehung aus, eher das Gegenteil ist der Fall. Und je später die Kinder kommen, umso größer die Wahrscheinlichkeit

---

40 Zitiert nach: Elisabeth Badinter: Der Konflikt, S. 22 f.

der Unzufriedenheit – weil vor allem die Frauen wissen, was sie aufgegeben haben. Oder, wie es eine Studienteilnehmerin ausdrückte: »Natürlich sind Kinder eine emotionale Bereicherung – aber was die äußere Welt angeht, schrumpft diese auf die Größe einer Teetasse.«

Zu einem ähnlichen Ergebnis kamen zwei weitere Studien über das Glücksempfinden und die Zufriedenheit von Eltern und kinderlosen Paaren. Der norwegische Ökonom Thomas Hansen kam hierbei zu dem Schluss, dass es Menschen in der Regel bessergeht, wenn sie keine Kinder haben, Eltern aber glaubten, dies über die höhere Sinnhaftigkeit ihres Lebens kompensieren zu können.[41] 2012 löste der italienische Wirtschaftswissenschaftler Luca Stanca mit dem Satz »Aus einer rein ökonomischen Perspektive ist die optimale Anzahl von Kindern genau null«[42] eine heftige Diskussion aus. Er hatte Umfragen unter gleichaltrigen Menschen mit ähnlichem Einkommen und ähnlichem Bildungsstand aus 94 Ländern miteinander verglichen. Kinderlose Paare waren im Durchschnitt deutlich glücklicher als Eltern. Nun kann man Stanca vorhalten, dass er vor allem auf die wirtschaftliche Zufriedenheit abzielte. Kinder kosten Geld, insofern verwundert es wenig, dass Eltern in dieser Hinsicht schlechter abschnitten. Auch Zeit ist ein ökonomischer Faktor, Kinder verschlingen nun einmal Zeit, die in unserer Leistungsgesellschaft ohnehin reichlich knapp bemessen

41 Thomas Hansen: Social Indicators Research, 2011, http://www. hioa.no/eng/Aktuelle-saker-NOVA-foer-2011/Parenthood-and-happiness. Abrufdatum 20.08.2014
42 Malte Buhse: »Der kollektive Baby-Blues«, *Die Zeit*, 27. März 2014, http://www.zeit.de/wirtschaft/2014-03/kinder-machen-ungluecklich. Abrufdatum 20.08.2014

ist und vielen Eltern fehlt, wenn es um Beziehungs- und Freundschaftspflege oder eigene Bedürfnisse geht. Es sind also nicht die Kinder an sich, sondern die damit verbundenen Faktoren, die Einschnitte, die stärker zu wiegen scheinen als die positiven Erfahrungen. Tatsächlich leiden laut einer Studie der Florida State University sogar signifikant mehr Eltern als Kinderlose an Depressionen, Männer und Frauen gleichermaßen. Die Rate unter den Alleinerziehenden ist besonders hoch, in Haushalten mit Kleinkindern etwas niedriger als in jenen mit Heranwachsenden.[43] Die Euphorie, die in den ersten Lebensjahren des Nachwuchses für viele prägend ist, scheint abzunehmen. Die Psychologin und Mutter Susan Jeffers, die Selbsthilfebücher mit so brillanten Titeln wie »I'm Okay, You're a Brat!: Setting the Priorities Straight and Freeing You From the Guilt and Mad Myths of Parenthood« geschrieben hat, vermutet noch einen anderen Grund hinter dieser Schieflage: Elternschaft sei kein Garant dafür, seinem Leben einen Sinn oder eine Struktur zu geben. Aber gerade weil Eltern unter dem gesellschaftlichen Druck stünden, dass Kinder schlicht das Großartigste in ihrem Leben seien, dürften sie weder Zweifel an ihrer Entscheidung noch eine mögliche Überforderung offen zeigen. Elena, eine 44-jährige Journalistin aus Berlin, bestätigte diese Einschätzung: »Du verlierst deine Gelassenheit, dein Geld, deinen Schlaf, deine Privatsphäre ... und das Schlimmste ist, dass

---

43 American Sociological Association; Florida State University; Ranae J. Evenson, Robin W. Simon: »Clarifying the relationship between parenthood and depression«, *Journal of Health and Social Behavior*, Dec. 2005; zitiert nach: http://www.psychologie-heute.de//archiv/detailansicht/news/machen_kinder_depressiv/; Februar 2006. Abrufdatum 20.08.2014

du sie [die Kinder] so liebst, dass du dir andauernd Sorgen machst, also musst du lernen loszulassen. Und vielleicht liegt darin auch gerade der Kern des Problems: dass der Lebenssinn an der Schnittstelle zu einem anderen Leben gesucht wird, das nicht immer so harmonisch verläuft, wie man es sich erwünscht hat.«

Bei meinen Interviews mit kinderlosen Frauen war das ein Punkt, der immer wieder zur Sprache kam: den Sinn in sich selbst zu suchen, nicht darin, eine gewisse Form der Selbstverwirklichung in der Projektion auf ein anderes Leben zu finden. Kathrin ist es wichtig, etwas aus ihren Kompetenzen und Fähigkeiten zu machen. Sie baut gerade einen eigenen Forschungsbereich an der Universität Leipzig auf und erzählt, dass sie es manchmal als große Herausforderung empfindet, den Lebenssinn aus sich selbst heraus und dem, was man tut, zu schöpfen: »Natürlich stelle ich mir manchmal die Sinnfrage. Ich als Kinderlose muss anders nach Sinn oder Inhalten suchen, zumal ich den Beruf nicht über alles stelle. Eine Freundin, die mit drei Kindern gerade eine Trennung durchmacht, beneidet mich manchmal, dass ich mich mit meiner Entscheidung gegen Kinder getraut habe, diesen Freiraum selbst zu füllen. Für sie sind die Prioritäten gesetzt, vor allem in der jetzigen Situation, die Frage nach Leerstellen, die man füllen müsste, kommt gar nicht erst auf. Tatsächlich habe ich gerade Probleme, mit meinen Freiräumen umzugehen, weil es beruflich und privat hakt. Wenn ich Kinder hätte, müsste ich mir weniger Fragen stellen, wohin es geht. Zwischendrin habe ich mich sogar bei dem Gedanken ertappt, was wäre wenn? Manchmal sehne ich mich nach dieser Klarheit, die Kinder einem vielleicht geben; viele Entscheidungen werden einem abgenommen, es ist klar, wer neben dem Beruf den Rhythmus vorgibt. Ohne Kinder musst du dich dauernd fragen, was du mit deinem Leben anfängst; diese Frage hängt dir genauso am Hosenbein wie ein Kind, das zur Unzeit quäkt: ›Ich will spielen! Und zwar sofort!‹«

Kinder als Motor oder Hindernis der persönlichen Entwicklung

Jeder Mensch definiert für sich den sehr dehnbaren Begriff »Selbstverwirklichung« anders. Manche sind der Auffassung, Kinder würden maßgeblich dazu beitragen, sie verstehen Kinder als einen essentiellen Teil ihrer Biographie. Andere glauben, dass Kinder sie in dem, was sie unter Selbstverwirklichung verstehen, eher behindern würden. So sagten eine Reihe meiner Gesprächspartnerinnen, ihr Wunsch nach Selbstbestimmtheit, individueller Entwicklung und Unabhängigkeit sei zentral für die Abwesenheit ihres Kinderwunsches.

Was assoziieren beide Gruppen mit Kindern? Sind es Überforderung, Selbstaufgabe, Schlaflosigkeit, Druck und Mehrfachbelastung? Oder ist es Erfüllung, Liebe, Freude mit einem kleinen Wesen die Welt neu zu erkunden? Wer Kinder hat, weiß, dass die Realität eine Mischung von allem bereithält. In der aktuellen Debatte wird vielen Kinderlosen unterstellt, sie würden vornehmlich die negativen Konnotationen sehen und sich vor ihnen scheuen. Aber ist das wirklich so?

Meine Gesprächspartnerinnen erkannten allesamt an, dass Kinder Teil der Selbstverwirklichung sein können; gleichzeitig wussten sie aber auch, wie gefährlich es sein kann, sich der Illusion hinzugeben, Kinder seien ein Heilmittel für die eigenen Probleme: ein Kind rettet keine Ehe, macht keinen Partner zuverlässiger und die Aufgabenteilung im Alltag nicht verbindlicher, es kann weder berufliche Durststrecken versüßen, noch Einsamkeit lindern. Und auch die Legende vom Erwachsenwerden, vom Reifungsprozess und dem »im Leben angekommen sein«, wenn man eigene Kinder bekommt und somit die Rolle wechselt, sollte nicht am Nachwuchs ausprobiert werden.

In meinen Gesprächen stellte ich eine interessante Diskrepanz fest, was die Vorstellung angeht, ob eine Familiengründung mutig oder feige ist. Marion sagte hierzu: »Ich habe großen Respekt vor Eltern und gebe ihnen in den meisten Situationen ›Vorfahrt‹, weil ich annehme, dass ihre Lebensbedingungen so heftig sind, sie ein derart hohes Stresslevel haben, dass sie manchmal einfach übermüdet und reizbar sind. Um ehrlich zu sein, habe ich oft auch das Gefühl, dass ich allein deshalb Respekt vor Eltern habe, weil ich sie für mutig halte. Wenn es nicht Mut wäre, was wäre es dann? Mittelmäßigkeit im Sinne von: Ich mache einfach, was alle machen und was alle von mir erwarten. Das will ich aber niemandem unterstellen. Vielleicht will ich es auch nur mutig finden, Kinder zu bekommen, um irgendetwas Positives an Familie entdecken zu können. Genau genommen ist es vielleicht gar nicht mutig; es ist oft eine schnelle Entscheidung, eine, die gesellschaftlicher Konsens ist. Wahrscheinlich braucht man weniger Mut, als vielmehr Durchhaltevermögen. Frauen wissen oft nicht, worauf sie sich da einlassen.«

Auch Elena äußerte eine gewisse Bewunderung dafür, dass Eltern bereit seien, sich dem Kontrollverlust über das eigene Leben auszuliefern; allerdings glaubt sie auch, dass alles Neue, was mit Kindern verbunden ist, zu einer noch strikteren Gleichförmigkeit, zu einem noch größeren Trott führen kann: »Vielleicht bin ich da auch feige. Mit Ende dreißig gibt es viel Wiederholung – im Beruf, im Liebesleben –, man hat alles schon irgendwie gesehen. Mit Ende zwanzig war ich noch viel radikaler in meinem Entschluss, mich nicht festlegen zu wollen. Aber dass alles immer interessanter wird oder nach oben geht, stimmt halt auch nicht. Nur: Der Motor meiner Entwicklung muss immer ich bleiben. Und wenn mir da nichts Neues mehr einfällt, wird es gleichförmig. Mit Kindern hast du sozusagen automatisch neue Aufgaben und Herausforderungen. Man muss sich ständig neu erfinden, auch wenn man gar nicht merkt, dass das nur noch in einem starren Rahmen möglich ist. Manchmal hätte ich diesen Motor auch gerne von außen, dieses selbstverständliche Wissen, dass Kinder einem den Takt vorgeben. Aber dann denke ich wieder, das passt nicht zu mir, ich muss mir selbst was einfallen lassen. Denn letztlich sind Kinder vielleicht auch nur am Anfang ein Motor für Veränderung, ein zwangsläufiger, kein selbstbestimmter. Aber dann wird es schnell zur totalen Wiederholung. Am Ende entpuppt sich das, was man als Neuerung in sein Leben geholt hat, als das Gleis, die festgefahrene Bahn, aus der man dann gar nicht mehr rauskommt.«

Oder, wie Bea es formulierte: »Manche Eltern kommen mir vor wie Drogenabhängige auf Entzug; sie müssen ihr ganzes Leben ändern und sich manchmal sogar von mir und meinem vielseitigen Leben fernhalten, um clean zu bleiben. Ich bin in meinem Freundeskreis für viele die Symbolfigur für das wildere, freiere Leben, das nun für sie selbst vorbei ist.«

Sandra, eine 31-jährige Kunsthistorikerin aus Leipzig, hat die Erfahrung gemacht, dass Kinderlosen hier auch in die

Pflicht genommen werden: »Meine ›Elternfreunde‹ setzen voraus, dass wir Kinderlosen flexibler sind. Sie gehen manchmal ganz selbstverständlich davon aus, dass wir Zeit und Verständnis für sie aufbringen, einfach weil wir vermeintlich weniger Verantwortung tragen und mehr Kapazitäten frei haben. Ich finde Kinder sehr angenehm, mein Partner und ich passen gerne auf den Nachwuchs von Freunden und Nachbarn auf. Das macht Spaß, und es entlastet die Eltern. Aber es nervt manchmal ein bisschen, dass sie im Gegenzug nicht versuchen, auf einer anderen Ebene Zeit für unsere Freundschaft aufzubringen. O. k., sie möchten als Eltern eben alles richtig machen; aber muss man als Person total hinter der Rolle verschwinden?« Entsprechend spricht Barbara von einer gewissen Verlustangst, die sie erfasse, wenn sie den Nestbautrieb bei Leuten in ihren Dreißigern oder frühen Vierzigern erlebe: »Es irritiert mich sehr, wenn ich Leute sehe, mit denen ich mich gut verstehe, mit denen ich seit Jahren einen Konsens hatte, nicht immer alles so zu machen, wie ›die anderen‹, und die dann plötzlich hinter diesen ganzen Normen, was Familie und Beziehung angeht, verschwinden. Als hätten sie keine andere Stimme mehr, etwas mitzugestalten, im Kleinen wie im Großen.«

Ein Beitrag zur Gesellschaft

Ebenso wie eine Scheidung kein Zeichen für mangelnde Liebesfähigkeit per se ist, sondern widerspiegelt, dass man nicht länger falsche Kompromisse in der Partnerschaft eingehen möchte oder sich schlicht emotional voneinander entfernt hat, ist Kinderlosigkeit nicht mit gesellschaftlicher Ignoranz oder Verantwortungslosigkeit gleichzusetzen. Freiwillige Kinderlosigkeit hat viel damit zu tun, sich damit auseinanderzusetzen, was man wirklich für sich und andere leisten kann und will, wo man Kapazitäten sieht und welche Schwerpunkte man setzt. Und die Familie ist beileibe nicht der einzige Ort für dieses Engagement. Es ist ein Trugschluss zu glauben, man könne den Beitrag eines Menschen zur Gesellschaft an seinem Familienstand ablesen. Kinderlosigkeit kann einem auch die Ressourcen lassen, die nötig sind, um sich zu engagieren – mit Kindern wären diese Kapazitäten durch Familienarbeit gebunden oder müssten zumindest dahinter zurückstehen. Man wirft kinderlosen Frauen ja gerne vor, dass sie überzogene Vorstellungen von Selbstverwirklichung haben, dass sie eben alles haben wollen. Davon abgesehen, dass man das Männern nicht vorwirft, zeigt sich hier gerade, dass sich Kinderlose gerade nicht der Illusion hingeben, alles haben zu müssen. Sie müssen eben keine Kinder haben.

*

Ich treffe Maria in einem Café um die Ecke in meinem Kiez in Berlin. Maria ist 56 Jahre alt und arbeitet in der Kulturförderung. Während der achtziger Jahre gehörte sie einer autonomen Frauengruppe in Freiburg an, die sich »ZK« nannte. Die Abkürzung stand für »Zusammen Kochen« und war eine scherzhafte Anspielung auf das männliche Dominanzgebaren in Politgruppen, vor allem, wenn es um vermeintlich »randständige und unbedeutende Frauenthemen« ging. Die »großen Themen« waren andere. (Kein Wunder, in dieser Zeit gab es ja nicht nur eine gläserne Decke, gegen die eine Frau stoßen konnte, sie kam erst gar nicht hinein in die männlichen Machtzentralen. Und dass diese Trennung auch in linken Kreisen kultiviert und zementiert wurde, bringt Maria heute noch auf die Palme.) Eines dieser »unbedeutenden« Frauenthemen war die Frage danach, wie und warum auch aus politisch engagierten, selbständigen Frauen konformistisch angepasste Wesen wurden, sobald sie eine eigene Familie gründeten, und wie man diesen scheinbaren Automatismus durchbrechen konnte. Nächtelang hätten sie diskutiert und theoretisiert, alles anders machen zu wollen, die politische Botschaft, die Kollektivität über den Individualismus zu stellen. Und am Ende war doch alles anders gekommen. Maria hatte mitansehen müssen, wie ein Großteil dieser so autonomen und selbstbestimmten Frauen mit den Jahren »in ihren Familien verschwanden«, wie sie es ausdrückt. »Die meisten von ihnen sah man überhaupt nicht mehr, nicht bei Diskussionen, nicht bei Demonstrationen, nicht mehr in der Kneipe, nirgendwo, sie blieben einfach zu Hause.«

Die Familien- und Versorgungsfalle war damals sicher größer als heute, der Handlungsspielraum der Mütter kleiner. Gleich geblieben sein dürfte aber Folgendes: Dass Frauen bereit, oder sollte man sagen, dazu gezwungen sind, Dinge vernachlässigen zu müssen, die ihnen bis dahin wichtig gewesen sind oder ihr Leben bestimmt haben. Maria: »Ich bin enttäuscht darüber, dass sich der Fokus von Frauen so sehr verengt, sobald sie Kinder haben. Die Bedürfnisse eines Kindes stehen plötzlich über allem, die Familie wird zum Hauptwirkungsort, und wer darüber hinaus versucht oder gezwungen ist zu arbeiten, fliegt über kurz oder lang völlig aus der Kurve. Es ist fatal, wenn die Hälfte der Menschheit zum Rückzug genötigt ist. Weil die Kraft fehlt, die Unterstützung von außen, und Kindererziehung zu einem regelrechten goldenen Kalb geworden ist, um das unsere Gesellschaft herumtanzt. Ich habe in meinen Zwanzigern in Frankreich gelebt, dort bilden Kinder längst nicht den Lebensmittelpunkt wie hier. Die Frauen sind im Schnitt etwas jünger, wenn sie Kinder bekommen, das geht oft mehr so nebenbei, die Hilfe durch staatliche oder kommunale Einrichtungen ist viel besser, weshalb Frauen beruflich, sozial und politisch präsenter sein können. In Deutschland ist beides kaum zu haben, wer Mutter wird, hat dem absolute Priorität einzuräumen. Konfliktfrei Kinder und Karriere, ein eigenständiges Leben außerhalb des Familienverbands zu haben, das geht hier kaum. Ein ›Ja‹ zum Kind ist in der Regel gleichbedeutend mit dem Rückzug ins Private, das Engagement geht über den Familientellerrand nicht hinaus. Und wenn doch, lauert um die Ecke schon der Burn-out.«

Nicht nur Maria, viele meiner Interviewpartnerinnen nahmen die Nestbauaktivitäten und Familiengründungen in ihrem Bekanntenkreis als selbstbezogenen Rückzug ins Private wahr. Tatjana, 42 Jahre alt, stellte dabei einen großen Unterschied fest zwischen Müttern, die mit Anfang zwanzig eher ungeplant ein Kind bekommen haben, und jenen, die erst mit Mitte dreißig oder noch später Mutter wurden: »Die jüngeren sind in meinen Augen noch cooler und flexibler, lassen sich auf das Abenteuer ein, ohne starre Vorstellungen, wie Familie sein muss. Für die Älteren wird das Kind plötzlich zum wichtigsten Lebensentwurf und Familie mit enormer Bedeutung aufgeladen.« Was daran liegen dürfte, dass bei uns die lineare Biographie als besonderer Erfolg gewertet wird. Wer systematisch die logischen Karriereschritte aneinanderreiht, dem bleiben im Schnitt gerade fünf bis sieben Jahre, um sich beruflich zu etablieren, eine stabile Partnerschaft aufzubauen und Kinder zu zeugen, bevor die »Biologie beginnt, Grenzen zu setzen«. Ein enormer Druck, der späte Eltern, vor allem Mütter, für den Soziologen Hans Bertram zu »Schlüsselfiguren einer überforderten Generation«[44] macht.

Dass diese 24/7-Mütter so viel Zeit fürs Kind aufbringen müssen, dass ihnen kein Raum mehr für anderes bleibt, merkte auch die 26-jährige Ellen an, die in einem Kinderladen arbeitet: »In unserer Gesellschaft scheint nur die völlige Aufopferung für das eigene Kind richtig zu sein. Wozu das führen kann, erlebe ich jeden Tag bei der Arbeit. Die meisten Eltern – insbesondere die Mütter – sind tendentiell gestresst, genervt und übermüdet. Da wird das Kind den ganzen Tag bespaßt, damit bloß keine Entwicklungsschritte zu kurz kommen oder es gar Störungen entwickelt. Ich denke, dass viele Mütter sich schlecht fühlen, wenn sie ihre Energie nicht zu hundert Prozent in die Erziehung ihres Kindes stecken. Das wird ihnen ja auch immer wieder unter die Nase gerieben.«

Die Architektin Sophie, 35, hat in ihrem Freundeskreis Ähnliches beobachtet: »Ich sehe in meinem Umfeld so viele Leute, die der Familie so viel Bedeutung beimessen und völlig gestresst sind, weil alles perfekt klappen muss. Aber wenn man permanent auf der letzten Rille läuft, funktioniert man nicht mehr richtig; schon gar nicht für die, die von einem abhängig sind. Das ist aus meiner Sicht letztlich auch irgendwie verantwortungslos. Wenn ich mein Leben nicht im Griff habe, betrifft das nur mich. Sehr vieles, was für mich als Kind selbstverständlich war – zum Beispiel emotionale und finanzielle Stabilität –, würde ich meinem Kind wahrscheinlich nicht bieten können. Deswegen habe ich mich auch gegen eigenen Nachwuchs entschieden.«

44 Katja Thimm: »Oh, Baby. Späte Eltern«, *Der Spiegel* 17/2014, S. 39

Während Maria meinte, dass man ohne eigene Kinder schlichtweg mehr Zeit habe, sich um die Belange anderer Menschen zu kümmern, wählte Jasmin eine drastischere und plakativere Formulierung: »Dein Beitrag zur Gesellschaft kann auch darin bestehen, keine Kinder zu bekommen; Familie ist wie eine Privatisierung, die das Potential der Eltern von anderen ebenso wichtigen Bereichen abzieht und über Jahrzehnte bindet. Wenn man das einmal unter diesem Aspekt betrachtet, ist die Kleinfamilie eine Art antigesellschaftliche Institution innerhalb der Gesellschaft. Eine in sich geschlossene Privatkiste, die darüber hinausgehendes Engagement verhindert und so letztlich dem großen Ganzen Leben, Impulse und Ideen entzieht«, so die 35-Jährige.

Dem könnte man nun entgegnen, dass dem großen Ganzen aber doch auch etwas Entscheidendes gegeben wird: nämlich die Garantie, dass es weiterbestehen und funktionieren wird – dank der nächsten Generation und dank der Eltern, die vieles dafür tun, dass aus den Sprösslingen funktionierende Leistungsträger und Garanten einer guten Zukunft werden. Doch Kinderlose lehnen die Anforderung, dass jeder Mensch zur Gesellschaft etwas beitragen soll, keineswegs ab, sie setzen sich vielmehr für eine Neubewertung ein: Kinderkriegen allein ist kein gesellschaftliches Wirken per se. Solidarität, Unterstützung und Engagement werden auf verschiedenen Ebenen der Gesellschaft benötigt, nicht nur innerhalb der Familie, die dennoch immer wieder zum zentralen Wirkungsort erklärt wird.

Warum lebt man eigentlich nur dann im Einklang mit den Werten der Gesellschaft, wenn man eigene Kinder hat? Solidarität, Verantwortung und Nächstenliebe haben sich sowohl das Christentum wie auch die internationale Arbeiterbewegung auf die Fahnen geschrieben – und trotzdem brauche ich weder die Bibel noch ein Parteibuch auf meinem Nachttisch, um diese Werte vertreten zu können. Dass die Entscheidung gegen ein eigenes Kind bedeutet, dass man selbst nicht in der Lage ist, sich um andere zu kümmern oder Verantwortung zu leben, ist ein viel bedientes Klischee. Wobei der Vorwurf an Kinderlose, sie würden nur an sich denken, Frauen schneller gemacht wird als Männern. Daran haben weder Emanzipation noch Väterzeit etwas geändert, zumindest nicht fundamental. Der Schwarze Peter des Kümmerns, des Zurückstellens eigener Pläne wird nach wie vor sehr viel schneller und konsequenter den Frauen zugeschoben. Aufopferung und Empathie sind der rechte und der linke Schuh, auf dem wir durchs Leben wandeln sollen, auch wenn wir zwischendurch dazu ein Businesskostüm tragen. Bei Frauen mit Kindern ist auf den ersten Blick klar, welchen Beitrag sie zum Funktionieren der Gesellschaft leisten: Aus der Perspektive des Staates, oft auch aus derjenigen der eigenen Familie oder der des Partners reicht es aus, dass sie ein Kind auf die Welt bringt und es dann anschließend betreut. Kinderlose Frauen geraten hier schnell unter Zugzwang, was ihren Beitrag angeht. Nicht nur Maria, sondern viele meiner Interviewpartnerinnen sagten mir aber, dass sie es wichtig finden, Zeit für eine Form des Engagements zu haben, das vielen Menschen zugutekommt und nicht »nur« einem oder mehreren Kindern im eigenen Haushalt. Nina zum Beispiel hat sich bewusst für einen pädagogischen Beruf entschieden, weil sie vielen Kindern und jungen Erwachsenen etwas mit auf den Weg geben, ihnen Wissen und Werte vermitteln möchte: »Ich liebe es, mit Menschen zusammen zu sein, und wollte mich immer für Menschen engagieren. Es hätten genauso gut Alte oder Kranke sein können, aber irgendwann habe ich festgestellt, dass ich am liebsten junge Leute auf ihrem Weg in ein eigenes Leben begleiten möchte. Ich bin mit Leib und Seele Lehrerin, vor allem aber liegen mir Schüler, die älter sind als zehn Jahre und die schon eine etwas ausgereiftere Persönlichkeit haben. Sie zu begleiten ist eine faszinierende, manchmal auch sehr aufreibende Erfahrung. Darüber hinaus bin ich in verschiedenen Jugendgruppen aktiv – all das könnte ich wenn überhaupt nur mit halber Energie tun, wenn ich mich um eigene Kinder kümmern müsste und um alles, was da an Haushalts- und Familienkoordination obendrauf kommt.«

Nina widerlegt das Klischee, dass eigene Kinderlosigkeit gleichbedeutend mit einem Leben ohne Kinder ist. Tatsächlich sind viele Kinderlose in pädagogischen, aber auch in sozialen und pflegerischen Berufen tätig. Insofern entwirft der Begriff »kinderlos« in vielen Fällen ein vollkommen falsches Bild. Das Fehlen eines »biologischen Bandes« betonten manche Interviewpartnerinnen gerade als positiven Aspekt: weil sie dadurch nicht verleitet würden, Erwartungen auf das Kind zu projizieren und in gewisser Weise neutraler bleiben zu können. Als »Außenstehende« können sie die Kinder so nehmen, wie sie sind, als eigenständige Personen, nicht als Projektionsfläche für eigene Erwartungen, die sie zu erfüllen haben. Insofern sind Kinderlose freier – sowohl von Ängsten und Sorgen als auch von dem Druck, das Kind zu optimieren, was letztlich mehr Freiräume für die individuelle Entwicklung des Kindes schafft. Weil einem das Etikett mit der Aufschrift »Ich muss hier etwas weitergeben, ich stehe mit meinen Fähigkeiten auf dem Prüfstand, wenn es schiefgeht« nicht anhaftet. Kinderlose, die sich im Freundeskreis um den Nachwuchs kümmern, erleben das als dankbare Rolle, sie sind die Netten, die sich intensiv mit den Kindern beschäftigen, auf deren Probleme und Bedürfnisse eingehen können, dabei aber weniger schimpfen oder gar strafen. Gerade weil ihr Kontakt zeitlich begrenzt ist, sie nicht rund um die Uhr zur Verfügung stehen müssen, haben sie vielleicht eher die Ruhe und die Nerven und können, wenn Probleme auftreten, so tatsächlich eine wichtige Ausgleichsfunktion innerhalb des Familienlebens einnehmen.

Die Gestaltung des eigenen Lebens ohne eigene Kinder kann also durchaus auf ganz verschiedenen Ebenen ein wichtiger Beitrag zum Funktionieren einer Gesellschaft sein. Nur mit der entsprechenden Würdigung hapert es noch. Denn wer für was Anerkennung bekommt, ist auch eine Machtfrage.

Kapitel 5: Von Freiräumen, Konformitätsdruck und dem Problem der Vereinbarkeit

>»Das größte Problem an der Vereinbarkeitsfrage ist der
> Umstand, dass alle glauben, das Thema hat sich erle-
> digt. Doch im Vergleich zu den Freiheiten, die Mütter
> in den europäischen Nachbarländern genießen, ist
> und bleibt Deutschland bis auf weiteres Entwicklungs-
> land.«
>
> *Lisa Ortgies, Heimspiel*

Die Berufung auf das »Wohl des Kindes« ist meist verbunden
mit der Erwartung eines »respektablen Lebens«. Was ein Leben zu einem respektablen macht, gibt die Gesellschaft vor,
in der wir leben. Einige Frauen äußerten dementsprechend
die Befürchtung, durch Kinder nicht in der Lage zu sein, alternative Lebensstile jenseits von Familie leben zu können.
Ein Leben mit Kindern würde zwangsweise einen Rückfall
in die eingefahrenen Bahnen bedeuten, die die Gesellschaft
für die richtigen hält. Eine Studie der Konrad-Adenauer-
Stiftung hat erst im Juni 2014 festgestellt, dass vor allem die
Politik zu lange starre Leitbilder des »normalen, richtigen
und guten Zusammenlebens als Paar oder Familie« vorgegeben hätte. Es sei eine zentrale Schwäche der Politik, Vielfalt
im Keim zu ersticken und sich zu einseitig an der Ehe zu
orientieren. Zudem mangele es »am unbedingten Willen,
die Arbeitswelt in Deutschland familienfreundlicher zu ge-

stalten.« Die Interessen der Wirtschaft stünden deutlich vor denen der Mütter und Väter, so die Studie.[45]

Gerade Frauen wollen ihre bitter erkämpften Freiräume und ihre Autonomie nicht aufgeben müssen, nur weil es das System so vorsieht oder für jedes flexiblere Modell sofort das einengende Gegenmodell bereithält. Norbert Schneider, Direktor des Bundesinstituts für Bevölkerungsforschung und Autor der Studie, stellt klar: »Nehmen Sie die klassische Mutter und Ehefrau, die sich um Haushalt, Mann und Kinder kümmert. Ihr wird vorgehalten, dass sie es sich gutgehen lasse oder dass man sie gut ausgebildet habe und sie diese volkswirtschaftlichen Kosten nun verschwende. Die berufstätige Mutter ist mit dem Gegenteil konfrontiert.«[46] Bei dem Absolutheitsanspruch, der mit Mutterschaft nach wie vor verbunden ist, gelingt es Frauen kaum, eine wirklich freie Wahl zu treffen, Konventionen zu hinterfragen und Freiräume für sich überhaupt erst zu verhandeln. Thekla ist 52 und betreibt seit 15 Jahren ein Café in einem Dorf. Sie ist froh, hiermit einen sozialen Treffpunkt geschaffen zu haben, an dem Jung und Alt zusammenkommen. Sie bildet Lehrlinge aus und hat Arbeitsplätze geschaffen. Ihr Engagement wird im Dorf sehr positiv gesehen, wenngleich sie immer mal wieder Sätze wie diesen zu hören bekommt: »Wenn ich sehe, wie wunderbar du mit den Lehrlingen umgehst, ist es schon schade, dass du keine Kinder hast. Du wärst sicher eine gute Mutter geworden.« Thekla und ihre beiden Schwestern haben keine Kinder, nur der Bruder hat eine eigene Familie gegründet. »Wir Mädels hatten immer den

45 Ulrike Heidenreich: »Alles so schön bunt hier«, *Süddeutsche Zeitung*, 30. Juni 2014
46 Ebd.

Wunsch, unabhängig zu leben, und wussten vielleicht intuitiv, dass das mit Kindern nicht in der Form funktioniert. Mein Bruder hatte damit weniger Schwierigkeiten – der hat ja seine Frau, die ihm den Rücken freihält.« Thekla glaubt, dass die ganzen Vereinbarkeitsprobleme manche Frauen durchaus von ihrem Kinderwunsch abbringen könnten, sie selbst diesen aber nie verspürt habe: »Einige Mütter aus meinem Freundeskreis sagen mir manchmal ganz offen, ich könne froh sein, keine Kinder zu haben. All dem, was sie einem geben würden, stünde doch jede Menge an Belastungen gegenüber. Und die Waagschalen befänden sich nur selten im Gleichgewicht. Als Frau hat man das vermutlich immer im Hinterkopf, dass man vieles aufgeben muss. Mein Leben wäre mit Kindern sicher komplett anders verlaufen. Was nicht heißt, dass ich ein verantwortungsloser oder egoistischer Mensch bin, der immer seinen Stiefel durchzieht. Ich trage sehr viel Verantwortung für andere, nur eben nicht für ein eigenes Kind.«

Es geht aber nicht darum, Autonomie als absolut zu verteidigen, sondern, wie Linda, 29 Jahre alt, es formulierte: »Ich muss nicht um jeden Preis autonom und unabhängig sein. Wir alle sind ja von Beziehungen, die uns im Leben umgeben, irgendwie abhängig, im positiven Sinne. Nicht die Verantwortung ist das Problem – Verantwortung hat man ja nicht nur Kindern, sondern auch Freunden oder Kollegen gegenüber. Es ist die Mutterrolle, die extrem stark gesellschaftlich normiert und festgeschrieben ist. Durch Kinderlosigkeit kann ich mich dieser Rolle entziehen.«

Linda stammt aus Kolumbien. Wenn sie heute ihre Heimat besucht und alte Freundinnen trifft, sei das manchmal sehr frustrierend: »Sie hatten alle wie ich große Pläne, was sie aus ihrem Leben machen wollten. Inzwischen sind sie alle Mütter und verheiratet, es gibt nur noch diese eine Rolle, hinter der sie verschwunden sind. Dabei sind unsere Möglichkeiten so vielfältig, und ich finde es schade, dass alle den gleichen Weg gehen, sich nicht trauen, diesen zu hinterfragen. Wenn ich mir meine Freundinnen ansehe, denke ich manchmal, dass ein Kind wie eine Eisenkugel am Bein ist. Ein erstickender Gedanke.«

Eigene Wege zu gehen, sich nicht von Erwartungen einschüchtern zu lassen ist etwas, das viele kinderlose Frauen gemein haben. Es gehört zu ihrem Selbstverständnis, und einige äußerten mit einem gewissen Stolz, sie seien froh, nicht »angepasst« an solche Leitbilder wie die oben erwähnten zu leben. Wobei es weniger eine politische oder ideologische Entscheidung ist, sondern eine für die größtmögliche Eigenständigkeit und Freiheit. Viele beobachten im Bekanntenkreis, wie sich die Spielräume durch eine Familiengründung immer mehr verengen, wie der Druck vor allem auf Frauen immer stärker wird. Als Familie ein bestimmtes Bild abgeben zu müssen, das kulturell vermeintlich vorgegeben und sehr unflexibel ist, brachte einige meiner Interviewpartnerinnen zu der Frage, wie frei man ein Leben mit Kind bei allen damit verbundenen Normen überhaupt gestalten könne, ohne anzuecken. Einigen erschien es zudem als wenig attraktiv, mit einem Kind vermehrt an Institutionen gebunden und damit einer weiteren Form der Kontrolle ausgesetzt zu sein. Barbara beschrieb das so: »Kitas, Schulen, Behörden – sie alle bewerten dich und deine Kinder. Da geht es um Anpassung, und wenn man versucht, Dinge anders zu machen, wird man schon schräg angeschaut. Ich fände es schwierig, mich da verbiegen zu müssen, gleichzeitig würde ich mein Kind aber auch nicht instrumentalisieren wollen, um ein Zeichen gegen den Mainstream zu setzen. Man steht einfach unter gesellschaftlicher Kontrolle, und das ist ja auch so gewollt.«

Kinderlosigkeit wie Elternschaft ist überfrachtet mit Klischees und Erwartungen, die letztlich nur versinnbildlichen, dass in unserer Leistungsgesellschaft alle vor enormen Anforderungen stehen, denen kaum jemand wirklich gerecht werden kann. Ich schlage deshalb eine andere Perspektive vor: Kinderlose entziehen sich dieser Zerreißprobe nicht nur, um einem hedonistischen Lebensstil zu frönen, sondern sie kreieren mit ihrer Verweigerung neue Wege zu Lebensformen, von denen wir alle profitieren können. Sie halten diese Mühle an, um neue Formen des Miteinanders zu erproben, die zu anderen solidarischen Gemeinschaften jenseits der Kleinfamilie führen können.

*

Wie groß der Konformitätsdruck ist, stellten einige meiner Gesprächspartnerinnen erst fest, als sie selbst unmittelbar vor der Familiengründung standen. Ihre damaligen Erfahrungen haben sie zu der Erkenntnis gebracht, kinderlos leben zu wollen. Die Geschichte von Sandra und Patrick zeigt, wie der Wunsch nach Familie plötzlich in einem anderen Licht erschien und damit auch die grundlegenden Einstellungen zum Leben hinterfragt wurden.

Für das Paar erschienen Kinder als der »natürliche Lauf der Dinge«, sie gehörten einfach zum Leben dazu. Sandra wurde zwei Mal schwanger, hatte aber beide Male eine Fehlgeburt. Während der Schwangerschaften litt sie unter Angstattacken, nicht nur was die Geburt anging, sondern auch im Hinblick auf ein Leben mit Kind. Kurz nach der zweiten Fehlgeburt wurde bei Sandra Krebs diagnostiziert; aufgrund der Chemotherapie war ein weiterer Versuch, ein Kind zu bekommen, vorerst ausgeschlossen. Sie schilderte diese Zeit als höllisch, voller Trauer, Angst, Unverständnis, Irritation und Hilflosigkeit, die sie an den Rand der seelischen und körperlichen Belastbarkeit gebracht habe. Die Krebserkrankung war dabei ein Faktor; die Furcht, vielleicht dauerhaft auf ein Kind verzichten zu müssen, ein anderer. Daher entschieden die beiden, sich über Adoptionsmöglichkeiten zu informieren. Als sie endlich einen Beratungstermin bekommen hatten, war der in mehrfacher Hinsicht desillusionierend: »Ich war erstaunt, in welches Fahrwasser man da hineingerät. Bei Adoption muss man sich mit vielen Fragen auseinandersetzen, unzählige Voraussetzungen erfüllen. Da zeigen sich ganz klare gesellschaftliche und politische Normen, was Familie zu sein hat. Ich habe gemerkt, dass ich das Leben, das dafür ›verlangt‹ wird, gar nicht führen will. Man gab uns zu verstehen, dass wir ohne Trauschein kaum Erfolg haben würden und dass es genügend andere Paare gebe, die geeigneter seien.«

Das Befremden darüber, dass man offenbar in einer Lebenspartnerschaft weniger geeignet sei, ein Kind zu erziehen, als in einer Ehe, sitzt bei Patrick und Sandra tief. Ein bestimmtes Bild abgeben zu müssen, das anderen Ansprüchen mehr entspricht als ihren eigenen, sei eine Form der Kontrolle, der sie sich nicht aussetzen wollten: »Ich will mich nicht dafür rechtfertigen, dass wir nicht der klassischen Norm entsprechen. Ich will mich nicht in eine schablonierte Familienkonstellation pressen lassen, um zu beweisen, dass ich ein Adoptivkind ›verdient‹ habe.«

Auch Sandras Äußerung, dass sie auch im Falle einer erfolgreichen Adoption weiterhin versuchen würden, ein eigenes Kind zu zeugen, war beim Amt auf Ablehnung gestoßen.

»Die Dame war der Meinung, dass man das leibliche Kind immer mehr lieben würde als das adoptierte. Ich bin da zwar vollkommen anderer Auffassung, hatte aber keine Kraft und auch keine Lust, darüber zu debattieren, wer wann welche Kinder mehr lieben würde und wer darüber urteilen kann und darf.«

Diese Erfahrungen haben letztlich dazu beigetragen, Sandra von ihrem Kinderwunsch abzubringen. Für sie sei das eine logische Konsequenz gewesen, da sie sich den Prämissen, wie Familie zu sein hat, nicht unterwerfen wollte. In ihrem Freundeskreis begegnete man ihrer Entscheidung mit Unverständnis und vielen Nachfragen, bei denen Sandra manchmal Einfühlungsvermögen vermisste: »Man bekommt das Thema ständig aufs Brot geschmiert, was ich gerade in meinem Fall sehr unsensibel finde. Viele sind irritiert, dass mein Kinderwunsch weg sein soll, sie denken, ich rede mir das schön. Sie können nicht glauben, dass ich meine Meinung tatsächlich geändert habe. Immer wieder wird mir gesagt, ich solle das doch noch einmal überdenken, zumal ich ja so gut mit Kindern könne. Wenn ich dann mal sauer reagiere und sie auf ihre eigene Situation anspreche, fällt manchmal der Satz, dass es keine wohlüberlegte Entscheidung war, Kinder zu bekommen. Eine meiner besten Freundinnen hat alles aufgegeben, um mit ihrem Partner ein Kind zu kriegen, sie haben sich zu wenig abgesprochen, wer wie viel Arbeit übernimmt, so dass fast alles an ihr hängenbleibt. Jetzt würde sie am liebsten alles hinschmeißen.«

Sandra hat andererseits auch die Erfahrung gemacht, dass Eltern beinahe automatisch davon ausgehen, dass Kinderlose nie etwas Wichtiges zu tun haben – weil ihnen das Wichtigste im Leben schließlich fehlt. Elena bestätigte das:

»Als Kinderlose wirst du ganz selbstverständlich mehr in Anspruch genommen als umgekehrt. Ich glaube auch, dass von kinderlosen Frauen mehr erwartet wird als von kinderlosen Männern. Als ob ich ausgleichen müsste, dass ich der typischen weiblichen Doppelbelastung entgangen bin; für Männer reicht es ja schon aus, nur mit dem Beruf belastet zu sein. Ich habe die Erfahrung gemacht, dass es gerade Väter sind, die von mir erwarten, dass ich sie beruflich entlaste. Es sind weniger die Frauen, die auf einen zukommen und sagen: ›Ich bin Mutter, jetzt unterstütz mich mal.‹«

Sandra schilderte, dass der Neid anderer auf ihr vermeintlich so freies und unbelastetes Leben manchmal sogar den Blick auf die realen Verhältnisse verstellt. »Als sich wegen meiner Krebserkrankung die Familienplanung änderte, sagte eine Freundin zu mir: ›Du hast Glück, dass du nicht um sechs Uhr aufstehen musst!‹ Warum glauben manche Leute eigentlich, sich Kinderlosen gegenüber solche unsensiblen Bemerkungen leisten zu können, während sie selbst erwarten, dass man sie mit Samthandschuhen anfasst und Rücksicht nimmt? Durch diese ganzen Ressentiments, die es auf beiden Seiten gibt, hat man irgendwann keinen Blick mehr für die eigentlichen Beweggründe und die Situation, in der sich der andere befindet.«

Sandra meint, dass sie gerade durch die Krebserfahrung gelernt habe, mehr auf sich selbst zu achten, auf sich zu hören und ihre Grenzen nicht permanent zu überschreiten: »Wenn man ein Kind hat, fällt das viel schwerer. Man kann weniger bei sich bleiben, ist unfreier. Ich würde nicht wollen, dass ich ein Kind dafür verantwortlich mache, es ihm vielleicht übelnehmen würde, dass es mir Freiheit nimmt. Ich empfand es als große Erleichterung, schließlich aussprechen zu können, dass ich keine Kinder möchte, und ich war positiv überrascht, als mein Partner sagte, es gehe ihm ebenso.«

Auf meine Frage, ob sie ihre Entscheidung nicht doch eines Tages bereuen könnte, erwiderte Sandra, sie habe alle Möglichkeiten durchgespielt und halte es deshalb für ausgeschlossen, dass es dazu kommen könnte. Im Gegenteil: »Bereuen würde bedeuten, dass ich die real existierenden Gründe und letztlich mich selbst negiere. Ich würde eher bereuen, ein Kind bekommen zu haben, das mein Leben dann auf eine Art beeinflusst, die ich nicht will. Weil andere es mit ihren Erwartungen aufladen.«

Bei der Architektin Sophie kam die Erkenntnis, ein Leben ohne Kinder führen zu wollen, ebenfalls nach einer Fehlgeburt. Zwei Jahre lang hatte sie mit ihrem Partner versucht, ein Kind zu bekommen: »Ich habe mir immer gesagt, es gibt nie den perfekten Moment für ein Kind, also sollte man einfach machen und es auf sich zukommen lassen. Aber als ich dann schwanger wurde, war es definitiv nicht der richtige Zeitpunkt. Ich hatte gerade einen neuen Job, beruflich machte ich eine wichtige Phase durch, und wie sich herausstellte, steuerten wir leider auch auf das Ende unserer Liebesbeziehung zu. Wenn die Familienplanung plötzlich real wird, kommen so viele Fragen und Herausforderungen auf, die überdeutlich machen können, dass eine Beziehung, von der man geglaubt hat, sie sei stabil und vertraut genug, um für die nächsten zwanzig Jahre auch Kindern Halt geben zu können, tatsächlich fragil und ausgelaugt ist. So war ich fast froh über die eine Fehlgeburt, auch wenn wir am Anfang nicht gut damit umgehen konnten. Wir waren unsicher, ob wir es weiter versuchen sollten. Nach unserer Trennung hatte ich immer mal wieder diese Phasen, in denen ich dachte, dass ich jetzt einfach auf eigene Faust ein Kind bekomme. Aber letztlich entsprach das weniger meinem eigenen Wunsch, sondern war dem Druck geschuldet, den man als Frau ab Mitte dreißig von der Gesellschaft, von der Familie oder auch vom Freundeskreis bekommt.«

Kim, die in Taiwan geboren ist, spürte diesen Druck bereits mit Ende zwanzig. Sie hatte seit Jahren einen festen Freund, ihr Laden, in dem sie eigene Modekreationen herstellte und verkaufte, lief gut, und als im Freundeskreis die ersten Frauen schwanger wurden, wurde auch Kim mit der Frage konfrontiert, wann es denn bei ihr so weit sei. Plötzlich habe sich alles nur noch um das Thema Kinder gedreht, Kim hatte den Eindruck, mit ihren Freundinnen keine gemeinsame Gesprächsebene mehr zu haben. »Als mir klar war, dass ich keine Kinder haben möchte, gab es eine ganz andere Interessenlage zwischen uns; ich konnte an ihrem Leben nicht mehr so teilhaben wie gewohnt. Ich lebte einfach anders, hatte andere Themen, die mich bewegten. Ich wollte auf Dauer kein Interesse heucheln und zog mich langsam zurück. Als die Kinder dann größer waren, hätten wir zwar wieder mehr Zeit miteinander verbringen können, aber die Unterschiede waren zu groß geworden.«

Die Kinderfrage löste bei Kim grundsätzliche Überlegungen aus, wie sie ihr Leben gestalten möchte. Sie trennte sich von ihrem langjährigen Partner und verkaufte ihren Laden. Seither reist sie viel und lebt in verschiedenen Ländern. Interessant fand ich bei unserem Gespräch, dass sie diese Veränderung nicht als essentiellen Einschnitt, als Ergebnis schwerer Entscheidungen beschrieb, sondern als nächsten natürlichen Schritt: »Das passierte ganz selbstverständlich. Ich wollte und brauchte diese ganze Stabilität nicht mehr. Familie ist ein anderer Kosmos, aber zu viele andere Zugänge sind damit verbaut.«

Kim selbst ist mit sechs Geschwistern aufgewachsen. Ihre Mutter schildert sie als selbstbewusst und unabhängig, stark und schön. Sie sei ein Vorbild gewesen, obwohl sie damals den Vorgaben einer sehr traditionellen Geschlechterbeziehung nicht habe entkommen können. Auf der einen Seite der Patriarch, auf der anderen die Hausfrau und Mutter. Kim erzählt, wie groß die Überraschung gewesen sei, als sie ihre Mutter das letzte Mal traf. Sie habe sich zwar nicht scheiden lassen, sei inzwischen aber eine buddhistische Nonne geworden und mache jetzt mehr für sich. »Ich war es gewohnt, dass sie sich immer Zeit für uns Kinder nahm. Und nun sagte sie auf einmal, tut mir leid, ich kann jetzt nicht für dich da sein, ich bin mit etwas anderem beschäftigt. Ich war geschockt und happy zugleich darüber, dass sie sich das erlaubt. Was mich angeht, bin ich noch lange nicht damit fertig, die Welt zu erkunden. Ich will noch viel mehr reisen und daran wachsen.« Kürzlich habe sie einen Mann getroffen, der mit dem Fahrrad auf dem Weg von Wien in die Mongolei war. Jetzt wolle sie mehr über Fahrräder wissen, um vielleicht eine ähnliche Tour zu machen.

Was den Lebenshunger angeht, äußerte sich die Dokumentarfilmerin Marion ähnlich: »Es war mir immer wichtig, so frei wie möglich von Angst zu sein. Angst ist es, die einen am stärksten davon abhält, die Dinge zu tun, die man tun will. Nur wenn man frei von Angst ist, kann man wirklich frei sein. Dazu gehört auch, sich frei zu machen von dem, was andere von einem erwarten. Und von der Angst, dem nicht genügen zu können. Ich habe lange daran gearbeitet, diese Angst zu überwinden und hinaus in die Welt zu gehen. Vielleicht konnte ich deshalb auch die Erwartungen, dass Frauen Kinder bekommen müssen, leichter ignorieren. Einmal im Jahr setze ich mich ins Flugzeug oder in die Bahn und fahre einfach irgendwo hin, ohne vorher Pläne gemacht zu haben, ohne Hotelbuchung und ohne zu wissen, wie lange ich bleibe. Ich komme einfach an und sehe, was passiert. Das ist zwar manchmal anstrengend und ich bin dann auch froh, wenn ich wieder heil zu Hause bin; aber nach ein paar Monaten will ich wieder raus und mich dieser Spannung von neuem aussetzen. Das schmeckt immer so nach Leben. Mit Kindern könnte ich das nicht machen. Mit ihnen setzt man sich zwar auch vielen ungeahnten Situationen aus, aber man kommt da aus vielen starren Strukturen nicht mehr heraus. Das ist ein Trip ins Ungewisse, der ein Leben lang andauert und mindestens 18 Jahre davon Vollkaracho.«

Marion hat wie viele meiner Gesprächspartnerinnen die Erfahrung gemacht, dass sie als gewollt Kinderlose unterschwellig, teils auch ganz offen, mit Vorwürfen konfrontiert wird, sich den Luxus eines freien Lebens herauszunehmen. Es gibt Situationen, in denen sie der erwarteten Kritik bereits im Vorfeld begegnet, indem sie ihre Zufriedenheit mit dem eigenen Leben herunterspielt. Sie möchte auf keinen Fall den Eindruck erwecken, dass sie sämtliche Klischees der Selbstbezogenheit verkörpert oder gar auf Mütter herabsieht. »Es ist mir nicht nur einmal passiert, dass ich nach einer Konferenz einer Mutter gegenübersaß, die sich wortreich dafür entschuldigt hat, dass sie, statt eine Karriere in der Wissenschaft gemacht zu haben, in der Verwaltung gelandet ist. Dann erzählen sie mir, dass sie eigentlich komplett überfordert sind, dass das alles eigentlich gar nicht zu schaffen ist. Sie wirken gehetzt, entschuldigen sich für jeden kleinen Fehler, den sie machen, und rechtfertigen sich manchmal fast dafür, dass sie in einem solch altbackenen Familienkonzept gelandet sind. Wie schön sei es doch, dass ich so frei sei, herumreisen und an eigenen Themen arbeiten könne. Ich versuche dann, irgendwie zu beschwichtigen. Dass ich sie um diese Stabilität beneide, die sie durch ihre Familie bekommen, um die Liebe, um die Erfahrungen, die sie machen. Letztlich meine ich das nicht wirklich, ich will einfach nur, dass sie sich nicht schlecht und beschränkt fühlen. Lieber erzähle ich was vom Pferd, mache bei dieser unsinnigen Idealisierung von Familie mit und stelle mich selbst als defizitär da. Blödsinnig eigentlich. Ich weiß, dass ich weiterhin lieber meinen Koffer als einen Kinderwagen neben mir herrollen will und das auch nicht bereuen werde.«

Vereinbarkeit hat nicht nur mit Arbeit zu tun

Dieser »Trip ins Ungewisse«, den viele Kinderlose wie Marion mit dem Verlust ihrer Bewegungsfreiheit, ihrer Autonomie, ihrer finanziellen Unabhängigkeit, ihrer Kraft, ihrer Intimität und sogar ihrer Identität gleichsetzen, hat viel mit der Frage nach der Vereinbarkeit zu tun. Viele kinderlose Frauen haben sich im Vorfeld der Familienplanung mit der Mehrfachbelastung beschäftigt, die auf sie zukommen würde. Und sind offenbar zu dem Schluss gekommen, dass die Versprechen von Politik und Gesellschaft für sie nicht weit genug gehen. Viele Frauen brauchen manchmal den Umweg über diese Erkenntnis, um zu begreifen, dass sie tatsächlich etwas ganz anderes wollen, als den »normalen« Pfad der Familiengründung einzuschlagen. Die realen gesellschaftlichen Umstände bringen sie erst dazu, den als natürlich angenommenen Kinderwunsch zu hinterfragen und zu der Feststellung zu gelangen, dass er nicht vorhanden ist. Unsere Vorstellungen, was die individuelle Lebensgestaltung angeht, sind nicht biologisch determiniert und sie entstehen auch nicht im luftleeren Raum; sie spiegeln vielmehr Verhältnisse und deren Konsequenzen wider. Gerade für junge Frauen sind die Ausübung eines Berufs und die damit verbundene wirtschaftliche Autonomie eine Selbstverständlichkeit. »Kinder sind die Zugabe«, sagt Jutta Allmendinger in ihrer Studie »Frauen auf dem Sprung – das Update 2013«. Wenn Frauen irgendwo zurückstecken müssten, dann täten sie das nicht mehr automatisch bei der Karriere, sondern eher bei den Kindern. Das Interessante dabei ist, dass 92 Prozent der Frauen, die an dieser Studie teilnahmen, fünf Jahre zuvor noch angegeben hatten, unbedingt Kinder bekommen zu wollen. Aber nur 42 Prozent hatten diesen Plan inzwischen auch umgesetzt. Als Grund nannten viele die Angst, in Abhängigkeit zu geraten und »beruflich aussortiert« zu werden.

Bei meinen Gesprächen kam denn auch öfter die Frage auf, ob manche Frauen die Probleme von Vereinbarkeit und Doppelbelastung als Gründe für ihre Kinderlosigkeit vor allem deshalb benannten, weil diese als Erklärungsmuster auf der Hand lägen. Wenn ich nachhakte, ob sie glaubten, einen Kinderwunsch zu haben, wenn die gesellschaftlichen Verhältnisse anders wären, kam dennoch ein klares Nein. Das Vorhandensein eines Kinderwunsches werde allerdings so selbstverständlich vorausgesetzt, dass sie das Gefühl hätten, eine schlüssige Begründung müsse her, eine, die als nachvollziehbar und legitim gelten würde. Obwohl dieses Buch sich mit selbstgewählter Kinderlosigkeit beschäftigt, möchte ich noch einmal betonen, dass diese Wahl auch Folge eines realistischen Abwägens der Chancen und Limitationen sein kann, die unsere Gesellschaft bereithält. Frauen, die einen Kinderwunsch haben und sich dennoch dagegen entscheiden, gehen in der Mehrzahl nicht davon aus, dass eine Vereinbarkeit von Familie, Beruf und Autonomie möglich ist.

Für sie können etwa verbesserte Betreuungsangebote oder Arbeitsbedingungen einen Anreiz darstellen, eine Familie zu gründen und vielleicht sogar mehr als ein Kind zu bekommen. Aber das gilt eben nur für jene Frauen, die diesen Wunsch überhaupt haben und ihn nur wegen der schwierigen Rahmenbedingungen aufgaben oder zurückstellten. Für Frauen, die grundsätzlich keinen Kinderwunsch haben, gilt das nicht.

Die Sozialpädagogin Kathrin ist eine von ihnen. Gleichwohl erlebt sie in ihrem Umfeld, wie Mütter mit der Frage ringen, was sie für Kinder an Mehrfachbelastung oder Einschränkungen hinzunehmen bereit sind: »Als Frau kommst du da nicht raus, das sehe ich auch an den Freundinnen, die inzwischen Kinder haben. Egal, ob sie vorher andere Pläne hatten, alles anders machen wollten oder darauf vertraut haben, dass es schon klappen wird. Bei einigen haut das strukturell nicht hin, der Mann verdient oft mehr, also geht die Frau in Teilzeit und bleibt zu Hause; andere finden keinen Kitaplatz zu Bedingungen, die sie sich leisten können, also verschieben sie den Wiedereinstieg. Oft denke ich, wenn Männer sich mehr einbringen würden, wäre anderes möglich. Aber die lehnen sich eher zurück und wollen auf ihre Privilegien nicht verzichten. Und obendrauf kommen dann noch die Ansprüche, die Frauen an sich selbst stellen: Der Wunsch, in der Beziehung und der Familie alles perfekt zu machen, raubt die letzte Energie.«

Verbesserte Kinderbetreuungsmöglichkeiten (auch außerhalb der Arbeitszeiten, um Freizeit auch einmal für sich selbst gestalten zu können) oder flexible Arbeitsbedingungen können wie gesagt Anreize setzen, sich für ein Kind zu entscheiden – sofern der Wunsch dafür vorhanden ist. Die schleppenden Fortschritte in der Familienpolitik oder Erfindungen wie die Herdprämie deuten aber darauf hin, dass ein Wandel, der eine Neuordnung der Geschlechterverhältnisse möglich macht, nicht das Ziel zu sein scheint. Nach wie vor wird wie selbstverständlich darauf gesetzt, dass Frauen ihre Ansprüche an eine selbstbestimmtere Lebensgestaltung im Notfall schon wieder herunterschrauben werden. Überhaupt scheint Vereinbarkeit ein reines Frauenproblem zu sein. Als Maßstab für Gleichberechtigung wird oft nur auf die Teilhabe von Frauen an sogenannten Männerbereichen geschaut; dass für wirkliche Gleichberechtigung die Teilhabe der Männer an sogenannten Frauenbereichen ebenso selbstverständlich sein muss, wird geflissentlich ausgeblendet. Nur so lässt sich erklären, dass so viel mehr Frauen unter der Doppelbelastung leiden als Männer. Und das hat nichts mit geringerer Belastbarkeit zu tun, aber viel mit der fehlenden Bereitschaft mancher Männer, ohne große Diskussionen auch Erziehungs-, Fürsorge- und Haushaltstätigkeiten zu übernehmen.

Nicht nur innerhalb der Familie, generell üben vermeintlich klassische Frauenberufe, etwa in der Pflege, wenig Attraktivität auf Männer aus. Sie sind unterbezahlt und mit wenig Status und gesellschaftlicher Anerkennung verbunden. Frauen können sich nicht darauf verlassen, einen Mann für die Gründung einer Familie zu finden, der sie bei ihrer Karriere vorbehaltlos unterstützt und ihr den Rücken freihält. Umgekehrt ist es sehr viel einfacher, auch weil wir mit diesem vermeintlich klassischen Modell sozialisiert wurden und unsere Gesellschaftsstrukturen darauf ausgerichtet sind.

Ich möchte jetzt hier allerdings nicht die Männer zum Sündenbock machen. Menschen nutzen nun einmal die Strukturen, die sich ihnen bieten. Und so ist es in gewisser

Weise verständlich, dass Männer unhinterfragt von ihren Freiräumen Gebrauch machen und ihnen manchmal gar nicht bewusst ist, wie viele Privilegien sie genießen. Wenn die Dinge als gegeben betrachtet werden, entwickelt man leider blinde Flecken. Es wäre aber wünschenswert, wenn alle ihre individuellen Handlungsoptionen auch dahingehend überdächten, was das für die Freiräume anderer bedeutet. Frauen können nur so weit kommen, wie sie von ihren Partnern in Sachen Arbeitsteilung unterstützt werden. Und Männer können ihre Position nur so lange behaupten, wie sie von der asymmetrischen oder gar nicht vorhandenen Arbeitsteilung zu Hause und in Sachen Familie profitieren.

»Verbale Aufgeschlossenheit bei weitgehender Verhaltensstarre«, nennt der Soziologe Ulrich Beck die Einstellung vieler Männer zur Emanzipation. Die meisten würden das Streben ihrer Partnerinnen nach Gleichberechtigung akzeptieren, aber nur bis zu dem Grad, an dem ihr eigener privilegierter Entfaltungsspielraum nicht eingeschränkt ist. Ihr eigenes Selbstverständnis zu hinterfragen oder um neue Aufgaben oder Erfahrungen zu erweitern scheint dagegen wenig verlockend. Arbeitsteilung heißt für viele: Wir sind beide berufstätig und tragen beide unseren Teil zum gemeinsamen Einkommen bei. Aber weil die Partnerin das besser kann, stemmt sie den größten Teil der Hausarbeit noch nebenher. In der letzten Studie des Allensbach-Instituts aus dem Jahr 2013 räumte jeder zweite Mann ein, dass Familien- und Hausarbeit zum großen Teil an den Frauen hängenbleibe. Auch wenn beide Vollzeit arbeiteten.

Berufstätige Väter verbringen etwa zwölf Minuten täglich mit ihren Kindern, bei berufstätigen Müttern sind es drei Stunden. Es gibt aber auch positive Anzeichen für Veränderungen: Auch wenn derzeit noch mehr als neunzig Prozent der erwerbstätigen Väter Vollzeit arbeiten, gaben schon vor einem Jahr 91 Prozent der Väter in einer repräsentativen Umfrage an, unter der Woche mehr Zeit mit ihren Kindern verbringen zu wollen. Teilzeit wird zur Option, und auch die als »Wickelvolontariat« verspottete Elternzeit für Väter bekommt langsam einen neuen Stellenwert. Dennoch sind es nach wie vor zu wenige, die hier neue männliche Rollenvorbilder schaffen. Es ist die Ausnahme und keine Selbstverständlichkeit, viele dieser »neuen Väter« beklagen, sie seien im Kollegenkreis Unverständnis und Spott ausgesetzt. 27 Prozent der Väter sind es gegenwärtig, die das Angebot der Elternzeit wahrnehmen; allerdings in den meisten Fällen nur ein bis zwei Monate. Kehren sie dann in ihr gewohntes Leben zurück, wird ihnen niemand vorwerfen, sie seien karrieregeil oder egoistisch. Im Gegenteil, sie haben ja soeben bewiesen, dass sie es nicht sind. Frauen, die für sich Gleiches in Anspruch nehmen wollen, bekommen jedoch ebendiesen Stempel aufgedrückt.

Wenn dieses Gegeneinander zu einem Miteinander werden soll, müssen Politik und Wirtschaft handeln. Tatsächlich hat die aktuelle Arbeitsministerin Andrea Nahles eine »neue Arbeitskultur« und eine »Neudefinition von Vollzeit« gefordert. Im Koalitionsvertrag finden sich verschiedene Verbesserungen, die den Schritt zu (vorübergehender) Teilzeitarbeit erleichtern sollen. Auch beim Elterngeld ist ein Zuschlag von zehn Prozent vorgesehen, wenn Mutter und Vater ihre Arbeitszeit auf maximal dreißig Stunden reduzieren. Das sind wichtige Weichenstellungen, die allerdings wirkungslos bleiben, wenn die Betriebe nicht mitziehen. Eine Studie der Bundeszentrale für gesundheitliche Aufklärung kam zu dem Ergebnis, dass fünfzig Prozent aller Eltern nicht mit Verständnis und Entgegenkommen rechnen können, wenn es um Familienarbeit geht. Mit anderen Worten: Die Arbeitsbedingungen im globalen neoliberalen Kapitalismus regen nicht gerade dazu an, sich niederzulassen und feste und verantwortungsvolle Bindungen einzugehen. In einer Generation, in der man gelernt hat, dass man nach dem Studium erst einmal jahrelang unentgeltlich Praktika machen muss, um überhaupt eine bezahlte Stelle bekommen zu können, muss man sich nicht wundern, dass die Menschen abwarten, in der Hoffnung, für sich selbst so etwas wie Stabilität zu erlangen, bevor sie daran denken können, sich um andere zu kümmern. Das betrifft nicht nur Kinder – wir steuern generell auf eine Gesellschaft zu, in der soziales Engagement neben der Lohnarbeit kaum zu leisten ist. Wir sind alle Minijobber, Subunternehmer, Praktikanten und befristete Honorarkräfte und zeitlich so komplett eingebunden in die Arbeitswelt, dass andere Bereiche darunter leiden. Die Wirtschaft profitiert dagegen ganz ungemein von Horden schlecht ausgebildeter Menschen, die im Niedriglohnsektor ausbeutbar sind. Hier müssen Menschen zwei oder drei Jobs haben, um über die Runden zu kommen, und wenn man beruflich weiterkommen will, werden unbezahlte Überstunden vorausgesetzt. Die Ressourcen Zeit und Geld sind zu knapp für vieles, unter anderem eben auch für Kinder. Konrad Adenauer verkündete 1956 noch: »Kinder kriegen die Leute sowieso.« Das gilt heute nicht mehr. Mit Zeitverträgen oder Jobs im Niedriglohnsektor kann man keine Familie planen. All die Anforderungen an Flexibilität, Mobilität und Leistung, die an uns gestellt werden, dienen dem Wachstum und der Gewinnmaximierung von Unternehmen – nicht unserer Lebensqualität. Der Soziologe Hans Bertram ist daher der Meinung, dass »wir unsere Ideen von Ausbildung und Arbeit überdenken« müssten, um den

»Lebensstau zu entzerren« und den Menschen das Gefühl zu geben, auch wieder neu anfangen zu können. Stattdessen sei »unser System so starr, dass wir Frauen einen Teil ihrer Kompetenzentwicklung nehmen, wenn sie sich zu Mutterschaft entschließen«, kritisiert auch sein Kollege Huinink.[47]

Akademikerinnen bekommen nicht deshalb weniger und immer später Kinder, weil sie zu ehrgeizig und karriereorientiert sind, sondern weil sie wissen, unter welchen Bedingungen sie Mutterschaft und Beruf stemmen müssten. Und weil sie wissen, dass der Weg, den sie bis hierhin zurückgelegt haben, ein langer und steiniger war. Wir sind immer noch ein Land, das auf das Modell des männlichen Familienernährers zugeschnitten ist – Betreuungsgeld und Ehegattensplitting sind nur zwei staatliche Instrumente, die helfen, die »traditionelle« Aufgabenverteilung zwischen den Geschlechtern zu zementieren. Und an der hat sich auch zu Hause wenig geändert. Immer noch zu wenige Männer sind bereit, zu gleichen Teilen Hausarbeit und Kindererziehung zu übernehmen; laut der bereits erwähnten Allensbach-Studie aus dem Jahr 2013 über »Arbeits- und Lebenswelten. Wunsch und Wirklichkeit«[48] waren diese beiden Punkte in 52 bzw. 47 Prozent aller Streitereien innerhalb der Beziehung der Anlass. Dass sich daran so schnell etwas ändert, scheint nach den Ergebnissen der Studie eher unwahrscheinlich. Befragt, ob sie in Sachen Gleichberechtigung noch Handlungsbedarf sähen, äußerten 64 Prozent der Männer ein klares Nein, 28 Prozent waren sogar der Mei-

47 Katja Thimm: »Oh, Baby. Späte Eltern«, *Der Spiegel*, 17/14, S. 40
48 Im Internet verfügbar unter: http://www.axelspringer.de/ downloads/21/16383966/BdF_Studie_Ma__776_nner1-86_ finale_Version.pdf. Abrufdatum 20.08.2014

nung, was »da passiere«, sei übertrieben. Doch auch vielen Frauen wird erst klar, dass es mit der Gleichberechtigung so eine Sache ist, etwa, wenn sie in ihren Dreißigern beruflich an Grenzen stoßen. Die Haltung vieler junger Frauen zum Feminismus ist, dass er mal notwendig und gut war, aber dieser Ansatz nun überholt ist. Von allen Seiten wird ihnen vermittelt, dass ihnen alle Türen offen stehen, dass einem selbstbewussten und autonomen Leben nichts im Wege stehe. Die realen Verhältnisse in der Arbeitswelt bleiben lange unsichtbar. Gerade die Jüngeren sind zum Beispiel oft vehement gegen die Einführung einer Frauenquote in der Wirtschaft: Ein solches »Geschenk« aufgrund ihres Geschlechts könnte sie als hilfsbedürftig und inkompetent darstellen, so, als könnten sie es nicht aus eigener Kraft und aufgrund ihrer Leistung schaffen. Erst wenn sie die Erfahrung gemacht haben, dass sie noch so kompetent sein können, die Karriereleiter dennoch nicht weiter hochkommen, erkennen sie die Relevanz solcher Maßnahmen. Bis dahin aber gehen junge Frauen leider immer wieder jenen auf den Leim, die ihnen vermitteln, Genderdebatten seien überholt und würden ohnehin nur noch von »gestrigen Emanzen« geschürt. Ich vertrete eher die These, dass die Gleichberechtigung längst noch nicht weit genug geht und keineswegs abgeschlossen ist. Nicht ein Zuviel, sondern ein Zuwenig an Gleichberechtigung und Emanzipation bringt Frauen mit Kinderwunsch dazu, ihre Pläne zu überdenken oder ad acta zu legen. Denn da Frauen nun mehr als früher in der Lage sind, losgelöst von Ehe und Mutterschaft andere Wege zu beschreiten, sind sie weniger bereit, faule Kompromisse einzugehen. In der Partnerschaft wie im Beruf.

Wer sich wirklich um sinkende Geburtenraten sorgt, sollte sich im Hinblick auf die gesellschaftlichen Rahmenbedingungen für unterstützende Maßnahmen wie Kita-ausbau und flexible Arbeitszeiten einsetzen und zudem ein anderes Männerbild fördern, anstatt Frauen Egoismus und einen Hang zur Selbstverwirklichung anzukreiden. Frauen, die Kinder wollen, bauen in ihrer Entscheidungsfindung darauf, dass sie nicht nur vom Partner, sondern auch von der Gesellschaft und dem Arbeitgeber unterstützt werden. Solange aber der Diskurs in Politik und Medien nicht ent-ideologisiert wird und Rabenmütter gegen Herdprämien-empfängerinnen erfolgreich in Stellung gebracht werden, bleibt das Gerede von der Wahlfreiheit hohl. Und die Zahl der Frauen, die *childless by circumstances* bleiben, wird nicht sinken.

Eine Entscheidung gegen Kinder muss aber nicht zwangsläufig damit zusammenhängen, dass man »Karriere« machen möchte. Tatsächlich gaben in den Interviews we-nige Frauen an, sich vor allem aus Furcht vor einem Kar-riereknick gegen Kinder entschieden zu haben. Gerade weil unser System so ist, wie es ist, erscheint es ohnehin beinahe lächerlich, dass die Karrierefrau als das dominanteste Ge-genmodell zur Mutter konstruiert wird: die gläserne Decke, die Lohnungleichheit (Frauen bekommen immer noch ein Drittel weniger Gehalt bei gleicher Qualifikation), die mick-rigen drei Prozent Frauen in Führungspositionen und so weiter: Auch Akademikerinnen geben sich keinen großen Illusionen hinsichtlich lukrativer Stellen hin, viele von ih-nen hangeln sich oft von einem schlecht bezahlten und be-fristeten Job zum nächsten.

Es geht also nicht um Karriere, sondern oft einfach ums ökonomische Überleben. Viele meiner Gesprächspartnerin-nen sahen gerade in ihrer Kinderlosigkeit die Chance, sich den generellen und als sehr zermürbend empfundenen

Strukturen der Leistungsgesellschaft zu entziehen. Weniger Abhängigkeit von Lohnarbeit, weil man keine Familie versorgen muss, weniger Stress, weniger Kompromisse und mehr Freiräume, um andere Akzente zu setzen. Für einige von ihnen ist die eigene Kinderlosigkeit auch ein Zeichen des Widerstands gegen viele soziale Normen, mit denen man sich ansonsten herumschlagen müsste.

Frauen wie Elena gibt ein Leben ohne Kinder den Freiraum, sich einer kapitalistisch ausgerichteten Arbeitswelt, in der sich alles nur um Geld und Leistung dreht, zu entziehen: »Mir ist meine Unabhängigkeit auch von klassischer Lohnarbeit wichtig. Ich will nicht fürs Unternehmen oder fürs Büro leben und alles vom Job diktieren lassen. Wie man seinen Alltag zu strukturieren hat, wann man aufsteht, wann man zu Bett geht, wie viel Freizeit man hat und so weiter. Ich will Zeit haben für andere Dinge und nicht unter dem Druck stehen, mehr Geld verdienen und immer einen stabilen Job haben zu müssen. Mit Kindern ist man eher dazu gezwungen, sich in die Mühle der Leistungsgesellschaft zu begeben.«

Nicht Karriere bedeutet für Elena Selbstverwirklichung, sondern die Freiheit, Räume nutzen zu können, die sich durch das Fehlen eines alle Kräfte bündelnden und zeitfressenden Jobs ergeben: »In unserer Gesellschaft ist es leider so, dass derjenige, der viel arbeitet und viel Geld verdient, auch viel Anerkennung erfährt. Ich finde es zwar sehr wichtig, dass Frauen ihr eigenes Geld verdienen. Aber ich möchte nicht den Großteil meines Lebens mit etwas verbringen, das mir keinen Spaß macht, nur *damit* ich Geld habe. Dann bin ich lieber arm. Ich habe in meinem Berufsleben viele Wechsel vollzogen, von der Wissenschaft zur Stiftungsarbeit, dann zur Presse und so weiter. Mit einem Kind wäre es mir nicht so leicht gefallen, solche Veränderungen zu wagen. Weil mir die Angst, finanziell abzurutschen, zu sehr im Nacken gesessen hätte. Was mich angeht, weiß ich, dass ich auch mit weniger Geld auskommen kann; mit einem Kind ist das etwas ganz anderes.«

Marianne äußerte sich ähnlich: »Ich habe schon als Jugendliche um größtmögliche Autonomie gekämpft und kann nur schwer nachvollziehen, wie man diese wieder aufgeben kann, kaum dass man sie mühsam erreicht hat. Ich war heilfroh, als ich endlich auf eigenen Beinen stand, mich von den Erwartungen meiner eigenen Familie lösen konnte und den Freiraum hatte, mir selbst zuzuhören, meine eigenen Bedürfnisse wahrzunehmen, mich zu fragen, was ich mit meinem Leben anfangen will. Es käme mir nie in den Sinn, mich nach einer kurzen Verschnaufpause von einer Abhängigkeit in die nächste zu begeben. Ein Kind, für das ich die Verantwortung übernehmen, zu dem ich die engste menschliche Bindung überhaupt eingehen müsste, würde mich fundamental einschränken. Ich hatte mit 22 eine ungewollte Schwangerschaft, die mich völlig aus der Bahn geworfen hat. Ich war gerade mal ein Jahr wirklich frei und habe mich schrecklich gefühlt, als sei ich in eine soziale und körperliche Falle geraten. Diese Zeit hat mich sehr geprägt und in meinem Entschluss bestärkt. Kinder zu haben macht einen in vielerlei Hinsicht verletzlich, und das will ich nicht sein.«

Dass Frauen in traditionellen Familien oft nur »einen Mann bzw. eine Heirat weit von der Armut entfernt sind«, hat Mitte der achtziger Jahre schon Ulrich Beck in seinem Buch »Risikogesellschaft« beschrieben. Davon können die vielen verlassenen Latte-macchiato-Mütter am Berliner Kollwitzplatz, wie Julia Niemann sie in einem Artikel nannte, auch ein Lied singen: Im einstigen Familienkiez scheitert inzwischen fast jede zweite Beziehung mit Kindern. Plötzlich den Großteil finanziell allein schultern zu müssen bringt viele Frauen schnell in die Armutsfalle, vor allem, wenn sie zugunsten der Mutterschaft ihre beruflichen Ambitionen aufgegeben haben. Laut Jugendamt leben im Prenzlauer Berg inzwischen fast vierzig Prozent Alleinerziehende, der Großteil Frauen. »Solange das ganze Familienprogramm entspannt und easy abläuft, sind die Männer dabei, aber es wird ihnen schnell zu viel, wenn Komplikationen auftreten. Frauen rutschen dann schnell in die alte Rollenverteilung, um Probleme auszugleichen und das Ganze dreifach belastet mit Haushalt, Erziehung und Lohnerwerb am Laufen zu halten, während die Männer plötzlich den Drang nach Selbstverwirklichung spüren, das konventionelle Familienmodell als überholt bezeichnen und sich rausziehen.«[49] Die Autorin und Pädagogin Andrea Trumann brachte es treffend auf den Punkt, indem sie sagte, die Alleinerziehende sei Ausdruck des aktuell bestehenden Geschlechterverhältnisses.[50]

Bea, die von einem alleinerziehenden Vater großgezogen wurde, sagte: »Ich finde es gruselig, wie leichtfertig viele Väter ihre Vaterschaft hinwerfen. Ich hab das gerade wieder in meinem Freundeskreis erlebt. Er zog nach der Trennung einfach in eine andere Stadt. Klar, es gibt auch Väter, die sich

---

49 Julia Niemann: »Die verlassenen Macchiato-Mütter«, taz, 17. Juli 2010; http://www.taz.de/1/archiv/print-archiv/ printressorts/digi-artikel/?ressort=hi&dig=2010%2F07%2F17% 2Fa0019&cHash=6d96e1adcd. Abrufdatum 20.08.2014

50 Andrea Trumann: »Das Bedürfnis nach Gleichheit«. In: Outside the Box. Zeitschrift für feministische Gesellschaftskritik, Nummer 1, Leipzig 2010, S. 18

nach dem Ende der Beziehung fortgedrängt fühlen, aber aus meiner Sicht geben viele zu schnell auf. Ich finde es unglaublich, wie sehr Kinder als Verschiebemasse und Unterpfand behandelt werden, wie eine Währung.«

Bei unseren Großmüttern bedeutete Ehe meist noch, dass es bis zum manchmal bitteren Ende ging. Unsere Mütter hatten schon mehr Freiheiten, und sie waren im Scheidungsfall auch finanziell abgesichert, wenn sie ihren Beruf für die Familie aufgegeben hatten. Nach den neuen Gesetzen zum Unterhaltsrecht steht die jetzige Müttergeneration ziemlich alleine da. Ist eine Beziehung beendet, hat die- oder derjenige, bei dem der Nachwuchs hauptsächlich lebt, nach dem dritten Lebensjahr des jüngsten Kindes keinen Anspruch mehr auf Betreuungsunterhalt. In Deutschland kostet ein Kind bis zum 18. Lebensjahr etwa 120 000 Euro. Hinzu kommt, dass viele Arbeitgeber Mütter, zumal alleinerziehende, nicht gerade mit offenen Armen aufnehmen. Die Erwähnung der Mutterschaft ist keine Aufwertung des Lebenslaufs, im Gegenteil. Dass auf Mütter herabgeschaut wird, zeigt sich auch darin, dass das so liberale politische Berlin ausgerechnet die Mütter und nicht die Väter erwählt hat, um seine Kritik gegenüber altbackenen Familienkonstellationen zu formulieren. Erst drängt man die Frauen in die traditionelle Rolle, und dann verachtet man sie dafür.

Eine von Niemanns Interviewpartnerinnen – eine Mutter von zwei Kindern – scheiterte ein ums andere Mal, beruflich wieder Fuß zu fassen. Wegen der Kinder könne sie nun einmal nur reduziert arbeiten, das sei für viele Firmen unattraktiv oder ginge nur in Jobs, bei denen das Gehalt kaum reiche. »Ich bin total naiv in diese postfeministische Falle getappt. Ich habe auf Karriere verzichtet, mich mit einem Job fürs Zubrot zufriedengegeben – weil Männer nun mal nicht stillen können«, sagte sie. »Und auf einmal heißt es: Alle trennen sich doch. Ist doch nichts dabei. Liebe ist unverbindlich. Beziehungen sind unverbindlich. Familie ist unverbindlich. Für die Väter mag das zutreffen. Wäre das hier absehbar gewesen, dann hätte es zumindest das zweite Kind nicht gegeben. Ohne die Kleine wäre es, bei aller Liebe, alles einfacher.«[51]

Mutterschaft und die Zuschreibung der Fürsorgerolle generell stellt für Frauen einen beträchtlichen Nachteil dar, wenn es um ihre Positionierung auf dem Arbeitsmarkt geht, um das Einkommen und die soziale Absicherung im Alter. Das zeigen auch die schizophrenen Situationen, in denen sich viele Frauen bei Vorstellungsgesprächen wiederfinden. Die Frage nach der Familienplanung wird ihnen ungleich häufiger gestellt als gleichaltrigen männlichen Mitbewerbern. Es wäre naiv zu glauben, dass die »Gefahr« einer potentiellen Schwangerschaft nicht zu einer Diskriminierung von jungen Frauen bei der Arbeitssuche führen kann. Wir brauchen eine neue Form der Familienpolitik, um diese Fürsorgearbeit anders zu organisieren. Solange sie als etwas Privates – und damit Weibliches – angesehen wird, wird das Thema Vereinbarkeit für Frauen eine Quadratur des Kreises bleiben. Die derzeitige Politik begünstigt die Zementierung der Geschlechterrollen und setzt zudem noch Anreize, bei dieser Aufteilung zu bleiben. Oder, wie es eine meiner Gesprächspartnerinnen formulierte: »Es gibt in dieser Gesell-

---

51 Julia Niemann: »Die verlassenen Macchiato-Mütter«, *taz*, 17. Juli 2010; http://www.taz.de/1/archiv/print-archiv/printressorts/digi-artikel/?ressort=hi&dig=2010%2F07%2F17%2Fa0019&cHash=6d96e1adcd. Abrufdatum 20.08.2014

schaft tausend bessere Dinge, als Mutter zu sein. In Deutschland ist es doch so gut wie unmöglich, Beruf und Familie zu vereinbaren, der absolute Horror, dem sich arbeitende Mütter aussetzen.«

Es geht nicht um menschliche Bedürfnisse, sondern um die Interessen der Wirtschaft und das Beibehalten des Status quo zu Lasten der Frauen. Antje Schupp etwa fordert in ihrem Blog, die Politik müsse die Rahmenbedingungen schaffen, die nötig sind, »damit Fürsorge-Arbeit endlich den Platz in der Volkswirtschaft bekommt, der ihr von ihrer Bedeutung her zusteht«.[52] Dazu gehört aber auch, dass man die Trennung der Gesellschaft in eine öffentliche Sphäre (Staat, Ökonomie und Zivilgesellschaft) und eine private (Familie und Haus) aufhebt und Frauen die Chance gibt, nicht mehr nur zwischen Organisations- und Effektivitätshorror oder dem kompletten Rückzug aus der Arbeitswelt wählen zu müssen.

Laura, eine 38-jährige Doktorandin aus Frankfurt, hat in ihrem Bekanntenkreis die Erfahrung gemacht, dass viele Frauen beim Ringen um die Vereinbarkeit schlicht in die Knie gegangen seien. Irgendwann hätten sie den Kampf aufgegeben und sich dem »ätzenden Arbeitsleben und der Doppelbelastung entzogen und seien bei den Kindern geblieben. Das Blöde ist nur, dass Kinder ja *der* gesellschaftlich akzeptierte Grund schlechthin sind, zu Hause zu bleiben. Die Frauen ziehen sich also mit ihren Kindern aus der öffentlichen Sphäre zurück. Solange sich daran nichts ändert, werden es Mütter schwer haben, ihre Bedürfnisse sichtbar zu machen, und Opfer der realen Verhältnisse bleiben.« So

---

52 http://antjeschrupp.com/2014/05/13/familienpolitik-braucht-kein-mensch. Abrufdatum 20.08.2014

bleibt das Happy-End für die Gesellschaft die Selbstgenügsamkeit der Frau. Und die Frauen, die Kinderlosigkeit als attraktiv empfinden, die sich diese Erkenntnis nicht von der angeblich tickenden Uhr und dem Phantom der späten Reue vernebeln lassen, werden mehr werden.

Kapitel 6: Warum kinderlose Frauen ihrer Entscheidung trotzdem misstrauen

> »Mein größtes Problem ist meine Unsicherheit. Ich bin
> schon langsam die Einzige aus meinem Freundinnen-
> kreis, die noch kein Kind hat. Bin ich denn ein Freak?«
>
> *Mona, 36 Jahre alt*

Menschen ohne Kinder sind keine gleichförmige Gruppe. Sie sind nicht nur Singles, Akademiker oder Leute, die Diavorträge über ihre Fahrradtour durch die Mongolei halten. In Deutschland sind die biographischen Beweggründe, ein Leben ohne Kinder zu führen, noch wenig erforscht. Das muss nicht unbedingt schlecht sein, da das Ergebnis einer Erhebung stark von der Fragestellung und damit von der intendierten Vorstellung der Studienmacher abhängig ist. Auch ich habe bewusst davon abgesehen, meine Interviewpartnerinnen in Kategorien einzuteilen – nicht zuletzt, weil ich der Meinung bin, dass menschliches Verhalten und individuelle Entscheidungen oft auf mehreren Faktoren beruhen. Die Vielzahl verschiedener Erfahrungen und Lebensrealitäten lässt sich nicht in ein Schema pressen. Es gab allerdings Gemeinsamkeiten, die die meisten meiner Gesprächspartnerinnen aufwiesen: Zum einen den Rechtfertigungsdruck und zum anderen die Unsicherheit, ob sie ihrer Entscheidung – so sie denn aktiv getroffen wurde – trauen können. Kinderlosen Frauen kann aus der Erklärung ihrer Kinderlosigkeit so oder so eine Schlinge gedreht werden: Strahlen sie auch nur den Hauch von Unzufriedenheit aus oder wirken gar unglücklich, liegt der Grund auf der Hand – das fehlende Kind ist die Ursache, es gibt einen Mangel, eine Lücke im Leben der Frauen. Sind sie hingegen glücklich, lässt sich also kein Defizit feststellen, frönen sie nur selbstsüchtig ihrem eigenem Hedonismus.

Das Reden über die biologische Uhr ist so allgegenwärtig, dass Frauen sich selbst misstrauen, wenn sie die Uhr nicht ticken hören. Sie zweifeln ihre eigene Entscheidungsfähigkeit an, weil ihnen vermittelt wird, dass sie etwas anderes wollen müssen. Hinzu kommt, dass Frauen immer noch Vorbilder fehlen, um aus der Lebensplanung ohne Kinder ein positives Selbstverständnis ziehen zu können. Die negativ besetzten Klischeebilder aus der Vergangenheit – die Blaustrümpfe, die alten vertrockneten Jungfern, die Gouvernanten, die vermeintlichen »Mannweiber«, die nach Bildung und gesellschaftlicher Teilhabe strebten – haben zum Glück weitgehend ausgedient. Aber was kam danach?

Da das vorbehaltlose Reden über Kinderlosigkeit gesellschaftlich noch nicht etabliert ist, wird der Muttermythos von Kinderlosen selbst als Referenz herangezogen, und sie lernen, ihren Zustand mit Wörtern wie Leidensdruck, Mangel, Versäumnis, Lebensfeindlichkeit und Einsamkeit zu beschreiben. Das hat auch Auswirkungen auf ihr Selbstbild, die Gefahr, Minderwertigkeitsgefühle zu entwickeln, äußerten viele als real existent. Wenn einem von allen Seiten vermittelt wird, dass Frauen kinderlos nicht glücklich werden können, internalisiert man das irgendwann. Es ist ein ähnliches Phänomen wie bei der Überbetonung von Jugendlichkeit und Schönheit für den Wert einer Frau. Es hat den Effekt einer selbsterfüllenden Prophezeiung, wenn Frauen mit dem Älterwerden und der Vergänglichkeit ihrer Schönheit hadern, wodurch ihr Selbstbewusstsein zerstört wird.

Ohne Vorbilder gerät man unter Druck, hat schnell das Gefühl, darum kämpfen zu müssen, dass man anders leben will als vorgesehen. Die Kinderlose ist noch immer die »andere Frau«. Kinderlosigkeit ist ein Stigma, kein Status, der irgendeine Form von Anerkennung verspricht. Es sei denn, man ist Bundeskanzlerin. Oder, wie Elvan, eine Deutschtürkin, die in Berlin Sozialpolitik studiert, meinte: »Bei Angela Merkel wird Kinderlosigkeit nicht thematisiert. Weil sie qua ihrer Position als Mann gilt? Oder war sie als erste deutsche Kanzlerin nur denk- und wählbar, weil sie eben keine Kinder hat?«

Kinderkriegen wird als so elementar wahrgenommen, dass an allen Ecken und Enden nach Gründen gesucht werden muss, wenn es nicht stattfindet. Das kann auch fast schon skurrile Blüten tragen, wie eine Interviewpartnerin berichtete: »Meine Mutter warf mir tatsächlich einmal vor, dass sie vor ihren Freundinnen schlecht dastehe ohne Enkelkinder. Das würde alles auf sie zurückfallen, als habe sie mit mir etwas falsch gemacht. Letztens war sie beim Friseur, die Illustrierten seien voll mit Artikeln über Kindesmissbrauch gewesen, überall würde darüber geredet. Und nun hatte meine Mutter Angst, ihre Freundinnen könnten glauben, ›so etwas‹ habe auch bei uns in der Familie stattgefunden; irgendeinen Grund müsse es ja geben, warum ihre Tochter so hartnäckig keine Kinder will.«

Es gibt sicher Fälle, wo schwierige Familienverhältnisse, Gewalt oder sexuelle Übergriffe zur Entscheidung geführt haben, selbst keine Kinder haben zu wollen. Aber das ist ein ganz eigenes Thema, bei dem ich nur den folgenden Aspekt herausgreifen möchte: Das absurde Ringen um Gründe, das auch vor solchen Schlussfolgerungen nicht haltmacht. Es muss schon etwas Übles vorgefallen sein, dass eine junge Frau das Gebären verweigert. Man durchleuchtet Aussagen oder Einstellungen von kinderlosen Frauen dahingehend, ob nicht vielleicht doch psychologische Probleme vorliegen könnten. Denn normal ist schließlich anders. Es wirkt, als wolle man Frauen keinen Weg aus der Mutterfalle heraus gewähren, indem alles, was sie sagen, passend umgedeutet wird: entweder als überzogene Abwehrhaltung, als Verweigerungstaktik oder als Verleugnung eines weiblichen Urbedürfnisses. Die Berufung auf die Natur soll die Subjektivität der Frau untergraben. Ihre Urteilsfähigkeit wird damit in Zweifel gezogen, sie kann gar nicht *wissen*, was sie will, weil es nicht um eine rationale Entscheidung geht, sondern um einen von der Natur, von den Urgewalten des Mutterinstinkts gesteuerten Impuls. Nachhaltige spätere psychologische Schäden werden den Frauen attestiert, die ihre Begabung zur Fürsorglichkeit verleugnen und ihrem »natürlichen Drang« zur Mutterschaft nicht »nachgeben«. Die Natur kann man immer als Argument einsetzen, seit Pestalozzi ist sie die ideale Projektionsfläche. Der Mythos der reuevollen Kinderlosen ist nicht leicht zu hinterfragen oder gar ad absurdum zu führen, weil ein Mythos nun einmal nicht auf Fakten und Erhebungen beruht. Egal wie man als Frau argumentiert, egal von welchen persönlichen Erfahrungen und Erkenntnissen über sich und die Welt man da berichten will – all das kann der Gesprächspartner mit einem vermeintlich allwissenden »Wir werden ja noch sehen« aushebeln. Selbst kurzfristige Zweifel an der eigenen Entscheidung zu äußern, kann man sich nicht erlauben, weil unsere Gesellschaft nach den verstecktesten Anzeichen sucht, die Souveränität dieser Entscheidung generell anzuzweifeln.

Und damit ein Bild wieder geradezurücken, nach dem jede Frau wenigstens einen latenten Kinderwunsch haben muss.

Das Grundproblem liegt hier einmal mehr darin, dass alle Lebensziele und Lebensentwürfe von Frauen an dem der Mutter gemessen werden. Frauen lernen von klein auf, sich als Mütter zu beschreiben und ihr Verhalten entsprechend zu definieren: »Das fängt doch schon im Kindesalter mit diesem üblichen Mädels-Spielzeug an«, so die 29-jährige Kathrin. »Also mit Babypuppen, die man füttern und wickeln und umsorgen soll. Als würde jedes Mädchen gerne Mutti spielen! Natürlich gibt es inzwischen auch Unisex-Spielzeug, aber einem Mädchen einen Baukasten unter den Weihnachtsbaum zu legen ist sicher auch heute noch nicht die Regel. In den letzten Jahren hat die Zweiteilung in Mädchen- und Jungenspielzeug sogar wieder zugenommen. Eine reine Marketingsache. Als Kind habe ich oft von Erwachsenen gehört, dass ich auch mal Kinder bekommen werde. Das wurde mir nie als Wahlmöglichkeit, sondern als Zwangsläufigkeit vermittelt. Aber nur weil die körperlichen Gegebenheiten für eine Schwangerschaft vorhanden sind, heißt das ja noch lange nicht, dass man ein Kind bekommen muss. Der Zusammenhang von Weiblichkeit und Mutterschaft wird immer wieder beschworen, auch in Situationen, wo man nicht damit rechnet. Bei Arztbesuchen etwa: Ich habe zum Beispiel Angst vor Nadeln. Wenn ich vor einer Blutabnahme oder Ähnlichem unruhig und nervös wurde, habe ich mehr als einmal zu hören bekommen, ich solle mich nicht so anstellen, schließlich wolle ich ja auch mal Kinder kriegen. Als ich dann einmal gesagt habe: ›Nein, ganz sicher nicht!‹, wurde das lapidar abgetan. ›Ach, Sie haben ja noch Zeit, meinen Sie nicht, dass Sie Ihre Meinung noch ändern, wenn Sie erst einmal fest im Leben stehen?‹«

Kaum jemand entscheidet sich gegen Kinder, weil er oder sie Kinder einfach nicht mag. Vielmehr geht es um eine Bevorzugung anderer Lebenspläne. Die Entscheidung verläuft zudem oft nicht gradlinig. Sie reift vielleicht nach und nach oder wird nach sorgfältigem Abwägen getroffen. Ein Kinderwunsch ist auch nicht automatisch etwas Absolutes, dafür sind die Möglichkeiten und Unwägbarkeiten im Leben zu komplex und verwoben. Gleiches gilt für Kinderlosigkeit. Manchmal bemerkt man auch erst, dass man kinderlos bleiben möchte, wenn die konkrete Umsetzung der Familienplanung ins Haus steht oder im Bekanntenkreis die Ersten Kinder bekommen. Dann beginnen manche, die eigenen Bedürfnisse wirklich zu hinterfragen. Gerade weil Kinderlosigkeit als abwegig und als nicht erstrebenswertes Lebenskonzept dargestellt wird, gibt es viele Frauen, die erst im Nachhinein sagen können, dass sie gewollt kinderlos sind. Weil es ihnen über Jahre hinweg schwergefallen ist, dies eindeutig als Wunsch zu formulieren; oder weil die Entscheidung als solche nie klar getroffen wurde, sondern durch Aufschieben, wobei gewisse Zwänge, die kritische Bewertung der eigenen Situation etc. dankbar als »Entscheidungshilfe« angenommen wurden.

*

»Das wird jetzt wie eine Therapiesitzung«, sagt Mona und lacht, als wir auf der Couch Platz nehmen. Mona hatte mich auf einer Party angesprochen; sie hatte am Rande mitbekommen, dass ich an diesem Buch arbeite, und mich gefragt, ob ich sie dafür interviewen wolle. Sie habe sonst kaum Gelegenheit, über ihre Situation zu sprechen, merke aber, dass es ihr ein Bedürfnis sei, ihre Gedanken mit jemandem zu teilen, der das Thema Kinder bzw. Kinderlosigkeit aus verschiedenen Blickwinkeln betrachte. Wir vereinbarten noch an jenem Abend ein Treffen, und kurze Zeit später sitze ich nun also in ihrem Wohnzimmer, durch dessen große Fensterfront die Februarsonne warm und intensiv hereinscheint. Mona ist 36, eine vielbeschäftigte Frau mit ganz verschiedenen Interessen, denen sie genug Raum geben möchte. Sie ist Tanzperformerin, Autorin und Dozentin an einer Universität. Es sind vor allem politische Themen – von sozialer Stadtplanung bis zu Prostitution –, mit denen sie sich beim Straßentheater, auf dem Papier oder in ihren Seminaren beschäftigt.

»Ich habe mein Leben so ausgerichtet, dass ich in jeder Hinsicht unabhängig bin, auch was ein starres Arbeitsprofil angeht. Ich möchte Vielseitigkeit leben, ein aktives Subjekt sein, das seine Umwelt mitgestalten kann. Die achtzig Jahre, die ich – wenn es gutgeht – habe, will ich mir nach meinen Vorstellungen schön gestalten, ich will glücklich sein, reisen, am Meer rumhängen, aber auch politisch arbeiten. Mag sein, dass das Bild Aktivistin auf der einen und Hedonistin auf der anderen Seite auf den ersten Blick nicht zusammengeht. Aber für mich ist es stimmig, so bin ich, und so will ich sein. Über meine Kinderlosigkeit habe ich mir lange keine Gedanken gemacht, es erschien mir wie eine selbstverständliche Folge der anderen Lebensentscheidungen, die ich getroffen habe.«

Aufgefallen sei sie deswegen lange nicht, auch ihre Freundinnen oder Unikolleginnen haben sich erst spät für Kinder entschieden. Doch als die ersten auf Mitte dreißig zugingen, sei das Thema immer virulenter geworden, habe selbst die politische Arbeit überlagert. Inzwischen, erzählt Mona, habe sie schon den Stempel als »Exotin« weg: »Ich bin eine der letzten, die noch nicht Mutter ist. Das allein erscheint ungewöhnlich genug, zumal man ja heute alle Möglichkeiten hat, selbst ohne Partner. Aber was auf noch größeres Unverständnis stößt, ist die Tatsache, dass ich schlicht nicht will. Ich habe diesen Kinderwunsch nicht, ich habe ihn nie verspürt.«

Anstatt sich aber selbst und ihrer eigenen Einschätzung, was Bedürfnisse und Lebensinhalte angeht, zu vertrauen, ertappt sich Mona dabei, dass sie sich immer wieder hinterfragt – so, als sei etwas mit ihr nicht in Ordnung: »Ich bin manchmal richtig wütend auf mich, dass ich nicht bei mir und meinen Wünschen bleiben kann. Da schieben sich dann andere Ebenen drüber, gesellschaftliche Erwartungshaltungen, die besagen, dass ich im Grunde meines Herzens eigentlich doch Kinder haben wollen *muss*. Weil die anderen, aus welchen Gründen auch immer, sich für diesen Weg entschieden haben, komme ich mir manchmal vor wie ein Freak.«

Wenn einem die Worte fehlen, um den eigenen Lebensentwurf zu beschreiben, läuft man Gefahr, selbst in den gesellschaftlichen und medialen Tenor einzustimmen: Frauen sprechen plötzlich von Zweifeln, die sie tatsächlich gar nicht haben, oder erläutern ihre Beweggründe nicht ehrlich, um nicht egoistisch und selbstsüchtig zu wirken. Eine Spiegelung dessen, was von außen vermittelt wird, die sogar so weit geht, dass sie immer wieder in sich hineinhören, ob da nicht doch etwas tickt, was sie bislang mit dem eigenen Herzschlag verwechselt haben könnten. Mona hebt die Arme zu einer beinahe entschuldigenden Geste, als sie sagt: »Meine Uhr fängt einfach nicht zu ticken an.«

Selbst wenn Kinder nie ein Thema waren, werden Frauen angehalten, sich ab einem bestimmten Alter doch damit auseinanderzusetzen; das »Ticken« wird zur Unausweichlichkeit, es legt Frauen mit einem Mal Handschellen an, gegen die sie sich nicht wehren können. Frauen, die es nicht hören, die einen anderen Lebensweg einschlagen wollen, werden zu Abweichlern. Monika Sieverding hat dies in einem Artikel über »Psychologische Barrieren in der beruflichen Entwicklung von Frauen[53]« so formuliert: »Frauen sollen wie Männer die Möglichkeit haben, berufstätig zu sein. Sie können auch eine Karriere anstreben, solange sie allein leben und keine Familie haben. Doch wenn sie Mütter werden, hat ihre Mutterrolle eindeutig Priorität vor der Berufsrolle zu haben. Eine Mutter, die das nicht tut, ist eine Rabenmutter. Und eine Frau, die nicht Mutter wird, ist keine richtige Frau.« In diesem Zitat steckt im Grunde alles drin: Die Gleichsetzung von Frau und Mutter, die Mutterschaft als Norm, der Druck, sich bei einer Abweichung von der Norm rechtfertigen zu müssen. Kirsten, Mitte fünfzig und Eventmanagerin, wundert sich auch darüber, dass dieser Druck, sich zu rechtfertigen, selbst dort aufgebaut wird, wo man es am wenigsten erwarten würde: »Interessanterweise bekam ich viel Druck vor allem von Freundinnen, die selbst Kinder hatten, geschieden waren und gerade um ihr Überleben kämpften. Ich bekam Sätze zu hören wie: ›Wenn man kein Kind hat, ist man keine richtige Frau.‹ Wenn überhaupt sei Kinderlosigkeit nur zulässig, wenn man keine Kinder bekommen *kann*. Dann wird man aber auch nur zum bedauernswerten Opfer hochstilisiert.« Es wirke beinahe so, als forderten Mütter, dass man die gleichen Probleme durchmachen müsse wie

53 Monika Sieverding: »Psychologische Karrierehindernisse im Berufsweg von Frauen.« In: Susanne Dettmer, Gabriele Kaczmarczyk und Astrid Bühren (Hrsg.): Karriereplanung für Ärztinnen. Springer Verlag, Berlin 2006, S. 57–78

sie; als hofften sie, in der Abwertung oder Kritik der Kinderlosen ihre eigene missliche Lage zu relativieren.

Tatjana, 42, die ihr Leben als Musikerin dadurch finanziert, dass sie einer blinden Frau assistiert, findet es ebenfalls
befremdlich, wie ungleich der Legitimierungszwang zwischen Eltern und Kinderlosen verteilt ist: »Warum müssen
sich Eltern für ihre Entscheidung, Kinder zu bekommen,
nicht rechtfertigen? Schließlich müssen sie diese ganze
Verantwortung tatsächlich übernehmen und tragen. Viele
machen sich gar keine Gedanken darüber, was das konkret
bedeutet. Aber wenn du hier vorsichtig nachfragst, kriegst
du gleich einen drüber.«

Das Mindeste, das man von Kinderlosen verlangt, ist,
dass man die Entscheidung erst nach reiflicher Überlegung
getroffen hat oder einem aufgrund bedauerlicher äußerer
Umstände keine andere Wahl geblieben ist. Kritisch beäugt wird hingegen, wer freimütig »gesteht«, dass einem die
Frage Kind ja oder nein, das Ticken der ominösen Uhr, nie
schlaflose Nächte bereitet hat – einfach weil es nicht auf der
Lebensagenda steht.

Saskia geht damit sehr offen und selbstbewusst um: »Ich
bin 28 Jahre alt, ich wollte in meinem Leben noch nie Kinder, und ich kenn mich gut genug, um zu wissen, dass sich
daran auch nichts ändern wird. Natürlich gibt es Leute, die
sagen: ›Jaaaa, du hast ja auch noch Zeit, warte mal ab, das
kommt schon noch.‹ Wenn ich dann entgegne: ›Nein, das
kommt sicher nicht‹, hört man schon mal die zweifelnde
Frage: ›Na, ob du das mal nicht bereust?‹ Ich halte das für
unwahrscheinlich. Mir fehlt nichts, ich führe ein erfülltes
Leben, so wie es ist. Und wenn das später einmal anders sein
sollte, gibt es andere Möglichkeiten – aber nicht den Umweg
über ein Kind.«

Saskia, die bei einer NGO arbeitet, scheut sich nicht vor klaren Worten oder auch Diskussionen, nur rechtfertigen mag sie sich nicht. Wie die meisten anderen Kinderlosen, mit denen ich gesprochen habe, auch. Allerdings mit dem Unterschied, dass vielen die Sprache fehlt, die Sicherheit, fest zu ihrem Lebensentwurf zu stehen. Manche Frauen beginnen herumzudrucksen oder meiden von vornherein Gespräche, bei denen das Thema aufkommen könnte. Wie eine der Frauen es formulierte: »Die Leute geben mir manchmal das Gefühl, ich würde gegen das Leben an sich argumentieren, wenn ich meine Kinderlosigkeit verteidige. Ich habe Angst davor, dass Mütter mir Nihilismus oder Lebensfeindlichkeit vorwerfen, und deshalb rede ich nicht gerne darüber.«

Andere haben das Gefühl, sie müssten sich etwas zurechtlegen, um ihr Leben einerseits als erfüllt und nicht durch einen Mangel geprägt, andererseits aber auch nicht von Egoismus oder Gefühlskälte getrieben darstellen zu können. Selbst wenn sie ihren Entschluss ganz klar und selbstbewusst getroffen haben, bereitet es ihnen Schwierigkeiten, nach außen dazu zu stehen. Lieber geben sie sich ausweichend und in ihrer Entscheidung ambivalent (auch wenn sie sich hundertprozentig sicher sind), um nicht »hart oder verhärmt« zu erscheinen, wie eine der Frauen, die ich interviewt habe, es ausdrückte. Denn das sind die beiden Extreme auf der Bewertungsskala: Hier die liebende, dem Herzen folgende Mutter und Frau – dort die verhärmte Karrierefetischistin. Dazwischen kommt nicht viel. Den Frauen kann aus den Erklärungsversuchen ihrer Kinderlosigkeit so oder so ein Vorwurf gemacht werden: Geraten sie allzu selbstbewusst, sind sie Ausdruck von Selbstsucht und Hedonismus; Attribute, die bei Frauen als anormal gelten, weil sie dem Prinzip der Mütterlichkeit widersprechen. »Tatsächlich bin ich total glücklich mit meinem Leben«, sagte Mona, »aber dann wird mir vermittelt, dass das ohne die Stabilität, die einem die Familie angeblich gibt, überhaupt nicht gehen *kann*. Ich lasse mich immer verunsichern und frage mich, warum ich offenbar in meinen Bedürfnissen so grundverschieden zu anderen Frauen bin. Mir fehlt das Selbstvertrauen, mich als richtig zu empfinden und das auch so klar zu formulieren. Ich sehne mich danach, endlich zu dem Punkt zu gelangen, dass ich sagen kann: Es geht mir gut so, wie es ist, und fertig, keine Zweifel mehr.«

Wieder andere schieben Gründe vor, die bei der Entscheidung eigentlich keine Rolle gespielt haben, aber gesellschaftlich akzeptiert sind. Um den Unwillen zum Kind nicht weiter begründen zu müssen, erklären diese Frauen lieber, dass der geeignete Partner gefehlt habe, der Beruf zu dominant gewesen sei … und es nun leider zu spät sei. Manche schienen beinahe froh darüber, dass die Probleme bei der Vereinbarkeit von Familie und Beruf in Deutschland so groß sind, weil sie somit einen guten und allseits nachvollziehbaren Grund hatten, keine Familie zu wollen. Die Krux bei all diesen »Ausreden« ist allerdings, dass Frauen, die tatsächlich keine Kinder wollen, dies aber wortreich begründen, damit einmal mehr unbewusst Wasser auf die Mühlen jener gießen, denen kinderlose Frauen als Mangelwesen erscheinen. Zudem kann sich so weder ein Denken noch eine Sprache entwickeln, die Kinderlosigkeit als normale Option im Leben einer Frau darstellen.

Interessant (und bitter) ist in diesem Zusammenhang, wie sehr Frauen dies verinnerlicht haben, welche Normen sie als Maßstab für das eigene Empfinden angelegt haben und wie sehr die Wahrnehmung der eigenen Wünsche und

Bedürfnisse davon geformt wird. Mona schilderte, dass diese Verzerrung so weit gehe, dass sie ihr Lebensmodel als männlich wahrnehme, weil es vom Streben nach Freiheit, Aktivität und Unabhängigkeit geprägt sei: »Wenn Frauen diese Dinge für sich in Anspruch nehmen, gelten sie gleich als unweiblich. Ist es nicht schräg, dass ich mich als männlich empfinden muss, um mich frei zu fühlen?«

Am Ende unseres Gesprächs erzählte sie von einem Traum, der ihr Verhältnis zu Mutterschaft sehr deutlich gespiegelt habe: »Ich bin in einen Bus eingestiegen und habe erst nach vielen Stationen bemerkt, dass ich mein Baby an der Haltestelle vergessen hatte. Ich habe bei der Polizei angerufen, wo man mir sagte, es sei bei einem Fundbüro in der Nähe abgegeben worden, wo ich es abholen könne. Ich schlage meinen Kalender auf und sehe, dass die Woche randvoll mit Terminen ist und ich das Kind erst Tage später abholen kann. War wohl nichts mit Mutterliebe ...«

Kinderlosigkeit wird Frauen nach wie vor nicht nur als Abweichung vermittelt, sondern auch mit der Gefahr der Isolation verbunden. Ich habe bereits darauf hingewiesen, dass Kinder kein Schutz vor Einsamkeit sind. Einsamkeit ist ein subjektives Gefühl, das aber auch maßgeblich von außen vermittelt wird. Wem ständig erzählt wird, wie allein sie ohne Kinder ist, überprüft diesen vermeintlichen Automatismus auf seine Richtigkeit. Und wenn Familie zum alleinigen Hort des Gemeinschaftsgefühls erklärt wird, können andere Lebensweisen nur minderwertiger und weniger erfüllend sein.

Für manche Menschen ist es schwerer erträglich als für andere, im eigenen sozialen Umfeld eine Ausnahme zu sein. Die 38-jährige Nina meinte dazu: »Alle meine Freundinnen haben Kinder bekommen, ich habe mich total verlassen gefühlt. Ich habe bemerkt, dass ich oft einen besseren Draht habe zu Frauen, die sich gegen Kinder entschieden haben. Ich fühle mich zu ihnen hingezogen, fühle mich bei ihnen entlastet, weil ich den normativen Druck nicht spüre.«

Kathrin hat sogar gewisse Vorsorgemaßnahmen getroffen, um sich nicht verunsichern zu lassen: »Ich hab in meinem Bekanntenkreis eine Freundin, die wie ich keinen Kinderwunsch hat. Wann immer eine aus unserem Freundeskreis schwanger wird, rufen wir uns sofort an und bestätigen uns darin, dass wir das nicht wollen. Es ist zwar ein sehr scherzhaftes Gespräch, aber diese gegenseitige Bestärkung tut uns tatsächlich gut.«

Die Journalistin Elena wiederum bedauert manchmal, dass sie als Kinderlose in gewisser Weise ausgeschlossen ist: »Ich dachte, hier in Berlin wird das kein Problem; aber ich sehe, dass ich ohne Kinder doch in eine ganz andere Richtung gehe als meine Freunde mit Kindern. Sie leben in ganz anderen Netzwerken, die Brückenbildung zu Eltern ist schwierig. Ich meine, zu anderen Freunden muss man auch Brücken schlagen, weil wir alle verschiedene Lebenswege genommen, andere Berufe haben, zeitlich unterschiedlich eingespannt sind. Aber das ist immer noch leichter als zu Eltern. Sie sehen oft nicht, dass auch ich Zuwendung und Zeit brauche, meine Bedürftigkeit wird angesichts meines Lebensstils immer als nachrangig gesehen. Es ist meine Aufgabe, mich zu integrieren, nicht ihre, mich zu akzeptieren. Das äußert sich manchmal in einer Form der Einsamkeit, mit der ich nicht gerechnet habe.«

Diese Form der Einsamkeit wird durch die Umgebung und in jenen Milieus verstärkt, in denen es beinahe ansteckend wirken kann, wenn überall Mütter mit Kinderwagen und Schwangere herumlaufen. Solange Kinderlosigkeit in unserer Gesellschaft nicht als selbstverständliche Variante etabliert ist, wird immer wieder jemand eine Erklärung einfordern: die eigenen Eltern oder Schwiegereltern, Ehegatten, Chefs, Arbeitskollegen, der Freundeskreis ... Selbst der noch so kleinste Zweifel an der eigenen Entscheidung wird instrumentalisiert. Als wolle man Frauen da keinen Weg hinaus gewähren, wird alles, was sie sagen, dahin gehend bewertet: als Erfüllung oder eben als Abwehrhaltung, Verweigerungstaktik oder Selbstverleugnung gegenüber einem unausweichlichen weiblichen Urbedürfnis.

Es gibt, wie gesagt, nur wenige positive Bilder vom Leben einer erwachsenen Frau, die ganz ohne Mutterschaft auskommen. Es existieren zu wenige Räume, in denen sich andere Ideen und Konzepte entwickeln könnten. In Feuilletons und Lifestylemagazinen ist hin und wieder die Rede von der neuen Weiblichkeit, die Frauen für sich entdecken sollen. Aber auch sie zielt lediglich auf ein noch anspruchsvolleres Konzept ab: Frau, Mutter und mit beiden Beinen im Job, dazu selbstverständlich noch attraktiv. Die Perspektive von Weiblichkeit und einem Leben ohne Kinder bleibt weiterhin ausgespart.

Nina Hagens Song »Unbeschreiblich weiblich« ist einer der wenigen Songs (ist er gar der einzige?), der Kinderlosigkeit als positiv besingt. Viele meiner Interviewpartnerinnen fühlten sich marginalisiert. Es ist eine Sache, ohne Kinder zu leben, aber eine ganz andere, diesen Lebensentwurf sichtbar und ohne Verurteilung leben zu können. Kinderlose müssen sich die für jeden Menschen notwendige soziale Anerkennung anderswo erkämpfen. Gleichwohl steht auch die Anerkennung der Mutterschaft auf wackeligen Beinen: Mutterschaft dient paradoxerweise zwar dem eigenen Status, aber nicht immer den eigenen Bedürfnissen, dem, was man unter Selbstverwirklichung versteht. Die Rolle der Vollzeitmutter bedeutet schließlich, dass man seine eigenen Interessen hintanstellt. Zum Trost gibt es für sie das Versprechen, wonach Kinder die Erfüllung sind; da muss sie nicht weiter nach anderen Wegen suchen, zumal die Ansprüche dieser Art von Mutterschaft ohnehin im Widerspruch zu einer unabhängigen Lebensführung stehen.

Die Scheu, ihre Probleme mit dieser Rolle zu formulieren, haben mehr Mütter, als man denken könnte. Es wird ihnen schwer gemacht, von der eigenen Überforderung, ihren persönlichen Bedürfnissen und ihrem Mangel an Freiräumen zu sprechen. Eine Offenheit, wie sie die französische Autorin und Mutter Corinne Maier an den Tag legt, wagen die meisten Mütter nicht. Sie schreibt in ihrem Buch »No kids. 40 Gründe, keine Kinder zu haben«: »Wenn meine Kinder nicht wären, würde ich just in diesem Moment mit dem Geld, das ich mit meinen Büchern verdient habe, um die Welt segeln. Stattdessen bin ich dazu verdonnert, die ganze Zeit zu Hause abzuhängen, zu kochen, völlig schwachsinnige Übungen abzufragen und eine Waschmaschine nach der anderen laufen zu lassen. Und das für undankbare Blagen, die sich benehmen, als sei ich ihr Mädchen für alles. Ja, an manchen Tagen bereue ich das alles und gebe das auch offen zu.«[54]

*

Kathrin ist als Kinderlose bei den Müttern im Bekanntenkreis in manchen Momenten sehr begehrt. Schließlich ist

---

54 Zitiert aus Christina Hucklenbroich: »Warum ist das mit den Kindern so kompliziert?«, *FAZ*, 22. Dezember 2012

sie eine der wenigen, mit der man noch ausgehen kann, die nicht früh ins Bett muss, die einem ein anderes Leben vorlebt, das nicht im Trott der Familie versinkt – und manchmal auch die Einzige, der man beichten darf, dass man vom Muttersein überfordert ist: »Weil ich kinderlos bin, können sie mir Dinge sagen, über die sie mit anderen Freundinnen, die ebenfalls Mütter sind, nicht sprechen können. Ich bin die Anlaufstelle, wenn sie Frust schieben, mit mir können sie Klartext reden. Von ihren Mütterfreundinnen kriegen sie gleich einen auf den Deckel, wenn sie sagen, dass sie die Schnauze voll haben. Was nicht sein kann, das nicht sein darf. Kinder sind schließlich der Glücksgenerator, und wenn das mal nicht stimmt, will man wenigstens nach außen hin den Schein wahren.«

Jasmin, 34-jährige Publizistin, meinte: »Jede Position einer Frau, ob mit Kindern oder ohne, kann in unserer Gesellschaft als Problem dargestellt werden. Kinderlose sind zu unsicher, zu hässlich, zu wenig Frau, zu verbissen im Beruf. Mütter haben langweilige Gespräche im Café und versauern zu Hause. Letztlich werden doch beide nur instrumentalisiert. Erst wenn es für Frauen neue Rollenmodelle gibt, die sich nicht fast ausschließlich am Muttersein orientieren, kann weibliche Identität wirklich frei gelebt werden. Bis dahin wird es vor allem für Kinderlose schwierig bleiben, weil sie in ihrem sozialen Umfeld eine Ausnahme sind.«

Oder, wie Mona sagte: »Ich bin manchmal wirklich verunsichert. Dann denke ich, ob ich nicht übertreibe mit meinen Gründen, keine Kinder zu bekommen, ob ich mir am Ende nicht selbst im Weg stehe. Man wünscht sich fast, dass man sich noch ändert und man zu einem Menschen wird, der Kinder will, weil es einem als einzig wahres Heilsversprechen verkauft wird – das ist doch verrückt!«

Barbara kommt etwas zu spät zu unserem Interviewtermin, sie war noch in einer Ausstellung über Meret Oppenheim. Die habe keine Kinder gemocht, »weil die Frauen dann hinter der Familienarbeit verschwänden«, erzählt sie mir gleich zu Beginn. »Ich mochte schon immer eher den bohemehaften Typus, der für sich selbst Platz braucht und diesen auch einfordert.« Ich will wissen, ob ihr für diesen Typus Frauen als Vorbilder einfallen. Nach einer Weile des Überlegens nennt sie drei: Anaïs Nin, Brigitte Reimann, Ingeborg Bachmann. Die übrigen sind Männer. »Wir brauchen gerade, was Frauen angeht, mehr solcher Vorbilder, die uns zeigen, dass ein anderes Leben möglich ist, die uns ermutigen, das auch durchzuziehen. Es kostet viel Kraft, diese Unabhängigkeit zu leben und manchmal dabei zu scheitern, auch am eigenen Liebesbedürfnis. Für Frauen ist es sehr viel komplizierter, sich solche Freiräume zu erschließen – und ein Henry Miller konnte seinen Lebensstil auch nur auf dem Rücken seiner Familie austragen. Virginia Woolf hatte schon recht mit ihrer Forderung nach einem *Room of One's Own*. Einem Raum, in dem ich nur an mich denken, meinen Bedürfnissen nachspüren kann, ohne von den Ansprüchen und Erwartungen anderer abgelenkt zu werden.«

Dieser Raum war (und ist?) weitgehend Männern vorbehalten, denen man keinen Vorwurf machte, wenn sie fern von Familie nach Entfaltung strebten. Gerade im künstlerischen Bereich, in intellektuellen Subkulturen, war der Typus des freiheitsliebenden Mannes akzeptiert, der sich mit seinem bohemehaften Leben auch der Arbeitswelt entzog. Diese Männer wurden sogar in ihrem Sprengen der Ketten des bürgerlichen Lebens zu Helden stilisiert. Eine

Variation dieses Typs wird heute eher abfällig als »Slacker« bezeichnet: Männer, die im Arbeitsleben nicht bestehen können oder wollen und ihren Lebenssinn auch nicht in der Gründung einer Familie suchen oder – sofern sie Kinder haben – ihrer Verantwortung als Vater nicht nachkommen. Die wenigen literarischen Zeugnisse über Frauen, die ein solches Modell zu leben versuch(t)en, haben dann auch eher den Anstrich von Tragödien, nicht den Charme der »Taugenichtsgeschichten« ihrer männlichen Pendants. Eine Frau, die sich ihrer natürlichen Bestimmung verweigert und nicht nach Familie, sondern vielleicht nach geistiger Verwirklichung strebt, muss wohl zwangsläufig negativ gezeichnet werden. Erst in letzter Zeit liefen im Kino Filme wie *Tammy, Mary Jane is not a virgin anymore, Brautalarm* oder *Sex and the City*, die ein anderes Bild entwerfen. In den siebziger Jahren thematisierten zwar schon einige Regisseurinnen den weiblichen Slacker – die tschechische Regisseurin Vera Chitylova etwa mit *Tausendschönchen*, Ulrike Oettinger (*Bildnis einer Trinkerin*) oder die leider viel zu früh verstorbene Barbara Loden (*Wanda*). Die Filme liefen aber kaum in Mainstream-Kinos. Viele Perspektiven des Alltags von Frauen werden nur von weiblichen Regisseuren filmisch umgesetzt, und die sind leider immer noch international unterrepräsentiert. Filme wie die oben genannten werfen einen anderen Blick auf Frauen, die auch einfach mal gerne in den Tag hineinleben und sich Zwängen und Rollenerwartungen entziehen. Allerdings sind viele ihrer Protagonistinnen in einem Alter, in dem die Kinderfrage noch offen ist. Auf eine über Fünfzigjährige, nicht frustrierte kinderlose Slackerin als Rollenvorbild müssen wir bislang noch warten. Obwohl ... vielleicht kam Miss Marple einer solchen Figur doch schon recht nahe?

Ähnlich wie Barbara suchen auch andere kinderlose Frauen nach positiv besetzten Role-Models für ihren Lebensstil. Wenn es Frauen gibt, die dem nahekommen, werden sie mit männlichen oder asexuellen Attributen belegt – Angela Merkel ist dafür ein gutes Beispiel. Die einzige Interviewpartnerin, die die Bundeskanzlerin als Vorbild für Kinderlosigkeit nannte, war die Deutschtürkin Elvan: »Warum sie ein Vorbild ist? Weil sie eine Führungsfigur ist, die selbstbewusst ihr Leben bestimmt. Ich mag starke Frauen, Karrierefrauen, die sich bewusst gegen Kinder entscheiden. Das finde ich einerseits ein starkes Statement, gleichzeitig aber auch irgendwie schade, weil Frauen in unserer Gesellschaft ja dazu gezwungen sind, das eine oder das andere zu leben. Beides lässt sich hier nicht so gut vereinbaren wie in manchen anderen EU-Ländern.«

Marion hat sich ihre Vorbilder sozusagen zusammengebastelt: »Aus meiner Tante Gerlind und MacGyver. Tante Gerlind begann, um die Welt zu reisen, als ihr Kind erwachsen und aus dem Haus war. Trotzdem hat die ganze Familie ihr vorgeworfen, sie würde nur an sich denken. Dabei hat sie vorher alle eigenen Bedürfnisse zurückgestellt – zum Wohl der Familie. MacGyver war für mich der Held des einfachen und improvisierten Lebens. Dass er ein Mann war, hat mich nicht daran gehindert, mich mit ihm zu identifizieren. In meiner Vorstellung war ich nicht etwa seine Freundin oder seine Assistentin, ich war er – nur eben als Frau. Ganz einfach. Was mir vielleicht auch geholfen hat, war, dass ich keine Brüder hatte. Sonst hätten meine Eltern vielleicht einen Unterschied gemacht in der Erziehung, mich mehr zu Zurückhaltung und weniger Eroberungsdrang angehalten. Das ist mir zum Glück erspart geblieben.«

Auch Beas Vorbilder waren Männer und Frauen. Sie bedauert, wie unflexibel die Geschlechterrollen heute wieder geworden sind, ein Rückschritt nach der Hochphase der Emanzipationsbewegung, in der man eher in den Kategorien »Unisex« gedacht habe: »Heute ist das wieder sehr nach Geschlechtern getrennt, auf einmal ist alles wieder in rosa und hellblau eingeteilt. In Barbie und Batman.« Sie hebt die Bedeutung von Vorbildern nicht nur im Zusammenhang mit Kinderlosigkeit hervor, sondern auch in Bezug auf ein Leben in einer Gemeinschaft: »Jeder Verbund von Leuten, der sich aus freien Stücken zusammenfindet, hat mich als Kind schon fasziniert. Ich mochte früher gerne Ronja Räubertochter, da gibt es nicht dieses starre Mutter-Vater-Kind-Ding – da haben sich einfach viele umeinander gekümmert. Das hat mir gezeigt, dass ich nicht zwangsläufig selbst Kinder bekommen muss, um eine Art von Familie zu haben. Wir müssen zu dem Punkt kommen, andere Lebensformen als gleichwertig zu betrachten und Frauen und Männer aus dem starren Korsett zu befreien, das ihnen die Geschlechterrollen und das traditionelle Modell von Familie vorschreiben.« Angesichts der Isolierung, der vor allem Frauen in der Kleinfamilie unterworfen sind, muss man sich auch fragen, ob die viel kritisierte Vereinzelung und Individualisierung in unserer Gesellschaft mit der Entstehung der Kleinfamilie nicht längst vollzogen wurde.

Kapitel 7: Die Unerträglichkeit der Kleinfamilie

>»Der größte Angstverstärker ist die tiefsitzende Angst,
> das Schicksal der eigenen Mutter, der Hausfrau wider
> Willen, zu wiederholen. Als Kind hat man genau unter
> der unzufriedenen Mutter gelitten, die hinter ihren
> Talenten zurück weil zu Hause geblieben ist.«
>
> *Larissa Boehning*

Oft untermauern die eigenen Erfahrungen in der als einengend empfundenen Herkunftsfamilie und das entsprechende Mutterbild die Gründe, warum sich viele Frauen nicht mit Familie identifizieren. Alternative Formen des Zusammenlebens sind zwar inzwischen möglich, politisch und gesellschaftlich wird dennoch das Modell der Kleinfamilie favorisiert und entsprechend gefördert – obwohl es Scharen von frustrierten oder überforderten Frauen hervorgebracht hat, die in ökonomischer Abhängigkeit von ihrem Partner standen, isoliert und einsam waren und auch blieben, nachdem die Kinder aus dem Haus waren. Viele Frauen und auch Männer wollen sich heute jenseits von Familie im klassischen Sinn entwerfen. Sie suchen nach neuen Formen des Zusammenlebens, nach Partnerschaften auf Augenhöhe, nicht auf Abhängigkeit basierend.

Es ist sehr bezeichnend, dass viele meiner Interviewpartnerinnen die Biographie der eigenen Mutter als Grund dafür nannten, warum sie selbst keine Kinder haben wollen. Der Satz, der in den Gesprächen am häufigsten fiel, war: »Ich wollte auf keinen Fall ein solches Leben führen wie meine Mutter.« Das Leben vor allem der Frauen, die heute über sechzig und älter sind, erscheint vielen Töchtern wie eine Negativvorlage, ein abschreckendes Beispiel, dem man nicht folgen möchte. Nicht, weil die Mütter in Sachen Erziehung »versagt« hätten – sondern weil sie zugunsten der Kinder andere Lebensziele aufgegeben haben, aufgeben mussten. Die Töchter assoziieren mit Mutterschaft Entbehrung und Desillusionierung. Sie haben Frauen erlebt, deren Hauptaufgabe in der Organisation von Haushalt und Familienleben bestand, Frauen, die emotional und vor allem ökonomisch vom Ehemann abhängig waren, der sich selbst Freiräume nahm, ganz selbstverständlich einem Beruf nachging und oftmals weitgehend abwesend war. Für viele Frauen dieser älteren Generation schickte es sich schlicht nicht, nach der Heirat weiter arbeiten zu gehen, schon gar nicht, wenn das erste Kind kam. Vor allem in Familien der Mittelschicht, die nicht zwingend auf ein zweites Gehalt angewiesen waren, endete die Autonomie der Frauen mit der Mutterschaft. »Ich glaube, meine Mutter war einmal sehr stark, aber dann ist sie in diese Ehe hineingeraten und hat Kinder bekommen – und dann ging es für sie persönlich einfach nicht mehr weiter«, erzählte Tatjana. Auch Maria, 56 Jahre alt, hat erlebt, dass ihre Mutter ihr Potential außerhalb der Familiengrenzen nicht ausleben konnte: »Meine Mutter ist bei Pflegeeltern aufgewachsen, in einer schwierigen Zeit nach dem Krieg im damaligen Jugoslawien. Nach der Heirat hat sie alles dafür getan, dass die Familie funktioniert. Der enge Rahmen, in dem sie sich bewegt hat, muss irgendwann nur noch frustrierend gewesen sein. Jedenfalls hat sie mir einmal gesagt, ich solle mir gut überlegen, was ich mit meinem Leben anfangen will. Eines ohne Kinder sei vielleicht besser für mich.«

Wenn Mütter ihre Töchter auffordern, im öffentlichen Bereich statt im abgeschirmten Heim eigene Wege zu beschreiten, oder ihnen sogar explizit von der Mutterschaft abraten, scheint es, als würden sie damit über die Generationen hinweg etwas richtigstellen wollen. Ihren Söhnen dagegen würden sie nicht von der Vaterschaft abraten. Weil sie die Erfahrung gemacht haben, dass diese Rolle nicht mit einer vergleichbaren Form der Selbstaufgabe verbunden ist, die sie selbst erfahren haben.

Frauen dieser Generation, für die der Zugang zu höherer Bildung und guten Berufschancen keine Selbstverständlichkeit war, konnten oft nur durch eine Heirat ihre soziale Stellung festigen und eine finanzielle Absicherung erlangen. Und wenn Wert auf Bildung gelegt wurde, dann weniger, um die Eigenständigkeit der Tochter zu fördern, sondern um ihr die Chance auf eine »gute Partie« zu geben. Aus der vermeintlichen Sicherheit des Ehehafens konnte schnell ein Gefängnis werden, eine Scheidung war über Jahrzehnte kaum eine Option, sondern ein Stigma. Hinzu kam, dass von Frauen lange Zeit erwartet wurde (oder sollte man sagen: bis heute erwartet wird?), in erster Linie für andere da zu sein und sich nach der Heirat um Mann und Kind zu kümmern. In Anbetracht dessen, dass diese Ausgangslage nur eine Generation weit weg ist, verwundert es manchmal, wie nachlässig jüngere Frauen mit den Errungenschaften der Emanzipationsbewegung umgehen. Wir profitieren heute von den Kämpfen, die unsere Mütter ausgefochten haben (dafür ein dickes Dankeschön!), und vergessen nur allzu schnell, dass das, was wir als selbstverständlich betrachten, schwer errungen wurde und der Prozess beileibe noch nicht abgeschlossen ist. Gerade weil dieses Gebilde von Unabhängigkeit und Gleichberechtigung noch sehr fragil ist, müssen Frauen Elternschaft genau planen, um nicht ähnliche Probleme zu bekommen wie ihre Mütter. Da hilft es nicht, wenn die im Vorwort erwähnten FAS-Journalisten schreiben, Frauen sollten doch einfach mal machen und nicht so viel darüber nachdenken. Das können sich vielleicht manche Männer leisten, Frauen aber landen sehr schnell in den üblichen Fallen, wenn sie diesen Schritt nicht gut planen und die Rahmenbedingungen mit ihren Partnern aushandeln.

Meine Interviewpartnerinnen wuchsen zwar alle in ähnlichen Konstellationen einer heterosexuellen Kleinfamilie auf, erlebten aber den Umgang der Mütter mit ihrer eigenen Lebenssituation als sehr unterschiedlich. Ambitionen in Bezug auf Bildung und Eigenständigkeit wurden gehemmt oder gefördert, die Fortführung des traditionellen Rollenbildes wurde verlangt oder es wurde klar davon abgeraten. Einige Frauen erzählten, sie selbst seien zur Projektionsfläche für die unerfüllten Sehnsüchte ihrer Mütter geworden. Sabine, 44 Jahre alt und selbständig, schilderte, dass ihre Mutter sie immer zu Leistung angetrieben habe: »Ihr Traum wäre gewesen, dass ich Medizin studiere. Es hat Jahre gedauert, bis ich herausgefunden habe, dass das eigentlich ihr eigenes Lebensziel gewesen war. Aber in der Familie meiner Großeltern hat das Geld nach dem Krieg nicht gereicht, um beiden Kindern ein Studium zu finanzieren. Am Ende ist der Sohn auf die Uni gegangen, die Tochter hat eine Banklehre gemacht und die Ausbildung des Bruders mitfinanziert. Nach der Heirat war sie dann ›Hausfrau und Mutter‹, und als ich aus dem Gröbsten heraus war, wollte sie eigentlich wieder arbeiten, aber das hat mein Vater leider nicht unterstützt. Der Klassiker: ›Dann denken ja die Nachbarn, ich könnte euch nicht durchbringen.‹ Dass ich ihr irgendwann während der Pubertät einmal vorgeworfen habe, ›so ein beschränktes Leben wie du möchte ich nie führen‹, hat sie mir lange übelgenommen. Ich habe in diesem Moment überhaupt nicht begriffen, wie sehr ich sie damit getroffen habe. Und dass sie letztlich überhaupt keine Wahlfreiheit gehabt hat.«

Ähnliche Erfahrungen, unterschiedliche Konsequenzen

Viele meiner Gesprächspartnerinnen berichteten auch, dass ihre Mütter sie gerade aufgrund der eigenen Beschränkungen in ihrem Lebensweg früh zur Selbständigkeit erzogen und versucht hätten, ihnen die Kraft zu geben, eigene Wege jenseits der für Frauen vorgesehenen Pfade zu gehen. Welche gedanklichen Kopfstände sie dabei manchmal absolvieren mussten, wie schwer der radikale Bruch mit dem eigenen Lebensmodell gefallen sein muss, zeigt sich in der Forderung, beide Rollen unter einen Hut zu bekommen: Auf der einen Seite steht die Empfehlung, den öffentlich-beruflichen Raum zu erobern; auf der anderen die Hoffnung oder Erwartung an die Töchter, dennoch Kinder zu bekommen. Für viele meiner Interviewpartnerinnen war gerade diese Ambivalenz eine Last: Die Bewertung der eigenen Eltern, was die Kinderlosigkeit angeht, ist nicht unkompliziert – vielen fällt es schwer, den fehlenden Kinderwunsch der Tochter nicht als Urteil über das Gelingen oder Versagen der eigenen Eltern-Kind-Beziehung zu betrachten. Elena: »Dass ich keine Kinder will, findet meine Mutter nicht gut – sie betrachtet es tatsächlich als Zeichen ihres Scheiterns. Anderseits fände ich es vielleicht nicht gut, wenn sie sagen würde, deine Kinderlosigkeit ist o.k. Damit würde sie mir ja unter Umständen signalisieren, dass sie mich für unfähig hält, ein Kind zu erziehen, oder dass sie ihre eigene Elternschaft nicht wirklich wollte. Die Akzeptanz von Kinderlosigkeit muss wohl außerhalb der Familie entstehen, sonst wirkt das immer schräg.«

Die Abwesenheit ihrer Väter im Familienleben wurde von den meisten Interviewpartnerinnen als gegeben hingenommen – Wünsche und Kritik orientierten sich an der Mutter. Es ist beinahe ein Klassiker, dass die Person, die aufgrund ihrer Rolle in der Familie präsenter ist, auch stärker zur Rechenschaft gezogen wird, was ihre »Leistung angeht«. Danach befragt, warum die meisten meiner Interviewpartnerinnen beim Thema Herkunftsfamilie das Verhältnis zur Mutter in den Vordergrund stellten, meinte Laura, 38 und Doktorandin: »Wir sind beide Frauen, deshalb beziehe ich mich auf sie. Ich beurteile, was sie als Frau gemacht hat und was ich als Frau nicht wiederholen würde.« Laura hat ein problematisches Verhältnis zu ihrer Familie, es gab immer viele Spannungen, auch zwischen den Eltern. »Der Vater hat uns viel bestraft oder verschwand in seinem Parallelleben. Vielleicht reagiere ich deshalb so aggressiv auf meine Mutter, weil ich der Meinung bin, dass sie ihn hätte verlassen müssen. Gleichzeitig finde ich das total unfair von mir, weil ich auch nicht so genau auseinanderklamüsern kann, wie sehr diese Aggression mit meiner eigenen Negation von Weiblichkeit und der gesellschaftlich damit verbundenen Rolle zusammenhängt. Meine Mutter nervt mich einfach mehr, aber sie ist auch diejenige, die die Familie zusammenhält und einen Großteil der emotionalen Arbeit leistet. Auf ihre Art. Vielleicht habe ich auch ein bisschen Angst davor, dass ich mit Kindern so werden würde wie meine Mutter.«

Auch Tatjana erlebte Familie als etwas sehr Desillusionierendes: »Das Wort ›Familie‹ heißt für mich: Geschrei, Stress, Alkoholismus, Schläge, Streit und Heuchelei. Wahrscheinlich hat mein Vater mir das Ganze einfach für alle Zeiten verdorben. Meine Mutter war in ihrer Ehe – die mittlerweile Gott sei Dank geschieden ist – sehr unglücklich und hat immer zu uns Töchtern gesagt: ›Heiratet nie!‹ Meine Schwester und ich haben das verinnerlicht, wir haben ja gesehen, wie schlimm alles war, und selbst jede Menge abbekommen. Oft hieß es, wir Kinder seien schuld am Ehekrach. Ich wünsche niemandem so viel Streit und Tränen, wie es bei uns der Fall war.«

Eine ähnliche Ausgangssituation muss nicht automatisch die gleichen Konsequenzen haben. Was mir bei den Interviews auffiel, war, dass lieblose oder gar gewalttätige Verhältnisse in der Herkunftsfamilie nicht nur dazu führen können, dass man für sich Familie ablehnt. Etwa, weil man sich selbst nicht zutraut, Kindern das nötige Maß an Liebe und Zuwendung geben zu können. Sondern dass man sich gerade eine eigene Familie wünscht, in der man alles besser machen will. Genauso kann eine liebevoll und unterstützend empfundene Kindheit der Grund dafür sein, dass man dies weitergeben will und sich ohne eigene Familie schwach und unerfüllt fühlt. Gleichermaßen kann eine stabile Herkunftsfamilie einem auch die Kraft verleihen, seine eigene Selbständigkeit zu leben, ohne den Anker der Stabilität in einer Familie suchen zu müssen.

Ninas Eltern ließen sich scheiden, als sie acht Jahre alt war: »Da gab es zwei Jahre Rosenkrieg, weil es in der DDR so lange dauerte, bis wir eine neue Wohnung zugeteilt bekamen. Als ich zwölf war, hat meine Mutter entschieden, dass ich meinen Vater nicht mehr sehen darf. Wenn ich die Nähe zwischen Kindern und Eltern sehe, werde ich manchmal neidisch oder todtraurig, weil ich das nicht hatte.« Für Nina waren die Abkapselung von ihrer Herkunftsfamilie und die Erkenntnis, dass sie kinderlos leben möchte, ein paralleler Prozess. Sie hat sich distanziert von der schmerzhaften Erfahrung und gleichzeitig entschieden, diese »Linie« nicht weiterzuführen: »Wir sind vier Kinder und haben alle seit Jahren keinen Kontakt mehr zu unseren Eltern. Wir sind alle zu verletzt, da gibt es irgendwann auch nichts mehr zu sagen. Ich habe für mich einen Abschiedsbrief geschrieben, das war der Abschluss meiner Kommunikation mit der Mutter und mit einem möglichen Kind, das ich nie haben werde. Meine Mutter hat sicher getan, was sie konnte, aber sie hatte selbst ein richtig mieses Leben. Was das angeht, ist die Ahnenreihe der Frauen in meiner Familie lang, da gab es über die Generationen viel Grausamkeit. Ich mag auch meine Großmutter nicht, weil sie meine Mutter so schlecht behandelt hat. Klar, ich sehe schon, wie schwierig es für sie war. Es war die Kriegsgeneration, sie hatten alle beschissene Ehemänner, wo sollte sie es hernehmen? Ich halte diesen Lauf jetzt an, lasse los und häufe nicht noch mehr Elend auf, indem ich meine Erfahrungen an die nächste Generation weitergebe. Ich versuche, die Verletzungen in mir zu heilen, dafür brauche ich Zeit; und ich muss lernen, auf mich selbst zu achten. Eltern können sich nicht in diesem Maße um sich, um ihr eigenes Innenleben kümmern. Für mich ist diese innere Arbeit sehr wichtig; vielleicht bin ich deshalb auch Schauspielerin geworden, weil ich damit mein Inneres nach außen kehren kann. Ich kann auf der Bühne schwach sein, Rollen spielen, in denen ich um Liebe und um Halt bitten darf. Ich meine damit nicht, dass ich ein Opfer sein will, aber die glatten und starken Charaktere interessieren mich nicht, da reibt sich nichts, daran kann man nicht wachsen. Meine Ressourcen sind nicht unbegrenzt, und ich möchte sie lieber für mich nutzen, nicht für ein Kind. Nur so kann ich irgendwann Ruhe finden, denn die muss aus mir selbst heraus kommen. Ich kann ja nicht darauf warten, dass meine Mutter stirbt, damit Ruhe ist und diese ganzen Schmerzen aufhören.«

Ninas Aussage macht deutlich, dass ein Kind keine Heilung für eine »verletzte Frauenseele« ist, auch wenn das gerne so dargestellt wird. Kinder nehmen erst einmal Ressourcen und Liebe, bevor sie diese zurückgeben können. Kinder sollten nicht als Therapie missbraucht werden. Und wenn eine Frau erkennt, dass sie das tun würde, oder sich ganz klar außerstande sieht, den Bedürfnissen eines Kindes nachzukommen, ist es eine sehr verantwortungsvolle Entscheidung, kinderlos zu bleiben.

Auch Kathrin hat sich aufgrund eigener Erfahrungen gegen Kinder entschieden. Die 29-Jährige ist in der DDR aufgewachsen und arbeitet als Sozialpädagogin: »Es war klar, dass beide Eltern berufstätig sind; meine Mutter war, was das angeht, sehr selbständig, aber in allem anderen trotzdem komplett abhängig vom Vater – emotional und was sonstige Rahmenbedingungen betraf, sie hatte nicht einmal einen Führerschein. Beide haben sich sehr von der Außenwelt abgekapselt. Bei ihnen habe ich diese soziale Isolation gesehen, die es auch in Familien geben kann. Nachdem wir Kinder ausgezogen waren, gab es keinen Sinn und kein Glück mehr. Mein Vater ist alkoholabhängig, meine Mutter die klassische Co-Abhängige, die nach außen versucht, ein gutes Bild abzugeben. Bei beiden gibt es ein paar verkappte

Familiengeheimnisse, psychische Probleme, die nie aufgearbeitet wurden. Als Kind hatte ich viele Ängste, die ich mir nicht erklären konnte, die aber aus meinem Erleben in meiner Familie stammen. Das möchte ich nicht weitergeben, ich will dem ein Ende setzen. Mein Bruder hat auch keinen Kinderwunsch. Der sieht das genauso wie ich.«

Mädchen als »kleine Mütter«

Manche Erstgeborene schilderten mir, dass sie ihren Geschwistern gegenüber, manchmal auch gegenüber den Eltern früh eine Erwachsenenrolle einnehmen mussten. Die Gründe dafür waren vielfältig, sie reichten von Geld- und Zeitproblemen über psychische Instabilität bis hin zur Abwesenheit eines Elternteils. Fast alle assoziierten diese Erfahrung aber mit Entbehrung und Überforderung. Schon damals war es meinen Interviewpartnerinnen nicht möglich, sich von der Familie abzugrenzen, weshalb ihnen die Angst, dass ihnen das im Falle einer eigenen ebenfalls nicht gelingen könnte, sehr real erschien.

Bea ist 41, organisiert als Freiberuflerin unter anderem Kulturevents und ist im Frauen-DJ-Netzwerk »Female Pressure« aktiv, das sich dafür einsetzt, weibliche DJs sichtbarer zu machen und zu unterstützen. Sie wuchs bei ihrem alleinerziehenden Vater auf und musste sich bereits früh um ihre kleine Schwester kümmern: »Ich muss keine Kinder mehr haben, ich hatte die Erfahrung als Mutter sozusagen schon mit meiner Schwester, und da war ich selbst noch ein Kind. Ich war neun, als ich zum ersten Mal ausgesprochen habe, dass ich keine Kinder will. Mein Lebensentwurf war damals, Schriftstellerin zu werden, das habe ich mit absoluter Eigenständigkeit verbunden. Das Kümmern um meine Schwester, diese Stellvertreterrolle, war schwierig. Im Finnischen gibt es ein treffendes Sprichwort: ›Gut, wenn das erste Kind ein Mädchen ist, es ist wie eine kleine Mutter.‹«

Diese Fürsorgearbeit, die nicht nur Frauen, sondern auch Mädchen ganz selbstverständlich innerhalb der Familie zu leisten haben, gaben viele meiner Gesprächspartnerinnen als Grund an, »Kleinfamilie unerträglich« zu finden. Zumal sich auch viele heutige Familien mit einer etwas modernisierten Version des Ernährermodells begnügen. Für selbstbewusste, autonome Frauen gibt es einfach zu wenige Männer, die ein Leben mit Kindern wirklich gleichberechtigt gestalten wollen. Dass dies in der Debatte um Kinderlosigkeit zu wenig thematisiert wird, mag auch an den vielen Männern liegen, die sich dazu berufen fühlen, sich in den Medien zu äußern. Und die profitieren nun einmal vor allem vom traditionellen Modell, das sie dann, wie etwa Frank Schirrmacher, auch noch als naturgegeben präsentieren: »Die evolutionärbiologische Programmierung der Männer wie der Frauen erfüllt für die Gemeinschaft einen bestimmten Zweck.«[55] Aber wie natürlich soll der Zustand, dass Frauen durch Kinder an das Heim gebunden sind, dort versauern und von Frauengold und Valium abhängig werden, bitte sein?

Die Annahme, dass eine emanzipierte Gesellschaft zwangsläufig mit dem Rückgang von Kinderzahlen einhergeht, ist nicht haltbar. Reiner Klingholz, Direktor des Berlin Instituts für Bevölkerung und Entwicklung, ist der Auffassung, dass gerade jene Industrienationen die höchsten

---

55 Frank Schirrmacher: Minimum. Vom Vergehen und Neuentstehen unserer Gemeinschaft. Karl Blessing Verlag, München 2006, S. 138

Geburtenziffern haben, die nicht nur ökonomisch gut dastehen, sondern auch ihr Geschlechtermodell modernisiert haben: »Eine hohe Erwerbsbeteiligung von Frauen als Folge der Gleichberechtigung geht tendentiell mit höheren Kinderzahlen einher. (…) In den kinderreichen Ländern Island, Schweden, Norwegen und Frankreich sinkt die Erwerbstätigkeit von Frauen, anders als in Deutschland, praktisch nicht, wenn das erste Kind geboren ist. Die Familienpolitik hat dort über Jahrzehnte dazu beigetragen, dass ein Wertesystem entstanden ist, in dem erwerbstätige Mütter als Normalfall gelten. (…) Wo Frauen die Möglichkeit haben, finanziell unabhängig von ihrem Partner zu existieren, steigt die Bedeutung der emotionalen gegenüber der juristisch abgesicherten und ökonomisch notwendigen Bindung. Dies trägt zur Bereitschaft bei, sich nach einer Eheschließung auch wieder zu trennen. Es führt aber definitiv nicht zu geringeren Kinderzahlen.«[56]

Elena, die 44-jährige Journalistin, wird wütend, wenn sie daran denkt, was dieses starre System nicht nur mit ihrer eigenen Mutter gemacht hat: »Frauen aus dieser Generation blieb ja nichts anderes übrig, als zu Hause zu hocken, zu versauern und depressiv zu werden. Abgeschnitten von allem, ohne die Chance, das eigene Potential anderswo einzubringen als in der Familie. Meine Mutter war todunglücklich, aber man hat sie nicht ernst genommen. Ihr Hausarzt hat sie einfach ruhiggestellt, mit Lexotanil, der sogenannten Handtaschenpille. Sie wurde tablettenabhängig und hatte depressive Anfälle, aber ihr Arzt meinte einfach, sie solle morgens doch ein Glas Sekt trinken, das würde sie schon in

---

56 Reiner Klingholz: »Familienpolitik – Unser Vorbild sei Island«, *FAZ*, 18. Februar 2005

Schwung bringen. Ich denke, in meiner Generation gibt es viele Töchter, die ihre depressiven Hausfrauenmütter durchschleppen mussten und in gewisser Weise heute noch die Verantwortung für das unerfüllte Leben ihrer Mütter tragen. Meine Mutter wusste sich nicht anders zu entwerfen als in der Rolle der Ehefrau mit Kindern, weil sie normal sein wollte. Und diese Normalität, dieses Tappen in die klassische Frauenfalle, hat sie kaputtgemacht.«

Kirsten, Mitte fünfzig und damit noch etwas näher dran an jener Generation, die von den Errungenschaften der Frauenbewegung noch nicht profitieren konnte, erzählte, dass es für sie nur schwer erträglich war mitanzusehen, wie selbst ihre Schwester dem Negativbild der eigenen Mutter nacheiferte: »Es war schlimm zu erleben, wie sie all ihre Träume aufgab, nur weil unsere Mutter ihr eingeredet hat, sie sei eine schlechte Mutter, wenn sie berufstätig sei. Tja. Und dann kam der Tag, an dem die Kinder sie nicht mehr brauchten und nur noch eine große Leere da war. Weil sie in keinem anderen Bereich die Möglichkeit hatte, ihre Lebensvorstellungen zu verwirklichen.«

Die Deutschtürkin Ipek, eine 41-jährige DJ und Sounddesignerin aus Berlin, hat dagegen erlebt, dass ihre Mutter sie früh zur Selbständigkeit erzogen und versucht hat, ihr die Kraft zu vermitteln, sich gegen die für Frauen vorgesehenen Normen zu stellen. Sie war für sie keine »Negativvorlage«, sondern eine Lehrmeisterin, die sie aufgefordert hat, nicht in die Frauenfalle zu tappen. »Meine Mutter hat mir früh vermittelt, dass es ein Fehler ist, sich früh zu binden und Kinder zu bekommen. Ich sollte mich nicht von einem Mann abhängig machen. In der türkischen Community in Berlin gibt es in den letzten Jahren immer mehr kinderlose Türkinnen, die sagen: ›Ich verdiene mein eigenes Geld, ich stehe auf eigenen Beinen, wozu soll ich mir das antun?‹ Wenn ich in der Türkei zu Besuch bin und Leute mir sagen, es wird Zeit für Kinder, dann lache ich nur und sage: ›Aber ich bin doch viel zu jung für so was!‹ Obwohl ich 41 bin. Hinter vorgehaltener Hand sagen mir dann einige Frauen, dass sie das gut finden. Ich denke, ein riesiger Teil der Mütter hat Kinder mangels anderer Optionen. Aber bei der Mehrheit der Türken ist es wie bei der Mehrheit der Deutschen: Mutterschaft wird unhinterfragt als Ideal gesetzt. Wobei es mehr alleinerziehende Mütter in Deutschland gibt als in der Türkei.«

Exkurs: Die Kinder verlassen

Alleinerziehende Mütter gibt es zuhauf. Dass Männer ihre Familien verlassen, ist nichts Ungewöhnliches. Undenkbar erscheint es allerdings, dass Frauen ihre Kinder verlassen und sich entscheiden, ohne sie zu leben. Sind die Beweggründe für einen solchen Schritt ähnlich wie bei Vätern? Ist es Überforderung, Druck, das Gefühl zu großer Abhängigkeit, oder sind es neue Lebensperspektiven? Wie gehen Frauen mit dem Stigma um, ihre Familie hinter sich gelassen zu haben?

Annettes Mutter war die erste Frau, die sich in einem kleinen bayerischen Dorf hatte scheiden lassen. Die Leute haben sie auf der Straße nicht mehr gegrüßt, und in der Schule hieß es, Annette komme aus einem kaputten »asozialen« Elternhaus. Die Lehrer ignorierten sie weitgehend, und wenn sie aufmuckte, musste sie zur Strafe in der Ecke stehen. Kein Wunder bei »so einer«.

Bereits als Teenager wollte Annette schwanger werden, da das für sie als Versprechen auf Liebe galt, als Möglichkeit, die kaputte heile Welt wiederherzustellen. Mit 16 hatte sie eine Fehlgeburt, zwei Jahre später kam ihre Tochter auf die Welt, Annette verließ die Schule ohne Abschluss. Ihr Freund Alex war 21.

Als die beiden geheiratet haben, wurde in seiner Familie der Vorwurf laut, Annette wolle dem Jungen ein Kind anhängen, um Zugang zu einer »besseren« Familie zu bekommen. Annette wollte keinesfalls das Klischee der unorganisierten Teenagermutter erfüllen und bemühte sich, keine Fehler zu machen: »Der soziale Druck war wahnsinnig groß, alle Augen ruhten auf mir, und das ganze Umfeld hat nur darauf gewartet, dass irgendetwas schiefläuft. Dass Alex eher den Kuschelvater gegeben und sich sehr um das Kind gekümmert hat, hat man einerseits mir angelastet, andererseits ihn mit Anerkennung überschüttet. Dabei hatten wir ausgemacht, dass wir uns die Arbeit teilen und dass ich mich, wenn er seine Ausbildung fertig hat, um meine eigene kümmern kann.«

Mit 21 Jahren kam dann das zweite Kind. Annette beschreibt die nächsten vier Jahre als sehr schön, auch weil sie diese wegen Alex' Job im fernen Karlsruhe verbrachten. Als es danach zurückging in den Heimatort, hockte Annette ohne Arbeit und Ausbildung mit zwei Kindern zu Hause. »Diese Zeit hat uns gebrochen. Die Kindergartenöffnungszeiten ließen einem kaum Optionen, sein Leben zu gestalten. Und die Isolation auf dem Dorf war tödlich.« Annette fasst diese Jahre mit drei Worten zusammen: »Putzfimmel, Depression, Hoffnungslosigkeit.«

Nun wollte sie die Vereinbarung einlösen, dass sie eine Ausbildung absolvieren oder zurück auf die Schule gehen könne. »Ich wollte nicht ewig als Putzfrau hängenbleiben. Warum soll ich im Leben keine Chance mehr haben, bloß

weil ich früh Mutter geworden bin?« Doch Alex unterstützte
sie wenig; er meinte plötzlich, Hausmänner seien »Weich-
eier« und er wolle keines werden. Von seiner Mutter kam
der Vorwurf, sie sei selbst daran schuld, schwanger geworden zu sein, ohne eine Ausbildung gemacht zu haben.

Annette ließ dennoch nicht locker. Das Abitur auf dem
zweiten Bildungsweg nachzuholen ist in vielen Städten möglich, allerdings nur, wenn man eine Ausbildung nachweisen
kann. Einzig in Berlin wurden als Voraussetzung auch drei
Jahre Haushaltsführung anerkannt, um jungen Müttern
oder Vätern ohne Ausbildung diese Chance zu gewähren.
Annette fuhr also nach Berlin, um die Aufnahmeprüfung
zu absolvieren; die Kinder hatte sie beim Vater gelassen. Als
sie zurückkam, eskalierte die Situation. »Alex schlug aus
Wut die Tür kaputt, alle haben mich nur noch angeschrien.
Auch meine Mutter und meine Schwester standen immer
auf Alex' Seite, sie haben sich gar nicht die Mühe gemacht,
mich zu verstehen. Ich bin dann mit dem gleichen Koffer,
den ich für die Prüfung in Berlin gepackt hatte, wieder zu-
rückgefahren. Alex hat die Kinder aus dem Haus gebracht
und vor mir versteckt, ich habe ihnen nichts erklären, mich
nicht von ihnen verabschieden können.«

Nach dem ersten Besuch zurück in Bayern nahm Annette die Kinder für acht Wochen mit nach Berlin. »Dort wurde
mir klar, dass ich es so nicht schaffe, neu anzufangen: eine
neue Stadt, das Abitur und alleine zwei kleine Kinder durchbringen.« Schweren Herzens gab sie die Kinder wieder in
die Obhut des Vaters. Danach ging das Gezerre um die Kinder erst richtig los. Die Familien zerstritten sich und drohten einander, und auch die sehr emotionalen Begegnungen
mit den Kindern gefolgt von langen Trennungszeiten ließen
Annette in ein tiefes Loch fallen. Ein psychologisches Gut-

achten ergab, dass die Bindung zu beiden Elternteilen gleich stark ausgeprägt war und dass die Kinder bei beiden bleiben wollten. Dennoch bekam der Vater das alleinige Sorgerecht, sie wurde unterhaltspflichtig. Diese richterliche Entscheidung wirkt auf sie, als habe man sie für ihre Überschreitung der Norm bestrafen wollen: »Ich habe Alex zwei Ausbildungen finanziert, und jetzt habe ich seine Unterhaltsklagen am Hals, obwohl ich selbst gerade mit Hartz IV versuchen muss, meine Selbständigkeit aufzubauen. Ich habe sechs Jahre für das Umgangsrecht mit den Kindern gekämpft. Dieser ganze Stress hat auch meine späteren Beziehungen ruiniert, ich war ein psychisches Wrack.«

Annettes Kinder sind jetzt elf und 14. Ihr Sohn verweigert derzeit den Kontakt, aber Annette hofft, dass sich das wieder ändern wird: »Wir haben noch unser ganzes Leben vor uns.« Mit der Tochter habe sie gute Gespräche, stoße auch auf Verständnis. »Sie meinte einmal zu mir: Alle lassen sich scheiden, nur sonst sind es halt immer die Männer, die gehen.«

Alex hat eine neue Familie gegründet, seine neue Ehefrau begegnet Annette mit vielen Ressentiments. Sie schickt ihr E-Mails, in denen sie sie als schlechte Mutter bezeichnet oder sich über fehlende Unterhaltszahlungen beschwert. Telefonkontakt zu ihren Kindern ist nur samstags um zwölf Uhr gestattet, weitere Anrufe würden das »Familienleben« stören. Aber Annette hat mit ihrer Tochter heimlich eine Abmachung getroffen, sie sprechen öfter miteinander. Annette weiß, dass ihre Kinder Zeit brauchen, um einen eigenen Zugang zu ihr und ihrer Entscheidung finden zu können. Zu ihrer Tochter meinte sie letztens: »Bevor du eines Tages schwanger wirst, musst du ein oder zwei Jahre zu mir nach Berlin kommen, um das Leben kennenzulernen.«

Über ihre Mutterschaft sagt Annette rückblickend: »In gewisser Weise bin ich froh über meine Naivität damals. Wenn ich nicht so früh Kinder bekommen hätte, wer weiß, ob ich jemals welche bekommen hätte. Kinder, romantische Zweierbeziehung, eine stabile Familie – das ist auf Dauer nicht machbar. Aber uns wird eingetrichtert, dass das eine ohne das andere nicht geht. Meine Freundinnen hier in Berlin suchen alle nach alternativen Modellen, die aber nur schwer lebbar sind in unserer Gesellschaft.« Gerade kümmert sie sich um eine schwangere Freundin, die Annette gebeten hat, Patentante zu werden. Eine verantwortungsvolle Rolle, die sie sehr ernst nehmen wird. Bei der Entbindung möchte sie ebenfalls dabei sein. Annette kann sich auch vorstellen noch ein Kind zu bekommen – aber dann in einem alternativen Familienkonzept.

Kapitel 8: Von Partnerschaft, Liebe und Abhängigkeit

»Es gibt diese tiefe Sehnsucht danach, dass jemand die Einzigartigkeit unserer Existenz anerkennt. Und die Idee der Liebe ist auch deshalb so kostbar für uns, weil sie nicht eigennützig ist. Sie ist absichtslos und genau das macht die Schönheit der Liebe aus.«

Eva Illouz

Die Bereitschaft, eine Familie zu gründen, wird oft als Indikator dafür gelesen, wie ernst man es in einer Beziehung meint: ob man sich eine gemeinsame Zukunft vorstellen kann, ob man einander so vertraut, dass man auch die Verantwortung für ein Kind tragen kann. Die Entscheidung für eine eigene Familie ist aber meistens von Emotionalität und nicht unbedingt von einer sachlichen Einschätzung getragen, was man zu leisten imstande ist. Ein Kind ist eine fundamentale Veränderung, die die Lebensumstände eines Paares so massiv beeinflussen kann wie sonst kaum etwas. Gerade weil dem so ist, müsste im Vorfeld genau ausgehandelt werden, wer diese Veränderungen wie mitträgt. Die Zeit, die man vorher für gemeinsame Gespräche und Aktivitäten hatte, wird deutlich reduziert, sie muss geplant werden, Spontanität ist kaum noch möglich und es gibt weniger Raum für die eigene Liebe. Viele meiner Interviewpartnerinnen haben erlebt, wie in ihrem Bekanntenkreis eine Familiengründung Partner entzweit statt geeinigt hat. Der Freund/die Freundin hätten mit der Zeit nur noch über ihren Ärger berichtet, den sie mit der Arbeitsteilung hatten, und über die große Frustration, ihre eigenen Bedürfnisse nicht ausleben zu können. Sie hätten den Verlust von Intimität beklagt, auch weil sie schlicht zu erschöpft seien, wenn dann endlich die »Quality Time« mit dem Partner beginne, sprich am Abend, wenn die Kinder im Bett sind. Und selbst dann drehe es sich meistens um den Nachwuchs oder potentielle Reizthemen wie eine bessere Arbeitsteilung. In Familien, in denen die Versorgung und Erziehung von Kindern – wie in den meisten Beziehungskonstellationen üblich – auf den Schultern von nur zwei Menschen lasten, zumal wenn beide berufstätig sind, scheint Überforderung vorprogrammiert. Man braucht vor allem ausreichend Geld und ein dickes Fell, um sich mit Hilfe von Babysittern oder Tagesmüttern Freiräume zu verschaffen und das Geraune von der Rabenmutter zu überhören. Wobei Kindergärten oder Tagesstätten letztlich in erster Linie die eigene Berufstätigkeit ermöglichen, nicht aber Zeit- und generelle Freiräume für einen selbst oder für die Paarbeziehung. So gesehen besteht das »Problem der Vereinbarkeit« auch in der Partnerschaft.

Wenn man seine Beziehung dieser Belastungsprobe nicht unterziehen möchte und sich gegen Kinder entscheidet, muss das nicht heißen, dass man der Partnerschaft nicht zutraut, Herausforderungen zu bewältigen. Es sagt nichts über die Qualität der Beziehung aus, sondern einfach darüber, dass Leute ihre Lebensbedingungen realistisch einschätzen, dass sie ahnen, wo Konflikte sich vergrößern würden. Wenn Kinder sowieso nicht allzu weit oben auf der persönlichen Agenda stehen, kann man diese Probleme vermeiden. Zu einer solch realistischen Einschätzung zu gelangen ist allerdings nicht leicht, wenn das Umfeld weiterhin als gegeben annimmt, dass Kinder ein elementarer Bestandteil einer Beziehung sein sollten. Frauen werden in traditionellen Familienkonstellationen sehr schnell nicht nur zur Versorgungsstation des Kindes, sondern oft genug auch des Mannes. Die eigene Bedürftigkeit wird immer wieder zurückgestellt, weil Frauen zumeist nicht nur die Last der Beziehungs-, sondern der Familienarbeit schultern müssen. »Die Ungleichgewichtsfalle ist vielleicht schon vorher da«, meinte Kathrin, »aber ohne Kinder lässt sich das leichter kaschieren. Wenn ein Kind da ist, trifft die Falle viele Frauen mit voller Wucht.«

Weil Frauen im öffentlichen Raum weniger Anerkennung zuteilwird als Männern, Vollzeitmüttern diese gleich völlig fehlt, suchen sie auch heute noch verstärkt Bestätigung im familiären bzw. privaten Raum. Das bedeutet aber auch, dass das Scheitern einer Beziehung ihr Selbstwertgefühl leichter und fundamentaler untergraben kann. Eva Illouz bezeichnet dieses Phänomen in ihrem Buch »Warum Liebe wehtut« als *emotionale Asymmetrie* zwischen den Geschlechtern. Nicht weil Frauen schwächer oder gefühlsduseliger seien, sondern weil die sozialen Arrangements unserer Gesellschaft sie in diese Schieflage brächten: »Die Liebe ist am kompliziertesten für Frauen, die Familienleben mit Romantik und ihrer eigenen Freiheit und Autonomie kombinieren wollen. Eine Frau, die sich für Familie entscheidet, wird abhängiger vom Wohlwollen eines Mannes.«[57]

57 Zitiert aus einem Interview der Autorin mit *Spiegel Online*, 11. Oktober 2011, http://www.spiegel.de/kultur/literatur/ soziologin-illouz-macht-euren-kinderwunsch-nicht-von-liebe-abhaengig-a-790592.html. Abrufdatum 20.08.2014

Illouz plädiert für ein radikal neues Konzept: für die Trennung von Elternschaft und sexuell-romantischer Beziehung. Frauen sollten ihren Kinderwunsch nicht abhängig machen von der Sehnsucht nach romantischer Liebe; es brauche keine traditionelle Familienstruktur, um Kinder zu erziehen, diese mache Frauen nur abhängig und erpressbar, noch mehr Arbeit für die Familie zu leisten. Indem diese (unbezahlten) Tätigkeiten mit dem Begriff Liebe bzw. Mutterliebe verbunden werden, haben es Frauen schwer, die realen Verhältnisse zu kritisieren, ohne sofort mit dem Vorwurf der Lieblosigkeit konfrontiert zu werden. Diese Gleichsetzung von Arbeit mit Fürsorge bzw. Liebe ist auch in der Werbebranche ein Joker, der immer wieder sticht. Oder haben Sie schon einmal das Bild eines fürsorglichen Mannes auf einer Windelpackung gesehen?

»Wenn ihr Kinder wollt, bekommt sie allein oder in einer Gemeinschaft mit anderen Frauen, die ebenfalls Kinder wollen. Oder mit Männern, die Kinder wollen, aber nicht eure Partner sind«[58], fordert Illouz daher. Nur so könne man Autonomie *und* Fürsorge neu formulieren. Illouz ist der Meinung, dass nicht biologische Determination, sondern das System der Moderne Männer zu »emotionalen Kapitalisten« gemacht habe, die ihre Bindungswilligkeit zum raren Gut erheben können, da ihr sozioökonomischer Status weniger von Heirat und Familie abhänge und sie in der Kinderfrage mehr Zeit und Gelassenheit ausstrahlen könnten. Gerade weil Beziehungen heute weitgehend durch

58 Zitiert aus einem Interview der Autorin mit *Spiegel Online*, 11. Oktober 2011, http://www.spiegel.de/kultur/literatur/ soziologin-illouz-macht-euren-kinderwunsch-nicht-von-liebe-abhaengig-a-790592.html. Abrufdatum 20.08.2014

Freiheit und Autonomie definiert sind, hätten Frauen, die eine konventionelle Familie wollten, keine Handhabe, ein anderes Arrangement der Geschlechter zu fordern. Nur wer Distanziertheit zeige, sich nicht erpressen lasse, würde »gewinnen«. Meine Interviewpartnerin Jasmin vertrat eine ähnliche Auffassung: »Es ist enorm, was die Liebe alles leisten soll, und wenn es dann nicht klappt, ist man selbst dran schuld. Vielleicht ist der Teamgedanke bei der Familiengründung viel realistischer, die Romantik ist für nebenher.«

Autonomie und eigene Freiheit werden heutzutage als hohes Gut geschätzt, aber nicht von Frauen und Männern gleichermaßen eingefordert. Sibylle, 35, erzählte von einer Freundin, deren Partner klare Bedingungen gestellt habe, bevor er sich überhaupt auf eine Vaterschaft eingelassen habe: »Er wollte sich aus allen ›unangenehmen Arbeiten‹ heraushalten und vor allem morgens immer ausschlafen können. Es ist eine Sache, im Vorfeld darüber zu diskutieren, wie man den Alltag organisiert und wer bereit ist, welche Abstriche zu machen. Aber von vornherein zu sagen: Wenn du ein Kind willst, dann nur zu meinen Bedingungen – das ist Erpressung. Was ich aber überhaupt nicht mehr nachvollziehen konnte, war, dass er das jahrelang konsequent durchgezogen hat. Obwohl er als Freiberufler von zu Hause aus arbeitet und sie einen Vollzeitjob hat, blieb er jeden Morgen liegen, während sie sich abhetzte, das Kind für den Kindergarten fertig machte und überall herumkutschierte. Es scheint, als ob manche Männer aufgrund ihrer angeknacksten Position als Familienoberhaupt andere Wege suchen, Macht auszuüben.«

Sibylles Freundin hat ihren Partner vor kurzem mit ihrer sechsjährigen Tochter verlassen. Sie meinte, sie habe ja nun faktisch jahrelang Erfahrungen als alleinerziehende Mutter gesammelt. Durch die Trennung sei klarer als vorher, dass ohnehin alles an ihr hängenbleibe, die Reibereien deswegen in der Partnerschaft fielen weg und auch das Gefühl des Vernachlässigtwerdens durch den Partner. Ein Argument, das man von vielen Frauen hört, die sich seit Jahren mit der Familien- und Beziehungsarbeit alleingelassen fühlen.»Wenn ich solche Geschichten höre, zumal, wenn es um ein Paar geht, das vorher eigentlich auf Augenhöhe miteinander war und modern-liberale Ansichten vertreten hat, bin ich einfach nur unendlich erleichtert, keinen Kinderwunsch zu haben und diesem Strudel aus Abhängigkeit und Erpressbarkeit zu entgehen«, so Sibylle.

Am Ende doch alleinerziehend?

Als sei es die zwangsläufige Folge der derzeitigen Geschlechterverhältnisse, bekundeten fast alle Freundinnen, mit denen ich über mein Buch gesprochen habe, dass sie sehr wahrscheinlich früher oder später alleinerziehend wären, würden sie sich für ein Kind entscheiden. Sie hatten sehr klare Vorstellungen von den negativen Auswirkungen auf ihr ganzes Leben, wenn sie wegen der Familiengründung vielleicht auf eine Karriere verzichten und sich finanziell vom Partner abhängig machen würden. Sie erwarteten nicht nur eine Trennung, sondern auch vorher schon ein weitgehendes Aus-der-Verantwortung-Ziehen. An dieser ernüchternden Einschätzung – die ebenfalls viele Statistiken belegen – ändert auch die Tatsache nichts, dass es selbstverständlich Väter gibt, die sich teils unter großen Schwierigkeiten um das gemeinsame Sorgerecht bemühen. Elena meinte: »Mit dreißig haben viele Frauen in meinem Freundeskreis angefangen, Familie als Option zu denken.

Gleichzeitig haben sie immer wieder daran gezweifelt, ob sie sich bei einer Familiengründung wirklich auf die Männer verlassen können.« Der Druck wird umso höher, wenn Frauen vermittelt wird, dass bei Kinderlosigkeit ein elementarer Bestandteil nicht nur in der Beziehung, sondern in ihrem Erleben als Frau fehlt und sie Kinder nicht als eine gleichwertige Option unter mehreren betrachten, sondern als die bedeutendste. Wozu diese Fixierung führen kann, schilderte mir Achim – einer der wenigen Männer, die im Gespräch mit mir tatsächlich etwas mehr preisgaben. Er erzählte, dass er sich auf Beziehungen mit Frauen ab Mitte dreißig gar nicht erst einlasse, da er davon ausgehe, sie würden ihn alsbald mit einem Kinderwunsch bedrängen. Er habe schon Partnerschaften beendet, weil das kritische Alter nahte. Als ich ihn fragte, ob er denn mit den Frauen darüber gesprochen habe, ob sie wirklich Kinder wollten, verneinte er. Da war er wieder, dieser Determinismus, die Erwartung dieses naturgegebenen Zwangs. So als könne man Frauen dieses Alters nicht zutrauen, eine klare Aussage darüber zu treffen, als sei es unausweichlich, dass selbst Frauen, die sich heute klar gegen Kinder aussprechen, ihre Entscheidung morgen schon revidieren. Natürlich kann man seine Meinung gegenüber Kindern ändern, es gibt zahllose Faktoren, die dazu führen können. Aber es gibt keinen biologischen Zwangsreflex, auch wenn dieses Bild sich hartnäckig hält. Tatjana brachte es in unserem Interview so auf den Punkt: »Bei Männern wird nach dem Beruf gefragt. Wenn er dann auch noch Kinder hat, ist er ein ganzer Kerl. Ein Mann muss sein Leben nicht durch Kinder ergänzen, um ›ganz‹ zu sein. Aber eine erwachsene Frau, die keine Kinder hat, ist nur eine halbe Frau, ihr fehlt etwas zum kompletten Glück, zur absoluten Erfüllung. Hat sie dann auch noch einen Hund oder eine Katze, sind die angeblich der Baby-Ersatz. Sie ist unvollständig, ungenügend, unfertig und muss etwas kompensieren.«

Zeitdruck als Machtinstrument

Männer stehen dagegen nicht im Verdacht, etwas kompensieren zu müssen, wenn sie nicht Vater werden. Ich habe bereits darauf hingewiesen, dass statistisch gesehen mehr Männer über vierzig kinderlos sind als Frauen. Auch wenn sich die Mär von ewiger Fruchtbarkeit hält, scheint ihre Bereitschaft abzunehmen, sich »im Alter« mit einer Familie zu belasten. Der Vorteil, den Männer in Sachen Familienplanung zeitlich gesehen zu haben scheinen, führt in der Realität nicht zu mehr Kindern. Er scheint eher ein psychologischer zu sein, im Sinne dass *Mann* sich freier fühlt. Einige meiner Interviewpartnerinnen haben aber festgestellt, dass auch Männer mit Torschlusspanik zu kämpfen haben. Marion etwa sagte:»Den Stress, unter den manche Männer dann mit Ende vierzig geraten, eine jüngere Frau zu finden, mit der sie eine Familie gründen können, würde ich nicht unterschätzen. Nur weil man diese Konstellation des ›alten Vaters‹ häufiger sieht als umgekehrt, heißt das noch lange nicht, dass sie sich leicht herbeiführen lässt. Ich bin mir sicher, dass es auch bei Männern späte Reue gibt, aber ihnen wird das nicht ständig unter die Nase gerieben, sondern suggeriert, sie hätten ewig Zeit oder würden es eben nicht bereuen.«

Die Erzählung von der verzweifelten Frau dagegen, die noch schnell Kinder haben will, hat auch Einfluss auf die Partnerwahl. Für Männer, die noch unentschieden sind, was eine Familiengründung angeht, verlieren Frauen, die an der »kritischen Altersgrenze« stehen, an Attraktivität. Sie wollen sich nicht unter Druck setzen lassen. Manche Frauen wiederum haben den Gedanken, dass sich die Tore zur wahren Erfüllung nun langsam zu schließen beginnen, so sehr verinnerlicht, dass sie sich in ihrer Partnerwahl unfrei und abhängig fühlen. Jana ist Mitte dreißig und arbeitet in der freien Theaterszene. Letztes Jahr hat ihr Partner, mit dem sie fünf Jahre zusammen war, sie verlassen: »Früher wollte mein Freund Hausmann werden und Vater, während ich eher ambivalent war, was Kinder anging. Doch als ich mich dann für Kinder entschieden habe, hat es sich gedreht – er wollte plötzlich ausbrechen und sich neu erfinden. Ich fühlte mich total zurückgestoßen und alleingelassen. Und das in einem Alter, in dem Frauen ohnehin Probleme haben, einen Mann zu finden, da viele Angst davor haben, dass sich bei Frauen jetzt alles um das Thema Kind dreht.«

Eine Freundin von Jana hat eine ähnliche Erfahrung gemacht: »Ich finde es schwierig, einen Mann unter dieser Prämisse kennenlernen zu müssen. Muss man gleich sagen, dass man keine Kinder will, damit man überhaupt eine Chance hat? Einer hat mir sogar einmal gesagt, er wolle meiner biologischen Uhr nicht im Weg stehen – obwohl ich das Thema Kind mit keinem Ton erwähnt habe. Das Vorhandensein eines Kinderwunsches wird ab einem gewissen Alter schlicht vorausgesetzt. Manche Männer lassen sich daher erst gar nicht auf eine feste Bindung ein, andere trennen sich, wie im Fall von Jana.«

Durch den unterschiedlichen Umgang mit dem Thema Zeitdruck entsteht eine Asymmetrie, die Frauen in der Wahrnehmung ihrer Freiheit beschränkt. Jana: »Ich verstehe, wie man sich da voll reinsteigern kann in diesen Druck, dass man jetzt unbedingt einen Mann dafür finden muss in den nächsten fünf Jahren. Alle Parameter müssen stimmen, und das macht einen fertig.«

Das Szenario der späten Reue kinderloser Frauen ist auch deshalb so perfide, weil es einfach behauptet werden kann. Es ist eine Unterstellung, eine Art selbsterfüllende Prophezeiung, mit denen Frauen unter Druck gesetzt werden. Männliche Privilegien werden so untermauert, während Frauen eingeredet wird, dass mit vierzig alles vorbei ist, wenn sie keine Familie gegründet haben. Wenn sie ab einem gewissen Alter den überzogenen Idealen von Jugendlichkeit und Schönheit weniger entsprechen, entzieht unsere Gesellschaft den Frauen ihren Status, um ihnen das Angebot zu machen, diesen Statusverlust mit Mutterschaft und Familie als einen Quell für ihr Selbstwertgefühl ausgleichen zu können. Klappt es dann aber mit der Familienplanung nicht, können Frauen schnell in einen Strudel aus Minderwertigkeitsgefühlen und Frust geraten.

Auch was diesen Mechanismus angeht, zogen viele meiner Gesprächspartnerinnen viel Positives aus ihrer »Abweichung«. Denn wenn es das zentrale Ziel für eine Frau sei, jung und schön zu sein, um einen Mann zum Heiraten zu finden und sich später über Kinder zu definieren, liegt es nahe, dass Frauen ohne Kinderwunsch es auch als Erleichterung empfinden, sich dieser Dynamik entziehen zu können. Marion brachte es so auf den Punkt: »Ich erkenne bei Gesprächen mit Freundinnen immer wieder, wie frei ich ohne Kinderwunsch bin. Eine Freundin von mir fühlt sich allein deswegen benachteiligt bei der Partnersuche, weil sie Kinder will. Es schmälere ihren Wert, sagt sie, wenn sie den romantischen Wunsch äußert, ein Kind zu wollen. Das ist doch traurig.«

Dagegen kann der Wunsch, kinderlos zu bleiben, eine Beziehung auch vertiefen: Man teilt ähnliche Gedanken über Freiheit und Ziele und begegnet dem anderen mit Verständnis für den jeweiligen Lebensentwurf. Frauen hingegen, die einen Partner an ihrer Seite haben, der ihre Einstellung nicht teilt, geraten zusätzlich unter Rechtfertigungsdruck. Die Erleichterung ist groß, wenn man dagegen eine Beziehung zu einem Menschen hat, der die eigene Haltung mitträgt und mit dem man sich gemeinsam gesellschaftlichen Zwängen widersetzen kann.

Linda, die lesbisch lebt, schilderte ihre Erfahrungen so: »Meine letzte Freundin wollte eine große Familie. Das war immer ein Konfliktpunkt zwischen uns. Ich komme ja aus Kolumbien, einem sehr katholischen Land, in dem Frauen traditionell viele Kinder haben. Für meine eigene Familie war es lange schwierig, mein Leben als lesbische Frau zu akzeptieren. Mittlerweile haben sie die Hoffnung aufgegeben, dass ich irgendwann doch noch einmal mit einem Mann daherkomme. Vermutlich fänden sie es auch eher schräg, wenn ich als Lesbe Kinder wollen würde. Wenngleich ich persönlich keine möchte, finde ich diese beschränkte Sichtweise, dass Kinder nur in den Kontext einer Ehe zwischen Mann und Frau gehören, problematisch. Selbst alleinerziehend zu sein ist schon undenkbar. In meinem Freundeskreis wurden die Ersten mit dreißig schwanger, es wurden immer mehr, als sei dieses Alter eine magische Grenze. Vorher war das eigentlich nie ein Thema, aber nun wurde deutlich, dass meine Freundinnen und ich unterschiedliche Richtungen einschlugen. Als ich meine neue Partnerin kennenlernte, war ich verunsichert, weil sie Kinder so toll findet; ich hatte

Angst, dass sich das ›Familienthema‹ wie bei meiner letzten Beziehung zwischen uns schieben würde. Irgendwann habe ich sie dann direkt gefragt, ob sie Kinder will. Ich war erleichtert und glücklich, als sie das verneinte.«

Es gibt Studien, die belegen, dass kinderlose Paare einen stärkeren inneren Zusammenhalt aufweisen, dass sie ein größeres Interesse an gemeinsamen Aktivitäten haben, sich häufiger austauschen und den anderen stärker unterstützen, zum Beispiel beim Erreichen beruflicher Ziele. Linda hat sich vor kurzem als Kosmetikerin selbständig gemacht, ihre Partnerin ist Masseurin, sie wollen sich gemeinsam eine Existenz aufbauen und zusammenarbeiten.

Marion vertrat im Interview eine ähnliche Haltung: »Mir war immer klar, dass ich einen Partner haben möchte, mit dem ich gemeinsam etwas erschaffen kann – intellektuell und künstlerisch. Familie oder Kinder als ›gemeinsames Werk‹ war nie eine Option.«

Gewollt Kinderlose zeigen weniger Kompromissbereitschaft innerhalb der Beziehung und haben höhere Ansprüche an die Partnerschaft, vor allem beim Thema Gleichberechtigung. Wobei sich hier die Frage stellt, ob das Ursache oder Folge der Kinderlosigkeit ist. Wenn Kinder im Haus sind, muss man mehr Zugeständnisse machen, egal, ob man das vorher wollte oder nicht, und egal, ob es den eigenen Bedürfnissen entspricht oder entgegensteht. Christine Carl weist in ihrem Buch »Leben ohne Kinder«[59] darauf hin, dass es zunächst wenig prinzipielle Unterschiede in der Beziehungsgestaltung von Eltern und Kinderlosen gibt, die meisten Paare Wert auf Freiräume und Autonomie legen würden.

59 Christine Carl: Leben ohne Kinder. Wenn Frauen keine Mütter sein wollen. Rowohlt Verlag, Reinbek bei Hamburg 2002

Der Unterschied mache sich erst bemerkbar, wenn Paare Eltern werden, vor neue Anforderungen gestellt werden und ihr Leben neu ausrichten müssen.

Kinderlose setzen sich häufig sehr intensiv mit diesen Weichenstellungen auseinander, fragen sich, welche Kompromisse sie und ihr Partner einzugehen bereit sind. Meine Interviewpartnerinnen hatten auch einen sehr realistischen Blick darauf, was es heißt, Verantwortung für ein Kind zu tragen: »Wenn einer meiner früheren Partner einen Kinderwunsch äußerte, habe ich mir auch überlegt, ob er mir belastbar genug erschien. Was würde er im Fall einer Trennung machen? Könnte ich das Kind auch bei ihm lassen? Die Abhängigkeit meiner Mutter von meinem Vater, die dachte, dass sie sich wegen mir nicht trennen darf, ist ein wichtiger Grund dafür, warum ich mich nie klar für Kinder entschieden habe«, sagte Tatjana.

Kim sah das ähnlich. Sie erzählte, wie wichtig ihr eine partnerschaftliche Liebesbeziehung auf Augenhöhe ist. Sie befürchtet, dass durch ein Kind Abhängigkeiten entstehen würden, die ein Ungleichgewicht in die Beziehung brächten. Und sie sagte: »Ich mag die Intensität und Intimität einer Zweierbeziehung, in der und an der ich wachsen kann. Ich möchte aber auch gehen können, wenn die Bindung zu diesem Menschen nicht mehr funktioniert.« Kinder erhöhen für sie das Risiko, auf Biegen und Brechen zusammenzubleiben, selbst wenn man sich emotional weit voneinander entfernt hat. Die Scheu vor einer Scheidung, das Stigma der getrennten Eltern, war früher größer als heute; der Druck, den Schein zu wahren, hat nicht nur die Eltern belastet, sondern auch die Kinder aus solchen Beziehungen, die die Spannungen natürlich mitbekommen haben.

Doch was, wenn sich die Partner uneins sind? Wenn

der eine drängt und der andere zögert? Dann wird das potentielle Kind zum Indikator von Liebe und Vertrauen, zur Nagelprobe für die Beziehung, deren Wert an sich mit einem Mal in Zweifel gezogen wird. Wenn die Frage, ob man sich liebt, daran festgemacht wird, dass man sie durch ein gemeinsames Kind auch in der Öffentlichkeit sichtbar macht und legitimiert, fällt es schwer, zu differenzieren. Der Partner wird zum Hindernis für die eigene Selbstverwirklichung oder zum Liebesverweigerer. Wer mag dann schon unterscheiden, ob die Kränkung durch die Ablehnung eines gemeinsamen Kindes größer ist als der tatsächliche Wunsch, eines zu bekommen?

Tatjana meinte dazu: »Bei meinem jetzigen Lebensgefährten gab es bereits ein paar Situationen, wo er mir drohte, mich zu verlassen, wenn ich meine Meinung nicht ändere. Das trieb mich sogar so weit, dass ich mir tatsächlich überlegte, nur schwanger zu werden, damit er bei mir bleibt, weil ich ihn so sehr liebe. Aber mittlerweile weiß ich, dass nicht mal das mich dazu bringen würde, Mutter zu werden. Ich bin mir bewusst, dass ich vermutlich irgendwann mit dem Ende der Beziehung rechnen muss, weil ich ein gemeinsames Kind nicht als Beleg für die Tiefe unserer Beziehung sehen kann. Abgesehen davon glaube ich, dass unsere Beziehung mit Kind ebenfalls zu Ende gehen würde, weil wir uns dann vor lauter Schlafmangel und Stress dauernd streiten würden. Sexualität ist uns beiden sehr wichtig, damit wäre es ja dann vermutlich auch vorbei.«

Der Kinderwunsch bietet sich selbstredend auch dafür an, den anderen an sich zu binden. Laura berichtete von einem Partner, der ihrer Meinung nach eifersüchtig auf ihre erfolgreiche akademische Laufbahn war und nach einer

Weile immer wieder die Kinderfrage auf den Tisch brachte. »Er betrachtete es mit der Zeit wirklich als ein Anzeichen mangelnder Liebe, wenn ich für ihn und eine Familie meine Arbeit nicht aufgeben oder zumindest beruflich zurückstecken würde. Er hat zwar mehr verdient, aber in seinem Job keine Erfüllung gefunden.« Als die Kinderfrage den Alltag immer mehr vergiftete, trennte sich Laura von ihm. »Ich habe mich so unter Druck gefühlt. Hätte er nicht immer wieder Kinder mit Liebe gleichgesetzt, hätten wir vielleicht eines Tages welche bekommen. Aber mit dieser Bewertung hat er das versaut. Es ging so weit, dass er in Frage gestellt hat, wie lebensbejahend ich ohne Kinderwunsch überhaupt sein könne. Das Reden über Kinderlosigkeit geht ja oft mit einem großen Kuddelmuddel zwischen subjektiver und gesellschaftlicher Ebene einher. Man wird in den eigenen Empfindungen ebenso angeklagt wie im Verhältnis zur Gesellschaft oder zum Partner.«

Eine ähnliche Geschichte erzählte Marion. Sie hatte zunehmend den Eindruck, dass ihr Partner seine Trennungsängste damit zu kompensieren versuchte, sie mit Kindern an sich zu binden, wohl wissend, dass die Arbeitsbelastung an ihr hängengeblieben wäre. »Er hat sich auf meine Gesprächsversuche, wie das praktisch funktionieren soll, nie wirklich eingelassen. Er ging stillschweigend davon aus, dass ich mich mehr um die Kinder kümmere, dass ich Abstriche machen muss, weil er aufgrund seines Berufes kaum da war. Das wäre vielleicht noch irgendwie zu regeln gewesen, aber es war in dem Moment aus, wo er sagte, es sei irgendwie krank, dass ich mich so gegen Kinder sträube, schließlich seien sie das Höchste, das Liebe hervorbringen könne. Wenn ich keine Kinder wolle, dann würde ich auch ihn nicht wirklich wollen. In diesem Moment habe ich mich gefragt, ob ich wirklich mit einem Mann zusammenbleiben will, der mir ohne Kind die Unfähigkeit zu lieben unterstellt.«

Die zeitliche Begrenzung von Liebe

Abgesehen von dieser Abhängigkeit gibt es noch etwas, das bei Liebe nur ungern mitgedacht wird: dass sie aufhören kann. Das ist schmerzhaft genug, den Verlust einer Partnerschaft zu überwinden kostet Kraft. Und es braucht eine große Portion Ehrlichkeit und die Bereitschaft hinzusehen, ob eine Beziehung noch funktioniert oder ob man aus Gewohnheit, Angst vor dem Alleinsein oder – wie im Fall von Tatjanas Mutter – der Kinder wegen zusammenbleibt.

In der Literatur stößt man immer wieder auf Zahlen, die belegen, dass sich Kinderlose häufiger trennen. Das mag daran liegen, dass Kinder als »Beziehungskitt« wegfallen. Wobei dieser »Kitt« nicht die Qualität der Beziehung gewährleistet, sondern ihr bloßes Fortbestehen und es zudem fragwürdig ist, ob Paare, die nur noch der Kinder wegen zusammen sind, diesen den emotional stabilen Rahmen bieten können, den Kinder brauchen: Ein Zusammenbleiben auf Biegen und Brechen ist nicht unbedingt die verantwortungsvollere Entscheidung, als sich zu trennen. Im Fall der Kinderlosen werden die höheren Trennungszahlen allerdings häufig als Indikator für eine mangelnde Beziehungs- und Liebesfähigkeit an sich missinterpretiert. Es wird unterstellt, sie würden bei der ersten Krise gleich das Handtuch werfen, das Vertrauen, die Bereitschaft fehle, sich ernsthaft auf den anderen einzulassen. Kinder werden hier instrumentalisiert, um den einen Lebensentwurf Familie seriös und verantwortungsvoll darzustellen, den anderen als von Leichtfertigkeit und Lust gelenkt abzuwerten. Wenn man ehrlich ist, hat wohl jeder von uns schon die Erfahrung gemacht, dass Beziehungen sich im Laufe der Zeit wandeln – egal, ob Kinder da sind oder nicht. Romantik, Sinnlichkeit und der Stellenwert sexueller Intimität verändern sich. Ein Mann mit drei Kindern, der nach 14 Jahren Beziehung wieder Single und nun Teilzeitpapa ist, erzählte mir, wie schwer es ihm und seiner Partnerin gefallen sei, die Liebe aufrechtzuerhalten. »Man muss so viele Abstriche und Kompromisse machen, man ist so sehr damit beschäftigt, Eltern zu sein, dass man sich als Liebespaar darin verliert.« Die eigenen emotionalen Bedürfnisse seien immer wieder zurückgestellt und von anderen, in diesem Moment wichtiger erscheinenden Dingen überlagert worden; bis sie irgendwann nicht mehr gemeinsam auslebbar erschienen.

Marion erzählte: »Ich sehe Liebesbeziehungen, so eng und intensiv sie auch sein mögen, als etwas zeitlich Begrenztes an. Das muss nicht immer und zwangsläufig so sein, aber es ist wahrscheinlich. Zeitlich begrenzt heißt für mich nicht, eine Beziehung als austauschbar zu empfinden oder sich nicht dafür einzusetzen, weil sie ja ›nur‹ vorübergehend sein kann. Ich will damit sagen: Menschen entwickeln sich nun einmal weiter, und das geht nicht immer und über eine lange Zeit gemeinsam oder im Gleichschritt. Ich hatte in meinem Leben bisher immer Beziehungen, die viele Jahre andauerten, und ich will keine davon missen. Aber eben weil ich die Erfahrung gemacht habe, dass sie zu Ende gegangen sind, dass wir uns in unterschiedliche Richtungen entwickelt haben, empfände ich es als großes Risiko, Kinder zu bekommen. Ich hätte Angst, emotional und finanziell zu sehr von einem Mann abhängig zu sein. Und ich hätte das Gefühl, nicht mehr gehen zu können, wenn die Liebe nachlässt. Wenn ein Kind da ist, wäre für mich die Enttäuschung aber auch viel größer, wenn es mit der Beziehung nicht klappt. Das Versprechen von ewigem Zusammenhalt ist zwar groß und verführerisch, aber ich denke, es wird zwangsläufig enttäuscht werden. Eben weil es in einer Familie so überfrachtet ist. Wenn es dann enttäuscht wird, ist das sehr, sehr traurig.«

Nina meinte dazu: »Das Liebesversprechen, das man sich in einer Familie gibt, ist immens. Weil es ja nicht nur das Paar an sich betrifft. Sich darauf emotional einzulassen ist ein großer Schritt, und wenn es nicht klappt, ist das sehr hart. Eine Freundin von mir trennt sich gerade von ihrem Mann, sie hat drei kleine Kinder. Sie hat lange gebraucht, sich einzugestehen, dass das Ideal von Familie, das sie versucht hat zu leben, vorne und hinten nicht mehr gestimmt hat. Es war sehr bitter für sie, sich dieser Realität zu stellen.«

Die emotionale Abhängigkeit der Kinder

Eine Freundin erzählte mir kürzlich begeistert von einem Moment inniger Liebe zwischen einer Mutter und ihrem Kind, den sie zufällig auf der Straße beobachtet habe. Es sei so schön gewesen, so besonders, dass sie dies auch einmal erleben wolle. Als ich überrascht nachfragte, ob sie denn nun ein Kind wolle und bereit sei, aufgrund dieser »Momentaufnahme« ihr Leben komplett umzukrempeln, fing sie zu lachen an. Nein, ganz und gar nicht. »Das mit der Mutterschaft ist wirklich nicht mein Ding. Ich wäre viel lieber Tante oder Patin.«

Solche Momentaufnahmen, die wir als Zeichen inniger und unverwechselbarer Liebe zwischen Eltern und ihren

Kindern wahrnehmen, wirken sehr verführerisch, vor allem in Momenten, in denen wir uns allein fühlen. Aber der Glaube, dass Kinder einem die Liebe geben könnten, die man sonst im Leben womöglich vermisst, wird nicht nur schnell enttäuscht werden; wer allein aus diesem Grund ein Kind bekommt, handelt letztlich verantwortungslos dem Kind gegenüber.

Zwischen Kindern und Eltern gibt es kein gleichberechtigtes Verhältnis, und Paare, die sich trennen, wissen nur allzu gut, welchen seelischen Verwerfungen der Nachwuchs ausgesetzt sein kann. Viele potentielle Eltern assoziieren mit Familiengründung die Erwartung, dass Liebe ewig währt. Und wenn die des Partners schwinde, bleibe als emotionale Kompensation immer noch die des Kindes. Jasmin meinte dazu: »Ich will mich nicht an Kinder binden, ich will aber vor allem nicht, dass sich Kinder an mich gebunden fühlen. Die sind ja auch abhängig von mir. So eine Abhängigkeit will ich einfach nicht herstellen, das fände ich egoistisch, das hat mit Liebe nichts zu tun. Es ist eine Illusion, dass Kinder einen so mit Liebe anfüllen, dass man schier überläuft. Kinder nehmen in erster Linie Liebe, weil sie sie brauchen in ihrer Hilfsbedürftigkeit.«

Barbara ergänzte diesen Gedanken noch um einen anderen Aspekt: »Ich fand die Kinderwünsche meiner Freunde oft zu unreflektiert. Ich kann den Ansatz nicht verstehen, dass Leute mit schlechter Familienerfahrung es besser machen wollen. Sie wollen kompensieren, was in ihrer Herkunftsfamilie nicht erfüllt wurde. Das kann man einem Kind aus meiner Sicht nicht zumuten.«

Auch Tatjana äußerte ihre Ablehnung einem Verhältnis gegenüber, das vor allem auf Abhängigkeit basiert: »Du wirst doch vor allem aufgrund deiner Stellung als Versorgerin geliebt, egal wie du sonst bist. Zwischen Kindern und Eltern besteht automatisch ein asymmetrisches Machtverhältnis, nicht eine Beziehung auf Augenhöhe.«

Marion ergänzte: »Ich mag Kinder, aber nach fünf Stunden wird mir das auch langweilig. Wobei das ein blödes Argument ist, denn jeder ›Job‹ nervt nach fünf Stunden. Aber von meinem Job kann ich eine Pause machen, ich kann ihn sogar wechseln oder aussteigen und in die Wüste gehen. Auch von meinem Partner kann ich mich trennen. Vom Elternsein kann man keine Pause machen; selbst wenn sie in der Kita oder der Schule sind, kreisen die Gedanken ja weiter um den Nachwuchs. Der Unterschied besteht darin, dass man mit erwachsenen Partnern das Liebesbedürfnis neu aushandeln kann, mit Kindern die emotionale Abhängigkeit aber total ist. Diese bedingungslose Liebe wird oft als so erstrebenswert dargestellt. Ich möchte das gar nicht empfinden. Ich weiß gar nicht, was so großartig an einer Liebe sein soll, die mich ewig bindet, mich dazu bringt, dass ich mich total aufopfere und permanent Verlustangst habe. Ich scheue mich keineswegs vor Verantwortung – aber muss man eine Paarbeziehung damit knebeln? Und müssen es immer die eigenen Kinder sein, die eine Partnerschaft vermeintlich krönen?«

Kinder müssen nicht der Hauptgrund sein, eine Gemeinschaft zu bilden – aber sie können ein Grund dafür sein, die bestehenden Modelle zu überdenken. Derzeit sind Kinder Anpassungsprogramme, vor allem für Mütter, an die bestehenden Geschlechterverhältnisse. Dabei läge enormes Potential für alle darin, soziale Zusammenhänge und Familie neu zu denken.

Kapitel 9: Alternative Konzepte von Familie und Zusammenleben

»Es braucht ein ganzes Dorf, um ein Kind zu erziehen.«
Afrikanisches Sprichwort

An diesem afrikanischen Sprichwort ist etwas dran. Angesichts der enormen Anforderungen, die Kinder an ihre Eltern stellen, angesichts der Belastungen, denen sie ausgesetzt sind, ist die Frage berechtigt, warum sich in unserer Gesellschaft seit dem 18. Jahrhundert eine Familienform durchgesetzt hat, die diese Arbeit im Normalfall zwei Personen überlässt. Von denen eine in der Regel bis heute das Geld heranschafft, also durch Abwesenheit glänzt. Natürlich gibt es Paare, die eine vernünftige Arbeitsteilung hinbekommen, die Belastungen einigermaßen gut untereinander aufteilen. Für das Gros gilt allerdings nach wie vor: Zumindest für eine gewisse Zeit, manchmal für Jahre, heißt es für einen der beiden, aus dem Beruf und damit der finanziellen Unabhängigkeit auszusteigen. Auch wenn die Zahl der Männer, die in Elternzeit gehen, inzwischen steigt, sind es in der Mehrzahl immer noch die Frauen, die die Haupterziehungsarbeit leisten. Und anders als in manchen unserer europäischen Nachbarländer wird dieses Rollenmodell in Deutschland steuerlich subventioniert. Gerade für Frauen bedeuten Kinder oft einen Rückfall in wirtschaftliche Abhängigkeit, einen Rückfall in eine Paarstruktur, die mit Gleichberechtigung nicht unbedingt etwas zu tun hat, eine Abhängigkeit von der Institution Ehe, eben weil diese die gesellschaftlich normierte Hauptform des Zusammenlebens ist.

Wir müssen neue Formen finden, die auf Verbindlichkeiten beruhen, die für alle tragbar sind. Die nicht von permanentem schlechtem Gewissen oder Schuldzuweisungen geprägt sind und auf Abhängigkeit basieren, wie das beim klassischen Modell der Kleinfamilie noch der Fall ist. Andere Modelle sind eine Chance und keine Bedrohung. Weder für die Gesellschaft noch für das Wohl des Kindes. Indem man aber behauptet, dass alles andere als »Vater-Mutter-Kind« ungesund oder gar unnatürlich sei, zementiert man lediglich die bestehenden Verhältnisse, ohne darüber nachdenken zu müssen, ob sie noch zeitgemäß sind (geschweige denn jemals allen Beteiligten gleichermaßen zugutekamen).

Oft ist von Familien*ersatz* die Rede, wenn man die Netzwerke, mit denen sich Kinderlose umgeben, bewertet. Diese Beurteilung als *Ersatz* gründet auf der Annahme, dass es sich bei der traditionellen Kleinfamilie um eine Art optimalen Zustand handelt, den sich alle Menschen herbeisehnen. Diejenigen, die diesen Zustand aus welchen Gründen auch immer nicht herbeiführen konnten oder wollten, versuchten angeblich nur, diesen »Mangel« auszugleichen. Aber wie ich bereits im ersten Kapitel ausgeführt habe, ist die Kleinfamilie, wie wir sie heute kennen und wie sie als gesellschaftlich gesetzt gilt, erst eine Entwicklung der vergangenen 300 Jahre. Und sie ist keineswegs eine selbstverständliche, sondern eine auf ökonomischem und sozialem Kalkül beruhende. Sie basiert auf der Reduzierung der Frau zur Mutter und auf ihrer Isolierung auf die Sphäre des Privaten. Die Erfindung der Kleinfamilie hat eine Spaltung der Lebensbereiche in einen Innen- und einen Außenbereich herbeigeführt, und immer, wenn jemand dagegen aufbegehrte, wurde die Natur oder das Wohl des Kindes bemüht, um die Dinge wieder zurechtzurücken.

Das Konzept der heterosexuellen Kleinfamilie wird von Gesellschaft und Politik nach wie vor hochgehalten und gefördert. Eine Familie mit Kind(ern) gilt als Keimzelle des Staates, als schützenswerter Ort, der mit Sicherheit, Stabilität und Gemeinsinn assoziiert wird. Demgegenüber heftet man anderen Lebensformen gerne das Etikett von Individualisierung und Entsolidarisierung an. Obwohl sie kein Garant für Liebe und Wärme und kein Schutz vor Einsamkeit im Alter ist und obwohl die Scheidungsraten kein rosiges Bild von Familie zeichnen, wird dieses Modell unverdrossen subventioniert; nur langsam und zögerlich rücken andere Lebens- und Liebesformen in den Blick der Öffentlichkeit, und dass sie noch lange nicht als gleichwertig anerkannt sind, zeigte sich erst vor kurzem im Zusammenhang mit dem Coming-out von Thomas Hitzlsperger. Während die einen diesen Schritt als »mutige Tat« bejubelten, verkündete Norbert Blüm in einem Gastbeitrag in der *Frankfurter Allgemeinen Sonntagszeitung*, nicht jede Form von Zweisamkeit sei »schon wertvoll, weil sie zustande kommt.«[60] Die Übertragung von Privilegien auf Homosexuelle, die bisher nur gemischtgeschlechtlichen Paaren zugutekamen, sei ein »Angriff auf den grundgesetzlichen Schutz von Ehe und Familie«. Warum eigentlich? Wenn Ehe und Familie so sakrosankt und über allem stehen – wovor muss man sich dann fürchten? Blüm beruft sich eilig auf die Natur und na-

---

60 http://www.faz.net/aktuell/politik/inland/urteile-zur-homo-ehe-bluem-greift-verfassungsgericht-an-12737166.html. Abrufdatum 20.08.2014

türlich auf die Reproduktionsaufgaben. »Die Familie ist die Elementareinheit der Gesellschaft, die auf ihr Weiterleben angelegt ist. Diese Funktion vermögen gleichgeschlechtliche Partnerschaften nicht einzulösen.« Sie können schon, sie *dürfen* in unserer Gesellschaft nur nicht.

Blüm stützt sich hier auf das Bild der heteronormativen Kleinfamilie, die, wie ich bereits aufgezeigt habe, keineswegs naturgegeben ist, sondern »ein historischer Sonderfall, gebaut auf dem Nahrungsüberfluss der industriellen Revolution, guter Medizin, einem extremen Bevölkerungswachstum und einer Wirtschaft, die schnell abrufbare kleine Familien forderte. Die heutige Teil-Auflösung dieser Kleinfamilien ist hingegen nicht das Resultat moralischer Verrottung, sondern neuer wirtschaftlicher und kultureller Bedingungen«[61], wie Nikolas Bernau treffend formuliert.

Man möchte fragen, wie viel die Kleinfamilie überhaupt noch taugt, wenn sie beim Wegfall des sozialen Drucks so leicht auseinanderfällt. Dennoch ist sie die Norm eines für alle geltenden Beziehungsmodells inklusive Reproduktionszwang und ein Konstrukt, das sämtliche anderen Formen des sozialen Zusammenhalts abwertet. Es kann seine Macht nur so lange wahren, bis es hinterfragt wird. Also drehen wir den Spieß doch einfach mal um und fragen, warum die heterosexuelle Kleinfamilie besser sein soll? Ohne einen diffusen Verweis auf »die Natur«, das vermeintlich »Normale«, gerät man da schnell in Erklärungsnot. Ich habe bereits im Vorwort darauf hingewiesen, dass Kinderlose bzw. Menschen, die andere Formen des Zusammenlebens favorisieren, weder Symptom der Individualisierung und des

---

61 Nikolaus Bernau: »Die bürgerliche Kleinfamilie ist ein historischer Sonderfall«, *Berliner Zeitung*, 11. Januar 2014

wachsenden Egoismus noch Zeichen von Degeneration sind. Durch ihre Verweigerung, das klassische Modell der Kleinfamilie zu leben, drücken sie nicht nur ihr Unbehagen demgegenüber aus, sondern zeigen auch neue, alternative Wege des solidarischen Miteinanders auf. Kinder müssen nicht der einzige Grund sein, eine Gemeinschaft zu bilden. Aber wenn Kinder da sind, sollten sie gefördert werden, egal, in welchem Verbund sie aufwachsen. Aus meiner Sicht gibt es keinen rationalen Grund, Alternativen zur heteronormativen Kleinfamilie nicht gleichermaßen ernst zu nehmen: Patchwork, Pflegefamilien, kollektive Hausgemeinschaften, Paare mit adoptierten Kindern, Kinderlose, die sich um den Nachwuchs im Freundeskreis oder der Verwandtschaft kümmern ... Wer sich einmal genauer umsieht, wird feststellen, dass es in Wirklichkeit sehr viel mehr Modelle gibt als nur die, die uns so hartnäckig als Ideal präsentiert werden.

Soziale Elternschaft

Unverheiratete Eltern werden erst seit Mitte der neunziger Jahre unterstützt, seit der Neuordnung des Sorgerechts. Ansonsten fördern die Steuer- und Sozialversicherungssysteme nach wie vor die finanzielle Abhängigkeit der Frau von ihrem Ehemann. Und die Kinder Alleinerziehender sind bis heute finanziell schlechter gestellt als die verheirateter Eltern. Krankenkassen übernehmen die Kosten für künstliche Befruchtung, wenn überhaupt, nur bei verheirateten, heterosexuellen Paaren. Rechtfertigen kann man das alles mit dem Wohl des Kindes, indem man einfach behauptet, alles andere als Vater-Mutter-Kind in der Ehe sei ungesund.

Aber es geht hier nicht um das Kindeswohl, sondern um Zugeständnisse an konservative Politiker, die an einem patriarchalen Familienbild festhalten wollen.

Maria meinte in unserem Interview: »Die Familie mit eigenen Kindern wird als normaler Weg präsentiert, als erste Anlaufstelle für das Bedürfnis nach Emotionalität und sozialer Bindung.«

Sophie sah das ähnlich: »Andere Formate, Kinder zu haben, können sich nicht im gleichen Maße entwickeln. Sie werden zum Teil schon im Keim erstickt, mit Gesetzen und konservativen Vorstellungen von ›Natur‹ und mit dem, was angeblich gesund ist und was nicht. Dabei geht es letztlich nur um Gewohnheit. Ich verstehe nicht, warum so viele Leute Angst vor Weiterentwicklung haben.«

Dazu passt ein wunderbares Zitat von Douglas Adams, das illustriert, dass unsere Wahrnehmung dessen, was wir als natürlich oder selbstverständlich empfinden, vor allem von Gewohnheiten bestimmt ist. Es geht um unseren Umgang mit neuen Technologien, lässt sich aber generell auf unser Verhältnis zu Neuerungen übertragen, insofern also auch auf soziale Konstellationen:

»Ich habe ein paar Regeln entwickelt, die unsere Reaktion auf Technologien beschreiben:

1. Alles was bereits existiert, wenn wir geboren werden, ist normal und alltäglich und insofern natürlich.

2. Alles was erfunden wird, wenn wir zwischen 15 und 35 sind, ist neu und aufregend und revolutionär.

3. Alles was erfunden wird, wenn wir über 35 sind, geht gegen die natürliche Ordnung.«[62]

---

62 Verkürzt zitiert aus: Douglas Adams: »The Salmon of Doubt – Hitchhiking the Galaxy One Last Time«. In: Thomas Schultz:

Diese natürliche Ordnung heißt bei sozialen Konstellationen in unserer Gesellschaft: heterosexuelle Kleinfamilie. Viele meiner Interviewpartnerinnen gaben an, dass vor allem das »natürliche« Konzept der Kleinfamilie und das Fehlen wirklicher Alternativen bei ihrer Entscheidung gegen Kinder eine Rolle gespielt habe. Als Referenzrahmen wurde – wie ich im Kapitel *Die Unerträglichkeit der Kleinfamilie* geschildert habe – oft die eigene Familie herangezogen. Doch Loyalität kann man auch anders leben, und Fürsorge und Liebe basieren nicht auf Blutsverwandtschaft.

Der Gebärstress, unter den sich viele Frauen ab dreißig setzen oder von außen gesetzt werden, kommt nicht zuletzt dadurch zustande, dass man sich darauf versteift, unbedingt das eigene biologische Erbgut weitergeben zu wollen. Aber müssen es, wenn man sich ein Zusammenleben mit Kindern wünscht, unbedingt die eigenen sein? Das Schwinden der Gebärfähigkeit ist schließlich nicht gleichbedeutend mit dem Verschwinden von Kindern aus der Lebenswelt. Kinder, mit denen man Zeit verbringen oder in deren Erziehung und Betreuung man einbezogen werden könnte, gibt es genug. Oder, wie Elena meinte: »Kinder sind ja nicht aus meinem Leben verschwunden, nur weil ich keine eigenen habe. Und statt der eigenen Kernfamilie bin ich in befreundete Familien eingebunden. Die Leute sind ja froh, wenn man Zeit für sie und ihre Kinder hat und sie hin und wieder entlastet. Eigentlich hab ich das Beste davon, ich habe Spaß mit ihnen, erlebe viel Schönes, muss die Kinder aber eben nicht die ganze Zeit versorgen. Da hab ich manchmal fast ein schlechtes Gewissen.« Dass sich nur die zwei Menschen

Information Technology and Arbitration: A Practitioner's Guide, Kluwer Law International, 2006, Alphen aan den Rijn 2006, S. 1

der Kernfamilie um den Nachwuchs kümmern sollen, erschien vielen meiner Gesprächspartnerinnen beinahe absurd. Sie sind der Meinung, ein gut funktionierendes Netz-
werk aus verantwortungsbewussten Freunden könne dazu
beitragen, die Überforderung und Mehrfachbelastung zu
reduzieren. Gesellschaftlich allerdings sei diese Form der
sozialen Elternschaft – von der klassischen, wiederum auf
familiären Banden beruhenden Patenschaft einmal abgesehen – eher verpönt. Vor allem in Deutschland mit seinem
überhöhten Muttermythos sei bereits »Gefahr in Verzug«,
wenn die exklusive Mutter-Kind-Beziehung durch Fremd-
einwirkung, etwa durch die zeitweise Betreuung der Kleinen
im Kindergarten oder der Krippe, gestört werde. Dabei ist
eine Überforderung von Mutter oder Eltern sicherlich auch
nicht die beste Basis für das »Wohl des Kindes«. Im Gegenteil, betont auch Barbara Vinken. Das permanent schlechte
Gewissen, die Zerrissenheit, das Abarbeiten an den Idealen
zeichne die deutsche Frau aus. Dabei sei die Lösung so einfach: Wenn Mutterschaft den eigenen Bedürfnissen, Fähigkeiten und Wünschen entsprechend gestaltet werden könne,
würde das ganze System menschlicher und wirke sich sozio-
emotional positiv nicht nur auf die Mütter, sondern auch auf
die Kinder aus.

Für soziale Mutterschaft gibt es kaum positiv konnotier-
te Bilder – spontan kommt einem der Begriff »Stiefmutter«
in den Sinn, eine Figur, die in der Literatur, vor allem im
Märchen, ähnlich negativ aufgeladen und beängstigend
böse dargestellt wird wie die Hexe. Das Bild, das hier gezeichnet wird, ist mit Klischees beladen, die die Stiefmutter
in Opposition zur liebenden leiblichen Mutter bringen. Die
»Neue« ist ignorant, lieblos und selbstherrlich, auf ihren
eigenen Vorteil aus und ein Eindringling, der versucht,

einen Keil in den natürlichen Zusammenhalt der Familie zu treiben. Weil sie selbst zumeist kinderlos ist, gilt sie als inkompetent – unterschwellig schwingt die Annahme mit, dass Frauen durch die Erfahrung der Schwangerschaft einen Lernprozess durchlaufen, der sie automatisch mit mütterlichen Fähigkeiten ausstattet. Mutterschaft wird körperlich-biologistisch gedacht, nicht sozial. Der Mythos wirkt hier wieder absolut, gemäß dieser Logik hat die leibliche Mutter natürlich immer einen engeren Bezug zum Kind. Die Naturhaftigkeit dieses genetischen Bandes kann nach Belieben gegen die soziale Mutterschaft gewendet werden. Ähnlich funktioniert dies bei homosexuellen Paaren und bei Männern generell: Ihnen wird die Kompetenz zur »Mutterschaft«, also zur Fürsorge, aufgrund der fehlenden körperlichen Erfahrung einer Schwangerschaft abgesprochen. Aber was ist mit den Heerscharen überforderter Mütter, die keine Ahnung haben, wie sie mit einem Neugeborenen umgehen sollen, obwohl sie doch instinktiv alles wissen müssten? Die Überbetonung der biologischen Mutterschaft – »nur du kannst es richtig machen« – offenbart vor allem eines: Nicht um Anerkennung von Bedürfnissen geht es, sondern um die Ausrede der Gesellschaft, Mütter mit der Kindererziehung alleinzulassen.

Die Kinder des Partners

Viele gewollt Kinderlose leben sehr wohl mit Kindern – sie haben Nichten und Neffen, um die sie sich kümmern, Kinder von Freunden, und manchmal kommen sie durch den Partner unverhofft zu einem Kind, das aus einer früheren Beziehung stammt. Die Bewertung dessen fiel in meinen

Interviews sehr unterschiedlich aus. Manche nahmen es als Bereicherung wahr, manche als Belastung, und wieder andere nahmen die neue Situation zum Anlass, ihre Entscheidung gegen ein eigenes Kind zu überprüfen.

Nina ist seit fünf Jahren mit ihrem Freund zusammen, der einen kleinen Sohn aus einer früheren Beziehung hat. Da dieser mit seiner Mutter in einer anderen Stadt lebt, sehen sie sich nur alle ein, zwei Wochen. Ninas Freund hätte gerne noch ein gemeinsames Kind mit ihr: »Wenn der Kleine da ist, haben wir Spaß zusammen, wir mögen uns auch. Aber mehr könnte ich mir nicht vorstellen. Für mich sind diese Zeiten zu dritt ein Realitätscheck. Am Ende komme ich immer wieder zu dem Schluss, dass ich keinen eigenen Nachwuchs haben will. Mein Freund fand die Vorstellung zunächst schrecklich, dass er auf ein weiteres Kind verzichten muss, wenn er mit mir zusammenbleiben will. Mein klares Nein zu eigenen Kindern stellt unsere Beziehung immer wieder auf die Probe.«

Bea hingegen hat sich ganz bewusst einen Partner gesucht, der schon ein Kind hat und um das sie sich mit ihm und seiner ehemaligen Partnerin kümmert. »Ich mag Männer, die Verantwortung übernehmen, und habe eine Schwäche für Väter. Vielleicht, weil ich selbst von einem alleinerziehenden Vater aufgezogen wurde. Zum Kind meines Partners habe ich eine enge Bindung. Genauso wie zu anderen Kindern von Freunden. Ich versuche, sie als eigenständige Personen zu behandeln und mein Verhältnis zu ihnen nicht zu sehr an meine Beziehung zu den Eltern zu koppeln. Die Tochter einer Freundin hat mich vor einiger Zeit gebeten, ihre Patentante zu werden. Ich empfand das als großes Kompliment, weil Kinder in ihrem Urteil so rigoros und ehrlich sein können. Ich bin ihr nicht als Patentante an-

gedreht worden, sondern sie ist selbst aktiv auf mich zuge-
kommen. Sechsjährige sind wirklich erstaunliche Wesen; sie
sind zwar einerseits noch schutzbedürftig, aber schon ziemlich klar in dem, was sie wollen.«

In Partnerschaften, in denen einer bereits Kinder hat,
spielen natürlich auch Erwägungen eine Rolle, wie sich ein
»neues Kind« auf die bestehende Konstellationen auswirken
könnte. Kathrin lebt seit zehn Jahren mit ihrem Freund zusammen, der eine zwölfjährige Tochter hat. Das Verhältnis
von Kathrins Partner zur Mutter beschreibt sie als schwierig
und konfliktbelastet. Immer wieder hat das Paar darüber
diskutiert, das Mädchen zu sich zu holen, weil es ihr bei der
Mutter nicht gut gehe, sich aber jedes Mal dagegen entschieden. Ein Sorgerechtsprozess vor Gericht wäre für alle Beteiligten eine Qual, vor allem aber für das Kind. So sehen sie
sich nun zwar in längeren zeitlichen Abständen, aber regel-
mäßig und immer für ein paar Tage am Stück. »Dieses labile
Gefüge mitzuerleben und darüber hinaus zu wissen, dass es
noch wackeliger werden würde, wenn ich selbst ein Kind be-
käme, hat mich in meiner Entscheidung sehr beeinflusst. Ich
mag mir gar nicht vorstellen, wie sehr ein weiteres Kind alles
verändern würde; vor allem um die Tochter meines Partners
würde ich mir Sorgen machen. Hätte sie das Gefühl, hier bei
uns noch hineinzupassen? Ich weiß nicht, wie groß ihre Enttäuschung ist, dass sie nicht beim Vater lebt; aber ich könnte
mir vorstellen, dass sie sehr verletzt wäre und sich zurückgestoßen fühlen würde, wenn sein neues Kind bei ihm leben
dürfte.«

Kathrin ist froh, dass ihr Partner keinen Wunsch nach
einem weiteren Kind hat, und schätzt die Konstellation so,
wie sie ist: »Ich mag das Mädchen wirklich sehr, sie ist mein
Bonuskind, das ich sozusagen zur Partnerschaft obendrauf

bekommen habe. Ich habe da zwar keine Mutterrolle, aber wir haben ein sehr vertrautes Verhältnis und vermissen uns, wenn wir uns länger nicht sehen. Gerade weil die Situation mit der leiblichen Mutter so belastend ist, möchte ich dem Mädchen andere Bilder vermitteln – davon, wie eine liebevolle Partnerschaft aussehen kann und man als Frau trotzdem selbstbewusst und autonom bleiben kann. Vielleicht gelingt mir das, weil ich ja ›von außen‹ komme.«

Viele meiner Gesprächspartnerinnen gaben an, dass ihnen die Qualität des sozialen Zusammenlebens wichtiger ist, als auf Biegen und Brechen eigenen Nachwuchs zu zeugen. Sophie erklärte ihre Umorientierung von der Kernfamilie zum unterstützenden Freundesnetzwerk so: »Auch wenn meine Fehlgeburt eine schwierige Erfahrung war, empfand ich es auch als große Erleichterung, dass wir nicht in einer Familie gefangen sein und früher oder später an den Anforderungen scheitern würden. Es muss doch auch andere Formate für Familie geben als nur dieses eine, in dem zwei Menschen nebst leiblichem Nachwuchs umeinander kreisen. Es ist sicher schön, wenn mehrere Generationen zusammenleben, aber wo findet das heute schon noch statt? Dem sollte auch die Politik Rechnung tragen: Es ist ja nicht so, dass es einen generellen Mangel an Kindern gibt. Man muss nur dafür sorgen, dass sie den Raum bekommen, den starren Rahmen verlassen zu können, ohne dass gleich jemand ruft: ›Moment mal, das ist ja nicht die leibliche Mutter, die kann das nicht!‹«

Tatsächlich bestätigen Studien der Bundeszentrale für gesundheitliche Aufklärung, dass die meisten Kinderlosen eine positive Grundeinstellung zu Kindern haben. Viele suchen gezielt Kontakt zu Kindern, es gibt Netzwerke, wo Eltern sich Unterstützung holen können. Das Elternnetzwerk in Dresden bietet beispielsweise auf seiner Webseite in der Rubrik Suche & Biete »Familienanschluss« an. Dort heißt es: »In unserer neuen Kleinanzeigenrubrik habt ihr die Möglichkeit, eure Hilfe anzubieten und dabei nette Leute aus eurer Nachbarschaft kennenzulernen. Egal ob klein, groß, jung oder alt – vernetzt und unterstützt euch!«[63] Auch gibt es neben den schon erwähnten DINKs als neue soziale Gruppe die PANKs oder PUNKs. Die Abkürzung steht für *professional aunt (uncle), no kids*, also kinderlose Erwachsene, die intensive Beziehungen zu Kindern aus der Verwandtschaft oder dem Freundeskreis pflegen. Nun ist die kinderlose Tante keine Erfindung des 21. Jahrhunderts. Die enge, nahezu exklusive Beziehung zwischen Eltern und ihren Kindern ist, wie bereits erwähnt, überhaupt erst in der Neuzeit entstanden und war zunächst auf die bürgerliche Kleinfamilie beschränkt. Davor gab es das Ammenwesen, und in bäuerlichen Familien waren Verwandte und Mägde lange Zeit ohnehin unverzichtbar. »Andere Personen wie Großeltern oder Tanten konnten damals selbstverständlich Betreuungs- und Vertrauenspersonen sein oder als Vorbilder eine große Rolle für die Kinder spielen«, so Karin Jurczyk vom Deutschen Jugendinstitut in München. Es geht also letztlich um eine Neuentdeckung dieser Konzepte von Solidarität, die nicht auf Abhängigkeit, sondern auf Freiwilligkeit fußen und andere Möglichkeiten des Zusammenlebens aufzeigen.

Sophie ist überzeugt, dass sich viele Menschen, nicht nur Kinderlose, vorstellen können, etwa in großen Haus-

---

63 http://www.elternnetzwerk-dresden.de/einzelansicht/article/suche-biete-familienanschluss-das-kleinanzeigenportal-fuer-grosseltern-eltern-und-enkel.html. Abrufdatum 20.08.2014

gemeinschaften zu leben, in denen die Verantwortung auf viele Schultern verteilt werden kann. Hinzu kommt, dass die biologische Uhr (so sie überhaupt zu hören ist) leiser tickt, wenn man mit Freunden und Freundinnen gemeinsam eine Familie plant und nicht selbst die Gebärende sein muss. Wer sich zu so einem Schritt entschließt, hat in der Regel einen klaren Bewusstwerdungsprozess durchlaufen, der auch die Frage umfasst, wer am Ende welche Leistung einbringt. Eine Frau *ist* schließlich nicht einfach *nur* schwanger – damit ist eine fundamentale Umwälzung des eigenen Lebens verbunden. Die Möglichkeit, die eigenen Bedürfnisse nicht ganz zurückstellen zu müssen und der Erfüllung der Bedürfnisse des Kindes nicht nur mit dem Partner nachkommen zu müssen, ist eine Chance für alle Beteiligten. Doch wie oft habe ich von meinen Gesprächspartnerinnen gehört, wie störend sie die Schablonen fänden, in die »richtige« Elternschaft gepresst werden. Warum, so fragten sie sich, sollte es weniger natürlich sein, ein Kind mit dem besten schwulen Freund zu haben oder eines, das mit Spermien aus einer anonymen Samenbank gezeugt wurde und in einer Gemeinschaft aus verschiedenen, also auch sozialen Eltern aufwächst? Sehr schnell käme dann der Reflex, so etwas könne man Kindern nicht antun. Regenbogeneltern können ein Lied davon singen. Auch wenn es inzwischen mehr von ihnen gibt (und Untersuchungen belegen, dass Kinder von Homosexuellen keinesfalls »Schaden nehmen«), wird ihnen mit schöner Regelmäßigkeit vorgehalten, sie würden ihre Kinder »mutwillig« Pöbeleien im Kindergarten oder der Schule aussetzen. Hier wird Ursache und Wirkung verwechselt. Nicht den homosexuellen Eltern ist ein Vorwurf zu machen, sondern die Gesellschaft sollte ihre Sichtweise dringend überdenken – denn die Stigmatisierung ist hausgemacht. Wäre die Akzeptanz uneingeschränkt vorhanden, gäbe es keinen Anlass für Pöbeleien und Ausgrenzung, vor denen das Kind geschützt werden müsste. Wie so oft wird das »Wohl des Kindes« vorgeschoben, damit Erwachsene ihr gewohntes Bild von Familie nicht überdenken müssen. Kinder sind schließlich die Letzten, die sich über irgendwelche vermeintlich abweichenden Lebensformen aufregen würden, sofern sie nicht von zu Hause oder von außen entsprechend instruiert werden. Sie nehmen die Dinge zunächst offen und interessiert, aber wertneutral wahr. Erst wenn ihnen das Gefühl vermittelt wird, dass etwas nicht stimmt, reagieren sie irritiert. Der amerikanische Comedian Louis C.K. brachte es einmal auf den Punkt, indem er sagte: »Also Homosexuelle sollen nicht heiraten, weil ihr mit euren Kindern nicht mal fünf Minuten reden wollt, um ihnen das zu erklären?!«

Die bereits erwähnte Jasmin ist eine lesbische Transfrau, die selbst keine Kinder gebären kann. Sie schilderte in unserem Gespräch ihre Frustration darüber, wie die deutsche Familienpolitik auch durch Gesetze versuche, die heterosexuelle Normfamilie mit bestimmten Vorstellungen von »Natürlichkeit« zu verknüpfen: »Das deutsche Gesetz für Transsexuelle war bis 2011 so ausgerichtet, dass sie keine Kinder bekommen durften, weshalb sie sich einer Zwangssterilisation unterziehen mussten. Das hat sich zwar inzwischen geändert, aber es ist immer noch sehr schwierig, es gibt viele komplizierte Zwischenschritte, bis zum Beispiel eine lesbische Frau das Kind der Partnerin adoptieren kann. Alles in allem ist die deutsche Familienpolitik für mich extrem entmutigend – zu entmutigend, um Kinder in die Welt zu setzen. Man wird alleingelassen und muss sich nicht nur selbst organisieren, sondern tatsächlich darum kämpfen, wenn man außerhalb der Norm Kinder haben will. Eine lesbische Freundin von mir bekommt gerade ein Kind mit einem schwulen Paar. Und ich kenne zwei heterosexuelle Paare – in der einen Partnerschaft wollte sie ein Kind und er nicht und in der anderen war es umgekehrt –, die derzeit überlegen, ob sie nicht gemeinsam ein Kind haben und großziehen sollten. Doch die Steine, die einem bei solchen Varianten in den Weg gelegt werden, sind groß.« Dass es anders gehen kann, zeigt das Beispiel Kanada. Dort ist es inzwischen erlaubt, bis zu vier Elternteile in die Geburtsurkunde eines Kindes eintragen zu lassen – eine enorme Aufwertung sozialer Elternschaft, die auch der Erkenntnis Rechnung trägt, dass in der heutigen Gesellschaft biologische Elternschaft allein unter Umständen nicht ausreicht, alle Pflichten zu erfüllen.[64] In Deutschland kann man im Falle einer solchen Konstellation nur dann einen Sonderweg gehen, wenn die Eltern sterben: Dann können soziale Eltern notariell eine Vormundschaft festlegen.

Für Karin Jurczyk, Leiterin der Abteilung Familie und Familienpolitik am Deutschen Jugendinstitut in München, ist die mangelnde Würdigung von sozialer Elternschaft Ausdruck einer Verweigerungshaltung der Politik, sich den realen Gegebenheiten anzupassen. In Zeiten von Patchwork, unehelichen Geburten und gleichgeschlechtlicher Elternschaft sei Familie heutzutage weniger eine Frage der äußeren Form. Entscheidend sei vielmehr, wie Bindungen im Alltag praktisch gestaltet würden. Weil aber andere Deutungsmuster als die der heteronormativen Kleinfamilie nur langsam ins Bewusstsein dringen würden, sei es so

64 http://www.cbc.ca/news/canada/british-columbia/della-wolf-is-b-c-s-1st-child-with-3-parents-on-birth-certificate-1.2526584. Abrufdatum 20.08.2014

schwierig, für alternative Gemeinschaften den Status der Gleichwertigkeit zu erlangen. Der häufigste Vorwurf, mit dem soziale Eltern konfrontiert werden, ist der, dass man sich einfacher »aus der Verantwortung stehlen« und nicht die Stabilität gewährleisten könne, die ein Kind braucht. Aber unser Bild der heilen Familie hat viel mit Überhöhung zu tun, aber wenig mit der Realität, in der viele Kinder aufwachsen. Diese normierte Struktur des Zusammenlebens ist kein Garant für Stabilität. Genauso wenig impliziert eine Abweichung von diesem Modell des Zusammenlebens Instabilität und Verantwortungslosigkeit. Wahrscheinlich ist es besser für Eltern *und* Kinder, wenn Menschen in die Lage versetzt werden, ihre Form des Zusammenlebens selbst zu wählen, anstatt sich in scheinbar alternativlose Strukturen zu begeben. Linda sagte dazu: »Wenn ich noch mal Kind wäre, fände ich es großartig, verschiedene Erwachsene um mich zu haben, von denen ich lernen kann und die mich auf ganz unterschiedliche Weise prägen. Ich denke, dass Respekt und Verständnis manchmal leichter zu erreichen sind, wenn man nicht diese biologische Brille aufhat und sich mit dem Kind überidentifiziert. Das gilt für Eltern ebenso wie für Kinder. Soziale Eltern können hier auch ein wichtiger Puffer sein; sie können helfen, die eigenen Ansprüche zu justieren und auf ein Normalmaß herunterzubrechen. Und sie können bei Konflikten neutraler vermitteln. Wenn ich ein Kind hätte, sollte es in einer Gemeinschaft aus Leuten aufwachsen, auf die ich mich verlassen kann – und zwar ohne dass alles ›nur‹ auf der romantischen Idee einer Liebesbeziehung beruht, die schnell zu einer lieblosen Zwangsgemeinschaft werden kann.«

Ipek erzählte, der Gedanke, dass auch lesbische Frauen Kinder haben können, sei mit der Zeit auch in ihrer Herkunftsfamilie selbstverständlicher geworden.«»Früher dominierten ganz andere Themen, da ging es um grundsätzliche Akzeptanz, um Räume, in denen man seine Sexualität leben konnte, ohne diskriminiert zu werden. Inzwischen ist das Thema Familiengründung unter homosexuellen Frauen präsenter und dadurch auch für mich. Meine Eltern haben mich sogar schon gefragt, wie das technisch geht.«

Linda hat eine ähnliche Erfahrung gemacht:»In meinem lesbischen Freundeskreis haben wir immer wieder darüber geredet, wie gut es einerseits ist, dass Ressentiments gegen homosexuelle Eltern langsam schwinden. Gleichzeitig haben wir uns aber die Frage gestellt, ob wir das für uns haben wollen. Denn lesbische Mütter sind vor allem in dem Moment akzeptiert, wo sie das klassische Modell auf ihre Lebensform übertragen – also Mutter, Mutter, Kind. Das sind die Sprünge, zu denen unsere Gesellschaft, wenn auch zögerlich, bereit ist.« Mit anderen Worten: Das bestehende Modell wird in gewisser Weise übertragen. Selbst wenn man dem Konzept der Kleinfamilie ablehnend oder ambivalent gegenübersteht, ist es doch der einzige Bezugspunkt, von dem aus man Alternativen formulieren kann. Von Lesben wird erwartet, dass die eine die Rolle der Frau und die andere die des Mannes übernimmt. »Es geht doch nicht darum, dass eine die Mama ist und die andere die Co-Mutti oder, um im Klischee zu bleiben, der Vati, ›der‹ das Geld ranschafft, während ›sie‹ sich um das Kind kümmert. Wenn wir wirklich etwas verändern wollen, brauchen wir eine Neudefinition von Zusammenleben generell, keine Konzentration auf Beziehungskisten«, so Linda. Es geht um tragfähige Netzwerke, einen Zusammenhalt außerhalb der Familienbande, der auf Augenhöhe basiert. Viele Kinderlose wissen, wie wichtig es ist, diese sozialen Verbindungen zu pflegen. Marion etwa sagte: »Wenn wir in meinem Freundeskreis zusammen etwas unternehmen, Ausflüge machen oder gemeinsam kochen, reden wir immer wieder darüber, dass wir ›wie eine Familie sind‹. Und dann fragen wir uns manchmal, warum wir dieses Wort überhaupt benutzen. Weil es so positiv aufgeladen, mit Sicherheit und Wohlfühlen verbunden ist? Meine eigenen Erfahrungen mit meiner Familie waren zwar sehr gut, aber ich kenne auch andere Geschichten. Letztlich geht es doch um Zusammenhalt und Loyalität, und die kann man auch anders herstellen.«

*

Etwa eine Autostunde von Berlin entfernt liegt ein alter Gutshof mit verschiedenen Nebengebäuden, der bis zur Wende als LPG genutzt wurde. Als diese abgewickelt wurde, kauften sieben Leute aus Berlin das Areal; sie gründeten einen Verein, um mit einfachen Mitteln eine Zwischenform zwischen Mietshaus und Wohnprojekt entstehen zu lassen – mit 28 einzelnen Wohnräumen, Werkstätten und Ateliers. Inzwischen leben dort insgesamt fünf Kinder und 39 Erwachsene, die in ganz unterschiedlichen Bereichen tätig sind: Design, Architektur, Film, Theater, Medizin, Kunst, Gastronomie, Handwerk etc.; auf dem Hof gibt es auch eine Veranstaltungshalle und ein Restaurant. Es ist ein Landsitz, dessen Bewohner einerseits ihre Heterogenität wahren wollen, sich aber gleichzeitig einem Gemeinschaftsgefühl verpflichtet sehen, das auf »einfacher«, aber umsorgender Nachbarschaft ebenso beruht wie auf intensiver Freundschaft und beruflicher Zusammenarbeit.

Natascha, eine 53-jährige Filmemacherin, hat den Ort

eher zufällig für sich entdeckt: Sie war eines Sommers zu einer Party auf dem Hof eingeladen. Dass sie heute selbst zu dieser Gemeinschaft gehört, war so nicht abzusehen. Bis dahin hatte sie entweder allein oder mit einer Partnerin zusammengelebt. Sie erzählt mir, dass sie sich allerdings schon als Kind ausgemalt habe, wie es wäre, mit einer Theatergruppe, also einer Art großer Familie, durch die Lande zu ziehen. Das Konzept des Zusammenlebens auf dem Hof beschreibt Natascha so: Wie in einem großen Mehrparteienhaus mit vielen netten Leuten, die sich alle untereinander kennen und unterstützen. Die einzelnen Wohnungen sind getrennt, die Privatsphäre wird respektiert, man werde auch nicht zum »gemeinschaftlichen Kochen« oder dem Abhalten von Plenen verdonnert, erzählt sie lachend. Seit 13 Jahren lebt sie inzwischen hier und möchte an diesem Ort auch alt werden. »Wir sind alle ›kreatives Präkariat‹, keiner von uns wird besonders viel Rente bekommen. Aber das gleichen wir dadurch aus, dass wir uns gegenseitig unterstützen. Pflege im Alter wird sicher ein Thema, aber ich bin zuversichtlich, dass das klappt. Wenn Leute krank sind, helfen alle mit, wir kochen und putzen dann füreinander; das läuft von selbst, ohne dass man Aufhebens darum machen würde. Als ich vor einiger Zeit einen schweren Rheumaschub hatte, war es großartig, wie sich alle um mich gekümmert haben.«

Auch Nataschas sexuelle Orientierung spielt hier keine Rolle; alle sind in erster Linie Mensch, mit Stärken und Schwächen. Dass sie Frauen liebt, war früher ein Problem. In der Familie, in der Gesellschaft überhaupt. Sie sei angeeckt, weil sie die Frauen zugedachten Positionen abgelehnt habe. »Ich habe mich eine Zeitlang als ›geschlechtsneutral‹ gesehen, weil ich dieses Schubladendenken nicht ertragen konnte. Erst im Laufe der Jahre habe ich mir eine

Identität als Frau aufgebaut, aber eben eine, die losgelöst ist von diesen typischen Rollenerwartungen.«

Ich frage Natascha, wie sie es findet, dass heute immer mehr lesbische Frauen Kinder bekommen. Hätte sie sich das für sich auch vorstellen können? Sie hebt abwehrend die Hände und lacht. Sie wäre dann wohl nur ein schlechter Vater geworden statt eine gute Mutter. »Ich selbst hatte nie einen Kinderwunsch. Wir waren früher auch noch viel mehr damit beschäftigt, überhaupt Freiräume für uns zu schaffen; es gab andere Kämpfe um das Sichtbarwerden, das Coming-out, Akzeptanz im nächsten Umfeld und schrittweise über diesen Rahmen hinaus. Das war elementar und hat unsere Ressourcen eingenommen. In Uganda sind Homosexuelle heute bestimmt auch nicht mit der Frage beschäftigt, ob sie Kinder wollen oder nicht. Sie müssen sehen, wie sie überleben, wie sie Haftstrafen entgehen und dennoch ihre Stimme erheben, sichtbar werden können. Früher, in den achtziger Jahren, war alles sehr viel ideologischer aufgeladen; wir als Lesben haben uns anders gefühlt und wollten andere Wege beschreiten; heute haben Lesben mehr Freiheit und Stabilität, um über neue Lebenskonzepte nachzudenken, auch über solche, die Kinder miteinschließen. Für mich selbst war das nie ein Thema, aber ich freue mich, dass Kinder hier mit uns leben.« Sie erzählt, dass einer der ehemaligen Vereinsgründer sich sehr für eine Kita im Nachbardorf eingesetzt habe. Am Hof selbst hätten sich einige »soziale Elternschaften« entwickelt; für Natascha ist das ein Konzept mit Zukunftscharakter. »Es müssen nicht die Blutsbande sein, die Eltern und Kinder, Junge und Alte verbinden. Seine leibliche Familie kann man sich nicht aussuchen, wohl aber die Menschen, die einem guttun, die einen akzeptieren, mit denen man gerne zusammenlebt und für die man sich mit einer gewissen Selbstverständlichkeit einsetzt und sich kümmert.«

Eine ganz ähnliche Sicht auf andere Lebens- und Wohnmodelle hat Elena: »Meine Freunde und ich bewegen uns altersmäßig in etwa so um die gleiche Kante. Wir kennen uns alle sehr gut und sind uns einig, dass wir – gerade im Alter – miteinander leben wollen. Natürlich muss man dafür Weichen stellen, auch Themen ansprechen, die etwas schwieriger sein können, wie zum Beispiel Pflege und Krankheit. Aber das Schöne daran ist, dass man so in der Lage ist, ein Modell auf Augenhöhe zu schaffen, keines, das auf Abhängigkeit oder Zwang besteht wie in einer klassischen Familie. Das, was viele Frauen dort leisten – bei der Erziehung der Kinder genauso wie bei der Pflege der Alten –, ist eben nicht auf Augenhöhe, es ist ein asymmetrisches System und eine Form der Ausbeutung, die der Staat auch noch unterstützt. Weil sonst angeblich alles zusammenbrechen würde.« Die Politik hat es versäumt, alternative Konzepte zu entwickeln und zu fördern. Immerhin, zumindest in den Großstädten gibt es inzwischen Mehrgenerationenhäuser und Hausgemeinschaften, die sich untereinander nach Kräften unterstützen. Ähnliche Tendenzen finden sich vereinzelt auch in ländlichen Gegenden: So erzählte Thekla, dass sie in ihrem Bekanntenkreis mit Freunden darüber nachdenke, große Wohngemeinschaften zu gründen, wo man sich im Alter unterstützen kann. Hier wie dort werden solche Modelle vornehmlich durch Eigeninitiative auf die Beine gestellt. Gegenseitiges Verständnis und Respekt vor dem anderen fallen einem vielleicht sogar leichter, wenn es nicht um jemanden aus der eigenen Familie geht, mit dem man vielleicht bereits eine emotionale Achterbahnfahrt erlebt und entsprechende Ressentiments kultiviert hat. Aber bis dieses

Prinzip des Kümmerns ohne genetische Bande sich breiter durchsetzt, muss sich gesellschaftlich noch einiges ändern, wie Elena ergänzt: Ich habe eine Kollegin, die sich um ihre Eltern kümmert und deshalb in Teilzeit gegangen ist; die Akzeptanz wäre hier wahrscheinlich geringer, wenn sie das für eine Freundin oder einen Freund tun würde.«

Familie als Versorgungsstation

Neulich, auf Elternbesuch, gesellte ich mich zum Kaffee-kränzchenstammtisch meines Vaters. Die Besitzerin des Cafés setzte sich eine Weile zu uns in die Sonne und er-zählte von ihrer Ausbildung zur Sterbebegleiterin in einem Hospiz. Das entfachte eine Diskussion unter den Männern darüber, dass heutzutage offenbar auf nichts mehr Verlass sei, nicht einmal auf die Familie. Früher, ja, früher, da sei man noch füreinander eingestanden, da hätten die Jungen für die Alten gesorgt. Heute dagegen werde sogar allein ge-storben. Die Cafébesitzerin hielt dagegen, dass früher nicht unbedingt weniger allein gestorben wurde, nur weil meh-rere Generationen noch im selben Haus lebten. »Da lag der Opa halt im Nebenzimmer, aber geredet hat mit dem auch keiner mehr«, meinte sie. Inzwischen habe man wenigstens die Möglichkeit, durch ausgebildetes und für das Thema Tod sensibilisiertes Personal tatsächlich eine Sterbebegleitung zu gewährleisten, die den betroffenen Menschen entspricht. Überforderte Familienangehörige seien nicht unbedingt ein Garant für verständnisvolles Zuhören, verströmten nicht immer die innere Ruhe und verfügten über das Maß an Zuneigung, das sich alte Menschen von ihrem Gegenüber wünschen. Die Herrenrunde war am Ende gespalten: Einige stimmten dem zu, andere meinten, die klassische Familie sei doch durch nichts zu ersetzen.

Bei den Debatten um Veränderungen in den Familienstrukturen, die Kritiker vor allem der Frauenbewegung anlasten, schleicht sich häufig ein Duktus ein, der die alten Zeiten idealisiert. Man stand füreinander ein, kümmerte sich, sorgte und pflegte – Tätigkeiten, die zum klassischen Aufgabenbereich der Frauen gehörten, egal ob es sich dabei um Ehefrauen, Töchter oder Schwiegertöchter handelte. Das Ideal der sich aufopfernden guten Samariterin bedeutete für Frauen – vor allem der älteren Generation –, dass sich zur Mutterschaft ganz selbstverständlich auch Pflegetätigkeit gesellte. Und zwar ohne dass diese Arbeit entsprechend anerkannt wurde, geschweige denn bezahlt, es war ja schließlich Familienarbeit. Erschöpfung, Ohnmacht und Überforderung, das Gefühl des Alleingelassenseins – solche Aspekte kommen in den »Früher-war-alles-besser«-Geschichten nicht vor. Mutti schafft das schon. Mutti hat sich doch nie beklagt. Frauen wird es schwergemacht, sich dem zu entziehen; Pflege- und Familienarbeit werden nicht nur als natürliche Rolle gesehen, sondern auch als Ausdruck von Liebe. Wer sich diesen Aufgaben entzieht, gilt als lieblos und egoistisch. Der Egoismusvorwurf ist wie ein Automatismus, der Schuldgefühle hervorrufen und die Frauen an ihre Bestimmung erinnern soll. Er wird umso lauter und nachdrücklicher erhoben, je weniger Frauen sich in die Sphäre des Hauses bannen lassen. Weil die Gesellschaft nicht wirklich auf die zunehmende Überalterung vorbereitet ist, wird die Verantwortung vor allem den Familien zugewiesen; in skandinavischen Ländern wird dagegen stärker auf kommunale Verantwortung und professionelle Dienstleistungen gesetzt. Bei uns wird einmal mehr ein Scheingefecht geführt – Probleme, die Politik und Gesellschaft lösen müssten, werden weiterdelegiert, indem man an die Instinkte und natürlichen Fähigkeiten der Frau appelliert. Pflege und Fürsorge sind selbstredend notwendig und müssen organisiert werden. Aber nicht durch emotionalen Druck und Rollenvorgaben – denn das ist nichts anderes als Zwangsrekrutierung durch schlechtes Gewissen. Und wer darauf setzt, muss sich auch fragen lassen, wie gut Familien- und Pflegearbeit überhaupt geleistet werden kann, wenn sie auf Schuldgefühlen fußt und wenn dabei auch die Frage nach der Eignung umschifft wird, indem pauschal auf die Natur verwiesen wird.

In Deutschland nutzen wohlhabendere Familien vermehrt die Möglichkeit, Pflegepersonal aus ärmeren Ländern zu engagieren. Eine Verschiebung, die nichts daran ändert, dass die Arbeit einmal mehr an den Frauen hängenbleibt. Maria S. Rerrich weist in ihrem Buch »Die ganze Welt zu Hause – Cosmobile Putzfrauen in privaten Haushalten«[65] darauf hin, dass diese Dynamik dazu führt, dass eine Frau aus der Ukraine sich um den Haushalt und die Kinder einer Frau aus Polen kümmert, die in einem Haushalt einer berufstätigen deutschen Frau angestellt ist, während sich die Schwiegermutter der ukrainischen Frau um deren Haushalt und Kinder kümmert und so fort. Die schlecht oder gar nicht entlohnte Pflegearbeit bleibt also weiblich.

Ich fragte mich, was wohl passieren würde, wenn alle Frauen, die zu Hause und innerhalb der Familie Pflegearbeit leisten, von jetzt auf gleich streiken würden. Das hat auch Barbara, vierzig Jahre alt, im Interview mit mir schon als interessantes Szenario entworfen – allerdings ging sie noch

---

65 Maria S. Rerrich: Die ganze Welt zu Hause. Cosmobile Putzfrauen in privaten Haushalten. Hamburger Edition, Hamburg 2006

einen Schritt weiter: »Ich stelle mir das toll vor, wenn alle Frauen sich weigern würden, Kinder zu bekommen. Dann würde hier mal alles stillstehen, dann ginge es nicht mehr so weiter. Das wäre ein super Streikmittel, um dieser Gesellschaft mal einen Spiegel vorzuhalten. Familien- und Fürsorgearbeit ist hier viel zu individualisiert und wird nicht kollektiv geteilt. Für mich ist der Begriff ›Fürsorglichkeit‹ nicht positiv aufgeladen, weil das gesellschaftlich nur mit Zwang und Undankbarkeit verbunden ist. Dabei kümmere ich mich selbst gerne um andere, aber diese Schieflage in der Bewertung, in der Anerkennung regt mich auf. Dass die Gesellschaft es einfach stillschweigend voraussetzt, dass Frauen diese Arbeit leisten.«

Kinderlose Frauen entziehen sich der asymmetrischen Struktur, in die sie sich mit einem Kind begeben müssten. Wie oft hört man von Männern den trocken geäußerten und von Frauen eher mit einem Schnaufen verbundenen Satz: »Irgendjemand muss es ja machen«, wenn der Partner noch ausstehende Arbeiten eben nicht erledigt; die Schieflage wird größer, wenn ein hilfsbedürftiges Kind davon abhängig ist. Ich möchte nicht behaupten, dass Männer nicht in die gleiche Lage kommen können oder dass sie diese emotionale Abhängigkeit immer ausnutzen. Aber in Anbetracht dessen, dass in Deutschland fast jede fünfte Mutter alleinerziehend ist, aber nur etwa acht Prozent aller Alleinerziehenden Väter sind, wird deutlich, welchem Geschlecht in unserer Gesellschaft vermittelt wird, dass es sich leichter aus der Verantwortung ziehen kann.

Frauen wissen sehr wohl um diese Dynamik, der sie sich unter anderem durch Kinderlosigkeit entziehen können. Elena brachte es so auf den Punkt: »Wenn Frauen sich weigern würden, die unentgeltliche Pflegearbeit in der Gesellschaft zu übernehmen, wäre das ein massiver Angriff auf die bürgerliche Ordnung. Das würde vieles umsortieren. Und genau diese Ahnung macht vielen, vor allem den Männern, Angst.«

Fürsorglichkeit sollte nicht mit einer diffusen Vorstellung von Weiblichkeit verbunden werden, sondern ein Wert sein, mit dem sich alle identifizieren können. Kinderlose, die sich nicht in das Korsett der Kleinfamilie pressen lassen wollen, suchen und schaffen andere Räume, andere Formen des Kollektivs, in denen sie Verantwortung und Zusammengehörigkeit erleben können. Das kommt uns allen zugute, denn wenn es neben der Kleinfamilie keine »gleichwertigen« Alternativen gibt, bleibt vielen – nicht nur im Alter – nur ein Leben in Vereinzelung, ein Singledasein. Man kann nur hoffen, dass Kinderlose sich nicht nachhaltig von einer Rhetorik verunsichern lassen, die ein veraltetes Gesellschaftsbild wieder geraderücken will. Wir brauchen Solidarität auf vielen Ebenen, nicht nur innerhalb von Familien. Wir brauchen eine offene, moderne Gesellschaft, die nicht einseitig fördert oder sanktioniert. Vielleicht wird Kinderlosigkeit auch deshalb so negativ bewertet, weil sie unbequeme Fragen aufwirft, weil sie an bestehenden und teils diskriminierenden Strukturen rüttelt, wie ich im Kapitel über die Demographisierung gesellschaftlicher Probleme aufgezeigt habe. Sind diejenigen, die ihre Kritik an Kinderlosigkeit am lautesten und vehementesten äußern, nicht vor allem die, die wirkliche Veränderungen verhindern und die eigenen Privilegien sichern wollen? Für die Kinderlosigkeit allein deshalb ein rotes Tuch ist, weil es das gewohnte (und somit als natürlich angenommene und weiterhin so dargestellte) Gefüge zwischen den Geschlechtern und damit der gesamten Gesellschaft zu sehr in Frage stellt? Eine

Gesellschaft, die sich daran klammert, bleibt in der Vergangenheit verhaftet und nimmt uns allen letztlich den Raum für Entwicklung.

Nachwort

Ich erinnere mich noch gut daran, wie ich vor ein paar Jahren mit meinem Dokumentarfilm durch die USA tourte. Auf meinem Zwischenstopp in Boston wohnte ich damals bei einer mir fremden Person, einer Freundin jener Frau, die die Filmvorführung organisiert hatte. Nachdem Rachel ihre beiden Kinder ins Bett gebracht hatte, setzten wir uns mit einem Glas Wein vor den Kamin und unterhielten uns angeregt. Ich hatte gerade etwas von meiner Arbeit erzählt und den Menschen, denen ich dabei begegnete, als sie unvermittelt zu mir sagte: »You are living the dream.« Sie sagte das in einem Moment, in dem mir eine solche Aussage über mein eigenes Leben nicht in den Sinn gekommen wäre. Ich war erschöpft und ausgelaugt vom permanenten Socialising, den Diskussionen und zermürbend langen Autofahrten, frustriert über die miserable Entlohnung, von den schlechten Hotelbetten und dem Essen in den Snackbuden entlang der Highways. Vor allem aber war ich frustriert darüber, dass man mit Filmen die Welt auch nicht verändern kann und die eigene Arbeit vielleicht doch unbedeutend ist. Ich sah sie verblüfft an und entgegnete spontan, dass ich mich gerade nach einem gemütlichen Haus mit Familie, Sicherheit und Stabilität sehnen würde, also nach dem, was sie habe. Der Satz hing eine Weile zwischen uns, es wirkte beinahe, als würden wir beide zweifelnd seinem Wahrheitsgehalt hinterherlauschen. Aber es gibt kein Richtig und kein

Falsch, wenn es um die eigenen Lebensentscheidungen geht. Nicht die perfekte Idylle und nicht das permanent spannende und inspirierende Leben. Zwar grauste mir etwas davor, in ein paar Stunden übermüdet aus dem Bett zu krabbeln, ins Auto zu steigen und in die nächste Stadt zu fahren, um dann dort erneut meinen Film zu diskutieren – vor allem angesichts der Aussicht, dass dies die nächsten vier Wochen so weitergehen würde. Aber es hätte mir noch mehr davor gegraust, mich die nächsten Jahre vornehmlich um dieses schöne Haus zu kümmern und die Kinder zu umsorgen.

»Den Traum leben« ist so eine Sache. Oft erscheinen uns die Lebensentwürfe der anderen verlockender als die eigenen, und sei es nur für einen kurzen Moment. Wir neigen dazu, zu vergleichen, unsere Entscheidungen auf ihre Richtigkeit hin abzuklopfen, indem wir andere Lebensentwürfe als Modell heranziehen. Aber die Bedürfnisse, nach denen wir alle unsere Leben gestalten, sind nie universell, sondern sehr persönlich. Wir sollten sie nicht bewerten oder gegeneinander ausspielen, sondern respektieren. Jeder von uns hat nur dieses eine Leben, und jeder von uns hat Angst, die falschen Weichenstellungen vorzunehmen. Das betrifft alle Lebensbereiche, die Kinderfrage ist nur eine davon. Gefühle des Verlustes, die Sorge, etwas verpasst oder falsch gemacht zu haben, suchen uns im Laufe unseres Lebens immer wieder heim.

Doch egal, wofür oder wogegen wir uns entscheiden, wir sollten die Unterstützung, zumindest aber die Akzeptanz »der anderen« erfahren dürfen. Es sollte jedem freigestellt sein, ob er Lebenszufriedenheit mit oder ohne Kinder zu erreichen glaubt. Was am Ende zählt, ist der Rückblick auf ein Leben, von dem man sagen kann, dass es erfüllt war. Nicht alles, was die Gesellschaft von uns erwartet, können oder wollen wir in unserem eigenen Leben leisten. Das ist etwas, was wir tatsächlich alle gemeinsam haben, mit oder ohne Kinder. Und wir alle haben Nächte, in denen wir wach liegen und uns panisch fragen, wie wir das Meeting am nächsten Tag über die Bühne kriegen sollen, was in der Beziehung gerade schiefgeht, wie wir die Eigentumswohnung abbezahlen sollen oder ob man die Eltern nun ins Pflegeheim geben muss oder das irgendwie anders stemmen kann. Vor solchen Fragen steht jeder von uns, egal, ob er Single ist, verheiratet, in einer homosexuellen Partnerschaft und mit oder ohne Kinder lebt. Der Blick zur Seite, hin zu unseren Mitmenschen, deren Leben sich ebenso holprig gestaltet wie unser eigenes, kann uns versöhnen mit der Nabelschau, die da heißt: Was wäre gewesen, wenn ich diesen Job angenommen hätte, bei diesem Partner geblieben wäre, die Weltreise endlich gemacht hätte, ein Kind bekommen hätte oder eben keines. Insofern könnten wir alle unsere gegenseitigen Realitätschecks sein – im positiven Sinne. Bedauerlicherweise entscheiden sich aber viele Menschen dafür, die Entscheidungen anderer abzuwerten, um die eigenen aufzuwerten. Da wird mit Häme auf die vermeintlich gescheiterten (oder zum Scheitern verurteilten) Lebenskonzepte anderer geschaut, da agiert man mit Respektlosigkeit und Unverständnis, da müssen plötzlich Entscheidungen verteidigt werden. Das betrifft Eltern und Kinderlose ebenso wie Karrierefrauen, Hausmänner wie Hausfrauen, Verheiratete und Singles. Plötzlich offenbart sich eine ideologische Entzweiung, geschürt von außen, aber auch gerne übernommen »von innen«, um den eigenen Weg als den einzig richtigen zu identifizieren.

In der Debatte um Kinderlosigkeit, die momentan so unerbittlich geführt wird, tritt das besonders deutlich zutage.

Selbstgerecht wird die eigene Entscheidung verteidigt, die andere als falsch, egoistisch, vielleicht sogar pathologisch und gleich als Anzeichen für die Verkommenheit der Welt gebrandmarkt. Die Argumente der Gegenseite werden ausgeschaltet, gerade weil sie oft auf essentielle Lebensfragen zielen, die den eigenen Lebensweg in Frage stellen könnten. Dabei hat jede Entscheidung einen Preis, und weil man den selbst zahlen musste, tritt man der Alternative umso unversöhnlicher gegenüber. Eine Bekannte erzählte mir einmal, dass es Momente gäbe, in denen sie Kinderlose hasse, da diese einfach nicht verstehen könnten, wie hart es sei, sein ganzes Leben auf Kinder ausrichten zu müssen. Deshalb dränge sie manchmal Frauen in ihrem Bekanntenkreis dazu, sich zu rechtfertigen. Wenn man selbst so viel geben müsse, sollten die anderen wenigstens verunsichert sein, es später vielleicht sogar bereuen, dass sie sich diesem »natürlichen« Schicksal verweigert haben. Weil sie selbst nicht die Kraft gehabt habe, sich dagegenzustellen. Eine Situation der Entsolidarisierung, von der auch Nina berichtete: »Vor allem die Reaktionen von Frauen auf meine Kinderlosigkeit sind komisch. Es heißt dann oft ›das kommt schon noch‹, als wollten sie es nicht wahrhaben, dass ich mir die Freiheit herausnehme, ein anderes Leben zu führen als das, in dem sie gerade drinstecken, das ihnen alternativlos erscheint. Indem sie mich zur Frau machen, mit der offenbar etwas nicht stimmt, scheint es irgendwie erträglicher zu sein.«

Diese Form der Selbstgerechtigkeit findet natürlich nicht nur auf einer individuellen Ebene statt, sondern wird erst auf einer gesamtgesellschaftlichen und politischen medienwirksam angeheizt. Feindbilder finden und pflegen ist leicht – aber es bringt uns nicht weiter. Und wir sollten vor allem nicht die Augen davor verschließen, dass es sich bei der Debatte, bei dem Keil, der zwischen Kinderlose und Eltern getrieben wird, in erster Linie um einen von Politik und Medien aufgebauschten Konflikt handelt. Die Stereotypen, die verantwortungslosen Egoisten auf der einen und die kümmernden Bewahrer auf der anderen Seite, werden instrumentalisiert, um Panik zu verbreiten, die eigenen Ressentiments zu unterfüttern und die soziale Spaltung der Gesellschaft zu prophezeien. Das Gegeneinanderausspielen ist kontraproduktiv: Hier die Inszenierung von Kinderlosen als Versager, Hedonisten, Karrieristen, Außenseiter, Freaks und Parasiten, dort das Abstempeln von Familien als wahlweise Wertebewahrer oder Konformisten, Spießer und ebenfalls Versager und Parasiten (die arbeitslose Alleinerzieherin etwa) – diese Spaltung führt zu nichts, so können wir nicht voneinander lernen. Anstatt beinahe mit Häme darauf zu warten, dass andere Menschen mit ihren Lebensplänen Schiffbruch erleiden, sollten wir daran arbeiten, dass wir alle glücklich leben können.

Nichtsdestotrotz erleben wir einen Kulturkampf, losgetreten von jenen, die sich als Mehrheit empfinden und die Furcht hegen, dass Minderheiten an ihren Privilegien kratzen wollen. Man fragt sich, was einem an der vorrückenden Front des Kulturkonservatismus à la »man wird das doch wohl noch mal sagen dürfen?« eines Thilo Sarrazin, einer Birgit Kelle, eines Matthias Matussek, Harald Martenstein oder einer Sibylle Lewitscharoff noch blühen wird. Journalisten und Autoren, die sich, hohe Auflagen versprechend, zu ihrer Homophobie, ihrer Frauenverachtung und ihrem Rassismus bekennen, als sei das ein aufgeklärter Tabubruch.

Allein das Bestreben der »Minderheiten«, in ihren Lebensformen abseits des noch tonangebenden Mainstreams als normal anerkannt und respektiert zu werden, geht ihnen schon zu weit. Denn darin sehen sie die größte Gefahr: im Aufbrechen des Konsenses darüber, was als »normal« gelten *darf*. Wenn im gleichen Zuge die positive Rückbesinnung auf Werte der Familie oder des Christentums beschworen wird, scheint die Frage berechtigt, ob es ein Wert ist, den es zu verteidigen gilt, wenn er als Argument benutzt wird, andere in ihrem Leben einzuschränken.

Und das passiert nicht nur hier: In vielen europäischen Ländern erleben neorechte Parteien einen Aufschwung; sie verfolgen ähnlich wie die US-amerikanische Tea-Party unter anderem die Strategie, mit neuen Gesetzen Frauenrechte aufzuweichen und zurückzunehmen, alles unter dem Deckmäntelchen, Tradition, Kinder oder Familie schützen zu wollen. So kann man rückschrittliche Gesetze, die gleiche Entlohnung, Antidiskriminierung oder auch den Zugang zu Verhütung und Abtreibung als Schutzmaßnahme für den Erhalt von Werten verkaufen. In Deutschland konnte man Vertreter dieser Strömung unter anderem auf der Compact-Konferenz in Leipzig treffen, wo unter dem Titel »Für die Zukunft der Familie – werden die Völker Europas abgeschafft?« Thilo Sarrazin oder Eva Herman eingeladen waren, um nur die prominentesten Vertreter zu nennen.

Die Liste des Rückschritts ist lang: Die Rechten erstarken in vielen Ländern Europas, die »Alternative für Deutschland« spricht sich, vor allem seitens Beatrix von Storch, klar gegen ein Neudenken von Familienmodellen und gegen Frauenrechte aus; die Unterschriftensammlung für die Europäische Bürgerinitiative »One of Us«, die ein Verbot von EU-Mitteln für NGOs durchsetzen wollte, die Dienstleistungen zur sexuellen und reproduktiven Gesundheit (mit dem vordergründigen Argument des Embryonenschutzes) und zu Rechten von Frauen bereitstellen, erreichte große

Popularität; wohingegen der Estrela-Bericht, der den Zugang zu sexueller Aufklärung, Verhütung und Abtreibung als Menschenrecht etablieren sollte, im Europaparlament durch die massive Lobbyarbeit von Konservativen zurückgewiesen wurde; auf der unter der Schirmherrschaft des Familienministeriums stehenden christlichen Jugendveranstaltung Christival sollten Therapieseminare gegen Homosexuelle auf der Agenda stehen, erst als die Grünen dagegen protestierten, wurde das Thema fallengelassen; ein Bildungsplanentwurf des Landes Baden-Württemberg, der vorschlug, sexuelle Vielfalt unterrichtsübergreifend in Schulen zu thematisieren, wurde medienwirksam skandalisiert; prominente deutsche Politiker schicken Grußworte an den Bundesverband Lebensrecht, der das Selbstbestimmungsrecht der Frau massiv einschränken will. All das sind Strömungen, die jedes Neudenken vom Zusammenleben in unserer Gesellschaft – mit Kindern und ohne – verhindern wollen. Die Motivation dahinter ist klar: Im Bewahren des Konsenses, der nur ihre Lebenswelt als die einzig normale, richtige und natürliche darstellt, versuchen vermeintliche gesellschaftliche Eliten, ihre Pfründe zu wahren und sie nach außen hin zum »Wohl« von wem auch immer zu verkaufen. Doch sollten wir uns nicht eher auf Werte wie Solidarität, Respekt und Akzeptanz berufen? Anstatt um moralische Vorherrschaft zu kämpfen? Die Debatten darum, wer hier das richtige oder falsche Leben führt, sind in erster Linie ein großes Ablenkungsmanöver, notwendige Strukturveränderungen vorzunehmen. Das fängt bei den Rollenmodellen an. Die zunehmende Kinderlosigkeit hat das Potential, unser Zusammenleben neu zu sortieren und uns nicht länger in Regelwerke hineinpressen zu lassen, die wir uns vor zweihundert, hundert oder fünfzig Jahren ausgedacht haben oder die auf längst überholten Langzeitstudien basieren. Es liegt in unserer Verantwortung, die Blockaden zu lösen, die nicht nur in der Politik bestimmend, sondern auch in unseren Köpfen fest verankert sind. Wir haben die Möglichkeit dazu.

PS: Ich habe dieses Jahr, in dem ich mich mit dem Thema Kinderlosigkeit beschäftigt habe, sehr genossen. Ich bin dankbar für das, was ich selbst erkennen durfte, und für den Einblick, den mir andere gewährt haben – in ihr persönliches Erleben und in das, was »wir« in unserer Gesellschaft als »normal« zu akzeptieren gelernt haben. Schön war es auch, die Bestätigung meiner Lebensziele bekommen zu haben, obwohl ich nach dieser gar nicht gesucht hatte. Nun will ich mich aber wieder anderen Dingen widmen.

Eben deshalb.

Literaturverzeichnis

Bücher

Adams, Douglas: »The Salmon of Doubt – Hitchhiking the Galaxy one last Time«. Zitiert nach: Schultz, Thomas: Information Technology and Arbitration. A Practictioner's Guide. Kluwer Law International, Alphen aan den Rijn 2006

Ariès, Philippe: Geschichte der Kindheit. Herausgegeben von Wolf Lepenies. Aus dem Französischen von Karin Kersten und Caroline Neubauer. Deutscher Taschenbuch Verlag, München 1998

Badinter, Elisabeth: Der Konflikt. Die Frau und die Mutter. Aus dem Französischen von Ursula Held und Stephanie Singh. Deutscher Taschenbuch Verlag, München 2012

Badinter, Elisabeth: How Modern Motherhood Undermines the Status of Women. Metropolitan Books, New York 2012

Beauvoir, Simone de: Das andere Geschlecht. Sitte und Sexus der Frau. Aus dem Französischen von Fritz Montfort und Eva Rechel-Mertens. Rowohlt Taschenbuch Verlag, Reinbek bei Hamburg 2000

Bergmann, Ernst: Erkenntnisgeist und Muttergeist. Eine Soziosophie der Geschlechter. Hirt Verlag, Leipzig 1932

Biehle, Kai, Templ, Norbert (Hrsg.): Europa altert – na und? Kammer für Arbeiter und Angestellte für Wien, 1. Auflage 2007, S. 32

Carl, Christine: Leben ohne Kinder. Wenn Frauen keine Mütter sein wollen. Rowohlt, Reinbek bei Hamburg 2002

Clarke, Edward H.: Sex in education, or, A fair chance for the girls. J. Osgood and Company, Boston 1873

Correll, Lena: Anrufungen zur Mutterschaft. Eine wissenssoziologische Untersuchung zur Mutterschaft. Verlag Westfälisches Dampfboot, Münster 2010

Dee, Andrea: Müssen Frauen Mütter sein? Die neue Kinderlosigkeit. Ueberreuter, Wien 1999

Dinklage, Meike: Der Zeugungsstreik. Warum die Kinderfrage Männersache ist. Diana Verlag, München 2005

Eyer, Diane E.: Mother-Infant Bonding. A Scientific Fiction. Yale University Press, New Haven (Connecticut) 1992

Hondrich, Karl Otto: Weniger sind mehr. Warum der Geburtenrückgang ein Glücksfall für unsere Gesellschaft ist. Campus Verlag, Frankfurt am Main 2007

Illouz, Eva: Warum Liebe weh tut: Eine soziologische Erklärung. Suhrkamp Verlag, Berlin 2011

Keil, Günter/Bruschek, Gisela: Generation Kinderlos – Jenseits von Zeugungsstreik und Gebärzwang. Pantheon Verlag, München 2008

Koonz, Claudia: Mütter im Vaterland. Frauen im Dritten Reich. Rowohlt Verlag, Reinbek bei Hamburg 1994

Maaz, Hans-Joachim: Der Gefühlsstau. Psychogramm einer Gesellschaft. C. H. Beck Verlag, München 2010

Mecklenbrauck, Annika/Böckmann, Lukas (Hrsg.): The Mamas and the Papas. Reproduktion, Pop & widerspenstige Verhältnisse. Ventil Verlag, Mainz 2014

Rerrich, Maria S.: Die ganze Welt zu Hause. Cosmobile Putzfrauen in privaten Haushalten. Hamburger Edition, Hamburg 2006

Rousseau, Jean-Jacques: Emile oder über die Erziehung. Aus dem Französischen von Ludwig Schmidt. UTB für Wissenschaft, 12. Auflage, Verlag Ferdinand Schöningh, Paderborn 1995, S. 17 ff.

Reuschling, Felicita (Hrsg.): Beyond Re/Production Mothering. Katalog zur Ausstellung im Kunstraum, Kreuzberg/Bethanien 2011

Richards, Sarah Elizabeth: Motherhood, Rescheduled: The New Frontier of Egg Freezing and the Women Who Tried It. Simon & Schuster, New York 2013

Schirrmacher, Frank: Minimum. Vom Vergehen und Neuentstehen unserer Gemeinschaft. Karl Blessing Verlag, München 2006

Sieverding, Monika: »Psychotopische Karrierehindernisse im Berufsweg von Frauen.« In: Susanne Detmer, Gabriele Kaczmarczyk und Astrid Bühren (Hrsg.): Karriereplanung für Ärztinnen. Springer Verlag, Berlin 2006, S. 57–78

Wehler, Hans-Ulrich/Frevert, Ute: Frauen-Geschichte. Zwischen Bürgerlicher Verbesserung und neuer Weiblichkeit. Suhrkamp Verlag, Frankfurt am Main 1986

Vinken, Barbara: Die deutsche Mutter. Der lange Schatten eines Mythos. S. Fischer Verlag, Frankfurt am Main 2011

Artikel & Studien

American Sociological Association, Florida State University: Evenson, Ranae J./Simon, Robin W.: Clarifying the relationship between parenthood and depression. Journal of Health and Social Behavior, December 2005, zitiert nach: http://www.psychologie-heute.de//archiv/detailansicht/news/machen_kinder_depressiv/; Februar 2006

Berendsen, Eva: »Kinder? Nein, danke!«, FAZ, 17. August 2013

Bosbach, Gerd: »Die demografische Entwicklung – Mythos und Wirklichkeit«. Vortrag beim VdK-Forum Tutzing, April 2008

Bosbach, Gerd: »Demografische Entwicklung in Deutschland. Realität und mediale Dramatisierung«. In: Kai Biehl, Norbert Templ (Hrsg.): Europa altert – na und? Wien Arbeiterkammer, 2007

Buhse, Malte: »Der kollektive Baby-Blues«, *Die Zeit*, 27. März 2014; http://www.zeit.de/wirtschaft/2014-03/kinder-machen-ungluecklich

Bundeszentrale für politische Bildung (Hrsg.): Familienpolitik. Geschichte und Leitbilder; http://www.bpb.de/izpb/8047/familienpolitik-geschichte-und-leitbilder?p=all

Burgdörfer, Friedrich: »Geburtenrückgang bei Arm und Reich. Die Umkehrung der Wohlstandstheorie«. In: Festschrift für Julius Wolf: Der internationale Kapitalismus und die Krise. Enke Verlag, Stuttgart 1932

Butterwege, Christoph: »Kinder bilden die am stärksten von Armut bedrohte Altersgruppe«, *Frankfurter Rundschau*, 30. Juli 2003

Foucault, Michel: »Die Maschen der Macht.« In: Michel Foucault: Analytik der Macht. Herausgegeben von Daniel Defert, Francois Ewald, übersetzt von Reiner Ansén, Michael Bischoff, Hans-Dieter Gondek, Hermann Kocyba und Jürgen Schröder. Suhrkamp Verlag, Frankfurt am Main 2005, S. 220 ff.

Hansen, Thomas: http://www.hioa.no/eng/Aktuelle-saker-NOVA-foer-2011/Parenthood-and-happiness

http://www.cbc.ca/news/canada/british-columbia/
della-wolf-is-b-c-s-1st-child-with-3-parents-on-birth-
certificate-1.2526584

http://www.faz.net/aktuell/politik/inland/urteile-zur-
homo-ehe-bluem-greift-verfassungsgericht-an-12737166.
html

http://oregonstate.edu/ua/ncs/archives/2009/jul/family-
planning-major-environmental-emphasis

http://www.paritaet-lsa.de/cms/332-0-14-Kinder–und-
Jugendbericht-der-Bundesregierung-erschienen-.html

http://www.rhein-neckar.ihk24.de/linkableblob/maihk24/
standortpolitik/downloads/463960/.3./data/broschuere_
nachhaltige_familienpolitik-data.pdf

Hucklenbroich, Christina: »Warum ist das mit den Kindern
so kompliziert?«, FAZ, 22. Dezember 2012

Illouz, Eva: »Macht euren Kinderwunsch nicht von Liebe
abhängig«, *Spiegel Online*, 11. Oktober 2011

Klingholz, Reiner: »Familienpolitik – Unser Vorbild sei
Island«, FAZ, 18. Februar 2005

Kucklick, Christoph: »Gesucht: Die neue Mutter«, GEO-
Wissen 52 / November 2013

American Psychological Association (Hrsg.): Mental health
and abortion; Washington, D. C., 2008

Niemann, Julia: »Die verlassenen Macchiato-Mütter«, *taz,* 17. Juli 2010; http://www.taz.de/1/archiv/print-archiv/printressorts/digi-artikel/?ressort=hi&dig=2010%2-F07%2F17%2Fa0019&cHash=6d96e1adcd

Ohne Autorennennung: »Fröhliche Zwerge«, *Der Spiegel* 11/1976

Pauer, Nina: »Garantiert glutenfrei«, *Zeit online,* 29. Januar 2014, http://www.zeit.de/2014/06/schutz-kind-hysterie-hyperprotektion

Rolfsen, Catherine: http://www.cbc.ca/news/canada/british-columbia/della-wolf-is-b-c-s-1st-child-with-3-parents-on-birth-certificate-1.2526584

Schießl, Michaela: »Männer im Zeugungsstreik«, *Der Spiegel* 13/2005

Seibel, Andrea: »Wir haben Gegen-Gesellschaften.« Interview mit Herwig Birg, *Die Welt,* 28. Februar 2006

Thimm, Katja: »Oh, Baby – Späte Eltern«, *Der Spiegel* 17/2014

Trumann, Andrea: »Das Bedürfnis nach Gleichheit«, in: *Outside the Box. Zeitschrift für feministische Gesellschafts-kritik,* Ausgabe 1. Leipzig 2010

Voigt, Claudia: »Die große Erschöpfung«, *Der Spiegel* 48/2013

Danksagung

Die geistige Mutterschaft dieses Buches hatte viele Mit-Mütter und -Väter! Ich möchte den Ideenspenderinnen, Freundinnen und Interviewpartnerinnen danken, mit denen ich gemeinsam unsere Gedankenwelt durchforsten konnte: meiner Familie Nane, Annette und Wolfgang (der mir auch die eine oder andere Interviewpartnerin zuschanzte), Bini Adamczak, Anna Schmidt, Sharon Dodua Otoo, Elfie Müller, Katja Krolzik-Matthei, Ipek Ipekcioglu, Margarita Tsomou, Sarah P., Berit Ehmke, Angelika Simmons, Elżbieta, Ines Kappert, Rebecca Maskos, Alison Williams, Chris Horst Reiter, Paula Dombrowski, Emma Williams, Daniel Kahn, Kim Wang, Christine Braunersreuther, Andrea Büttner, Hannah Fitsch, Senem Merey, Sonja Ruschke, Tanja Kämpfer, Tina, Xenia Helms, Wolfgang Kaleck, Christine Reiterer, Türkân Damar, Charlott Schönwetter, Annette Schindler, Anna-Maria Fehr, Adah Gleich und Moran Sanderovich.

Lieben Dank an Sébastien Goy für all die hartnäckigen Brezel-Dreieinigkeits-Diskussionen, bei denen wir uns mindestens darauf einigen konnten, dass das dualistische Weltbild nicht zu gebrauchen ist.

Unermesslichen Dank an meine Agentin Susan Bindermann, meine Verlegerin Ulrike Ostermeyer und meine Lektorin Heike Gronemeier, die an meiner Seite waren, um das »Kind« aus der Taufe zu heben.